신봉석

재미있는 이야기와 다양한 활동으로 아이들에게 역사를 말랑말랑하게 선물하고 싶은 교사.
출간한 도서로 『초등 한국사 레시피』 1, 2권이 있으며, 〈사기충전! 아이들에게 역사를 말랑말랑하게〉
(티처빌연수원)의 원격연수 강사이다.

나승빈

아이들이 설레는 마음과 기대감 넘치는 얼굴로 학교에 올 수 있도록 수업을 준비하고, 매일 놀이하는
'놀이 교실'을 운영하는 교사.
출간한 도서로 『핵심역량을 키우는 수업놀이』, 『재미와 의미가 있는 수업』, 『승승장구 학급경영』, 『나승
빈 선생님의 전학년 수업놀이 2』가 있으며, 〈내일이 두렵지 않은 준비된 교사 되기〉, 〈사기충전! 아이들
에게 역사를 말랑말랑하게〉(티처빌연수원)와 〈질문이 함께 하는 학생참여수업〉, 〈승승장구 학급경영〉,
〈교육을 톡하다〉, 〈초내공 연극 놀이터〉(아이스크림연수원)의 원격연수 강사이다.

정한식

재미와 더불어 배움이 일어나는 역사 수업을 만들고 싶은 교사.
네이버 블로그 '곰선생의 수업 이야기'를 운영하고 있으며(2017~), 대구광역시교육청 사회과연구교
사(2020~), 대구광역시교육청 사회과 수업 컨설팅 강사(2018~) 등을 역임하고 있다. '교실수업개선
실천사례 연구발표대회' 전국 입상(2019)을 한 바 있다.

초판 1쇄 발행 2020년 8월 10일 | **2쇄 발행** 2022년 7월 7일 | **지은이** 신봉석 · 나승빈 · 정한식 | **펴낸이** 이형세 |
펴낸곳 테크빌교육㈜ | **책임편집** 이윤희 | **편집** 옥귀희 | **디자인** 어수미 | **제작** 제이오엘앤피 | **테크빌교육 출판** 서울시
강남구 언주로 551, 5층 | **전화** (02)3442-7783 (142) | ISBN 979-11-6346-088-6 03370
책값은 뒤표지에 있습니다.

차례

신봉석 수업 자료

나승빈 수업 자료

정한식 수업 자료

추천사

교사에게 수업은 일상이지만 막상 학생들과 호흡을 맞추며 수업을 열어 가는 것은 쉽지 않습니다. 특히, 역사 수업은 더욱 그러하지요. 역사를 좋아하는 학생들도 있지만 대개 경우 역사는 외울 것이 많고 어렵다고 느끼는 학생들이 많기 때문입니다. 이는 선생님들 역시 마찬가지이기도 합니다.

이런 상황에서 세 분의 선생님께서 학생들과 더불어 생생하게 살아 숨 쉬는 역사 수업 이야기를 이렇게 펼쳐내어 주셔서 반가웠습니다. 놀이하듯 자연스럽게 마주하는 역사 수업을 통해 생각을 틔우면서 역사와 마주하는 새로운 수업을 모색할 수 있었기 때문입니다.

무엇보다 이 책이 매력적인 것은 최근 강조하고 있는 '역사하기'(Doing History)가 생생하게 구현되었기 때문입니다. 학생들이 배움의 주체가 되어 만들어 가는 수업 사례들을 담고 있어서 여러 선생님들께 다채로우면서도 알찬 수업을 열어 가는 마중물로 다가설 것입니다. 역사 수업이 두려운 선생님뿐만 아니라 역사에 관심 있는 선생님들 그리고 학생들과 살아 숨 쉬는 수업을 열어 가고 싶은 선생님들과 학부모님들께 이 책을 추천합니다!

배성호 (전국초등사회교과모임 공동대표)

딱딱한 역사와 말랑말랑한 놀이를 열정적인 세 명의 교사가 능숙한 솜씨로 반죽하였다. 의미와 재미 모두 가미된 새로운 요리책 한 권을 보는 것 같았다.

이관구 (『초등한국사 진짜 역사 수업을 말한다』 저자)

봉선생, 나선생, 곰선생의 역사 수업 이야기는 '말랑말랑 즐거운 역사 수업', '함께 있어 행복한 우리', '재미에서 배움으로' 라는 세 갈래 길로 한국사를 관통한다. 진솔하고 간결하게 정리된 세 교사의 역사 수업 궁리와 실천은 우리에게 공감과 도전을 불러일으킨다. 빨강, 파랑, 노랑, 뚜렷하게 다른 삼원색이 어떻게 섞이느냐에 따라 세상의 수많은 색채를 빚어내듯 이 책을 접한 선생님마다 세 교사의 경험에서 영감을 얻어 만인만색의 역사 수업을 만들어 갈 수 있을 것이다.

정미란 (서울초당초등학교 교사)

이 책을 읽을수록 '교사는 아이들이 새로운 능력을 개발하고 발달시키며 구축해 나가도록 지원해 주는 비계가 되는구나!' 감탄했습니다. 뗀석기를 직접 만들고, 불을 피우고, 실물 크기의 광개토대왕릉비를 만드는 활동 중심의 수업에 더해 역사 놀이를 통해 역사적 상상력을 길러 주는 교육이라니!

지식은 스스로 구성할 때 오랫동안 기억됩니다. 마냥 놀이가 아니라 교사의 고민으로 진지하게 시작하는 이 책을 통해, 역사란 옛날이야기지만 '과거 속에 갇힌 옛것이 아니라 지금의 나를 만든 의미 있는 흔적'이라는 사실을 깨닫게 될 거라 믿습니다.

허승환 (꿈샘교육연구소 대표, 놀이연구회 놀이위키 대표, 서울강일초 교사)

아이들이 재미있어서 더 하자고 하는
역사 수업을 꿈꾸다

나승빈

역사를 의미 있게 가르칠 수 있는 전문성을 갖춘 교사는 많지 않습니다. 많은 교과를 가르쳐야 하니 역사에만 많은 시간과 노력을 쏟기가 어렵기 때문이지요. 저 역시 역사를 잘 가르치고 싶다는 의욕에 비해 능력이 부족합니다.

마음을 얻어라, 그 다음에 가르쳐라.

_ 토드 휘태커, 『훌륭한 교사는 무엇이 다른가』 중에서

수업을 하면 할수록 아이들이 역사를 좋아할 수도 있지만 오히려 싫어할 수도 있다는 생각이 듭니다. 역사 수업에서 교사가 전달하고 싶은 메시지에만 초점을 맞추면 역사가 부담스러울 수 있기 때문이지요.

마음의 문을 여는 손잡이는 마음 안쪽에만 달려 있다.

_ 헤겔

아이들이 궁금해서 물어보고, 재미있어서 더 하자고 하는 역사 수업을 꿈꿉니다. 저는 이 2가지 마음으로 역사 수업을 준비합니다.

2017년 1월 덴마크 교육문화탐방(《오마이뉴스》 꿈틀비행기 7호)에 참여했습니다. 다양

한 수업 문화를 경험했는데, 특히 역사 수업이 기억이 남았습니다. 그날 수업 주제는 '강대국의 약소국 침략'이었습니다. 아이들은 '유럽이 아프리카를 침략해서 식민지로 만든 것이 그 시대에 옳은 일이었나? 그른 일이었나?'를 자유롭게 토론하더군요. 그런데 아이들이 책을 보는 것이 아니라 선생님이 직접 만든 자료를 보고 있었습니다. 자세히 보니 한 면에는 강대국의 입장에서 바라본 신문기사와 문학작품 발췌본이, 다른 면에는 약소국 입장에서 바라본 시대상을 보여 주는 내용이 실려 있었습니다. 아이들은 수업 전에 이 자료를 읽어 오고, 이를 바탕으로 토론하면서 균형 잡힌 시각을 공부할 수 있었습니다.

처음에 토론 수업을 한다는 얘기를 들은 저는 이런 교실 풍경을 떠올렸습니다. '토론? 토론이면 사회자가 있겠지? 토론 규칙도 정하고, 찬성과 반대를 정하겠군. 또 입론도 하고 말이야.' 이것은 그동안 토론 관련 연수와 책에서 봐 온 모습이었지요. 그런데 제 예상을 깨고 한 학생이 익숙한 듯 자신의 생각을 이야기했습니다. 다른 아이들은 그 학생의 얘기에 귀를 기울이더군요. 이야기가 끝나고 다른 학생이 그 학생의 이야기에 대한 자신의 생각을 자연스럽게 말하자 또 모든 학생이 그 학생을 바라보았습니다. 사회자, 규칙, 제한 시간, 찬성과 반대, 판정단은 없었습니다. 나중에 물어보니 어렸을 때부터 자신의 생각을 말하고 듣는 이런 형태의 수업을 해서 익숙하다고 했습니다. 아이들은 "친구의 생각이 궁금해요.", "친구들이 무슨 말을 할지 기대돼요!" 하고 말했습니다. 정말 충격적인 말이었죠. 친구들의 생각이 궁금하고, 기대된다는데 더 이상 무엇이 필요할까요? 제가 그동안 했던 수업을 돌아보는 시간이었습니다.

그런데 한 번 더 충격을 받았습니다. 덴마크에서는 토론 수업에서 다룬 주제를 종이에 써서 한 학기 동안 모은 후, 학기 말에 그중 하나를 뽑아서 그 주제에 대한 자신의 생각을 말하거나 글로 쓰는 것이 평가라는 것이었습니다. 수업 시간에 열심히 토론에 참여하지 않을 수가 없겠다는 생각이 들더군요.

그리고 얼마 후 다른 수업에서 역사 수업의 큰 흐름을 찾았습니다. 대구에 근무하시는 최혜경 수석 선생님의 수업에서였지요. 선생님은 아이들에게 질문하고 그 답변을 듣는 내내 밝은 표정이었습니다. 어떤 마음인지 정말 궁금해서 물었습니다. "아이들의 생각이 궁금해요. 아이들이 무슨 말을 할지 기대돼요." 덴마크 아이들에게 들었던 이야기를 다시 최혜경 선생님의 입을 통해 들으니 정말 신기했습니다.

그 경험 후 함행우(함께 있어 행복한 우리) 역사 수업에 대한 큰 흐름을 정했습니다.

1. 나와 우리가 궁금한 것을 해결하는 시간

2. 역사적 사실을 간접체험하고, '나라면?'이라고 고민하는 시간

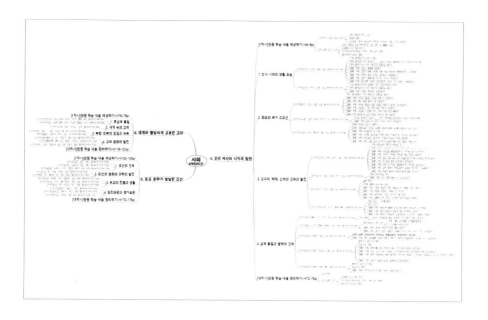

3. 우리 삶과 어떤 관련이 있는지 찾는 시간
4. 역사는 재미있다고 느끼는 시간
   – 활동을 미션처럼 만들어 완료 후 '함행우 명예의 전당'에 올리기

이것을 현실화하기 위해 교육과정을 분석하고, 아이들과 함께 교과서를 펼쳐 궁금한 것을 찾았습니다. 그리고 이를 종합해 우리 반의 역사 수업을 기획했습니다. 1, 2, 3에 초점을 맞추되, 그게 안 되거나 어려운 상황이라면 4라도 실천하자는 생각으로 역사 수업을 했습니다. 다행히도 아이들은 재미있으니 관심을 갖고, 그 시간을 기다리는 것 같았습니다.

역사 수업을 조금이라도 더 의미 있고 재미있게 하기 위해 어떤 노력을 했는지 궁금하지 않으신가요? 지금부터 함께 살펴보도록 하겠습니다.

수업에는 주인이 없다고 합니다. 하나의 좋은 수업을 하기 위해서는 많은 사람들의 생각과 노력이 필요하기 때문입니다. 특히 역사라는 중요하고 무거운 내용으로 아이들과 즐거운 시간을 만들 수 있게 많은 영감을 주신 먼저 수업하신 모든 분들께 감사함을 표현하고 싶습니다.

재미와 더불어 배움이 일어나는 역사 수업

정한식

역사가 좋았습니다. 어릴 때부터 역사책도 많이 읽었고, 역사를 알기 위해 여기저기 찾아다녔습니다. 그러다 보니 역사 지식이 차곡차곡 쌓여 선생님이 되었을 때는 학생들을 여유 있게 가르칠 수 있는 정도가 되었지요. 처음으로 초등학교에 발령을 받고는 당연히 역사 수업을 할 수 있는 6학년을 선택했습니다. 가슴이 뛰었지요. 학생들도 저처럼 역사를 좋아할 수 있도록 재미있게 가르쳐야겠다고 다짐했습니다.

첫 수업 시간, 선사 시대부터 삼국통일까지 한 번에 휘리릭 진도를 나갔습니다. 재미있는 역사 이야기를 섞어 정말 잘 설명한 것 같았습니다. 수업을 마치는 종이 울릴 무렵 제 온몸에는 땀이 맺혀 있었답니다. 얼마나 열정적인 강의였으면 그랬을까요? 열정적이고 훌륭한 수업을 해냈다 생각하며 제 자리로 돌아오는데 한 학생이 일어서며 중얼거리는 소리가 들렸습니다.

"역사, 진짜 재미없네."

청천벽력 같은 말이었습니다. 정말 재미있는 역사를, 그렇게 열정적으로 설명했는데 재미가 없다니…. 이후로 일주일 넘게 역사 수업을 못했던 기억이 납니다. 마음을 다 잡고 교과서와 지도서로 가르쳐야 할 내용을 정리해 다시 수업을 했습니다. 그러나 저는 수업 내내 지루해 하는 학생들의 표정을 애써 외면해야 했습니다.

'재미는 없었더라도 지식은 잘 전달되었을 거야.'

이렇게 스스로를 위로하며 단원이 끝난 후 시험을 봤습니다. 학생들의 머릿속에는 제가 설명한 내용들이 거의 남아 있지 않았습니다. 배운 학생들은 속상하고, 가르친 저는 민망한 시험 결과였지요.

이후 저는 수업 방향을 완전히 바꾸었습니다. 역사를 활용하여 연극을 만들고, 노래를 만들고, 그림을 그리고, 게임도 했습니다. 당연히 학생들의 흥미는 완전히 높아졌습니다. 그러나 한계가 보였습니다. 활동이 활동으로 끝날 뿐, 배움이 일어나지 않았습니다. 학생들은 그저 연극, 노래, 그림, 게임이 재미있는 것이지 역사를 배우는 것에서 재미를 느끼는 것은 아니었습니다.

"어떻게 하면 재미와 더불어 배움이 일어나는 역사 수업이 될까?"

정말 많이 고민했습니다. 고민을 계속하다 보니 어릴 적 역사를 좋아하던 제 모습이 떠올랐습니다. 저는 역사를 선생님께 설명을 듣고 외우며 공부하지 않았습니다. 역사책을 읽고 그 속의 인물과 사건에 대해 상상하고 상상한 내용을 또 다른 역사책을 통해 확인하며 역사 지식을 만들었습니다. 저에게 역사는 듣고 외우는 것이 아니라 스스로 구성하는 것이었습니다.

지식은 스스로 구성할 때 오랫동안 기억됩니다. 또 지식을 구성하는 과정 자체가 배움의 재미가 됩니다. 그래서 학생들이 자료를 통해 역사적 사실을 찾아내고 이를 기반으로 역사 지식을 스스로 구성하도록 지도했습니다.

선생님인 제가 일방적으로 학생들에게 역사적 사실을 설명하지 않았습니다. 역사 자료를 제작해 나눠 주고 학생들이 역사 지식을 바르게 구성하도록 곁에서 조언했습니다. 학생들이 스스로 구성한 역사 지식을 바탕으로 일반화된 지식을 도출하도록 도왔습니다.

"수업 하다 보면 시간이 너무 빨리 가요."
"역사 수업이 재미있는 것 같아요."

가르치려는 선생님이 자리에서 한발 물러나니 그 공간만큼 학생들이 스스로 배움을 채워 갔습니다. 그렇게 저는 재미와 더불어 배움이 일어나는 역사 수업을 만들 수 있었습니다.

제 역사 수업과 자료가 완벽한 것은 아닙니다. 아직 더 보완하거나 고쳐야 할 점들도 많습니다. 그러니 '이렇게 수업하는 사람이 있구나.', '이 수업은 한 번 써 먹을 만하네.'라는 생각으로 가볍게 이 책을 읽으면 좋겠습니다. 그리고 책을 읽다 제 수업과 관련된 자료가 필요하다면 네이버 블로그 '곰선생의 수업 이야기'에 들러 자료를 받아 가면 됩니다. 저의 재미와 더불어 배움이 일어나는 역사 수업이 선생님의 수업에 조금이라도 도움이 되기를 바랍니다.

이 책이 개인적으로는 저의 첫 번째 책이다 보니 책을 쓰면서 저를 도와준 많은 분들이 떠오릅니다. 항상 저의 버팀목이 되어 주는 박지현 님, 제 수업에 많은 영감과 도움을 주신 이관구 선생님과 임현혜 교장선생님, 그리고 함께 책 쓸 기회를 준 신봉석 선생님과 출판을 도와준 편집부 분들, 모든 분들께 이 지면을 빌려 감사드립니다.

역사 공부를 이렇게 다양한 방법으로 할 수 있다니!

우리 학생들이 역사를 어려워하는 이유는 무엇일까요? 많은 선생님들에게 물어본 결과 크게 2가지 이유를 꼽을 수 있었습니다. 어려운 용어와 과다한 분량, 그리고 그것을 모두 암기해야 한다는 부담감이 첫 번째 이유였고, 두 번째 이유는 바로 감정이입의 문제였습니다. 이는 역사 수업에서 다루는 과거의 사건이 현재의 자신과 무관한 일이라고 생각하여 감정이입이 되지 않기 때문에 공부할 필요성을 느끼지 못한다는 의미입니다.

선생님은 아이들과 역사를 어떤 방식으로 마주하고 있나요? 다양한 놀이와 활동으로 역사 수업을 구성하면 아이들이 덜 지루해 하고 적극적으로 수업에 참여하지 않을까요? 다만 학생들의 성향이 모두 다르기 때문에 어떤 학생은 '랩'으로, 어떤 학생은 '직접 체험'으로, 어떤 학생은 '체육'이나 '놀이'로 접근해야 좀 더 흥미를 느낄 수 있을 것입니다. 그래서 이번 책은 놀이, 체험, 활동 중심의 '말랑말랑한 역사 수업'에 초점을 맞췄습니다.

교과서도 약간의 문제를 가지고 있습니다. 앞 차시와 다음 차시의 내용 사이에 간극이 크기 때문에 교과서만으로는 그 흐름을 파악하는 게 어렵습니다. 또 정말 중요한 내용임에도 교과서에서 전혀 다뤄지지 않거나 대강 다뤄지는 경우도 있습니다. 따라서 아이들이 사건의 전후를 이해할 수 있도록 부족한 부분을 채워 주는 교사의 노력이 필요합니다. 여기에서는 다른 교과와 연계한 다양한 활동이나 특별한 교구를 사용해 교과서의 한계를 보완하는 방법을 소개합니다.

선생님들에게 다양한 놀이, 체험, 활동 들을 소개하면, 도대체 그 많은 활동을 언제 진행하느냐, 교과서를 활용한 일반적인 수업은 전혀 안 하느냐는 질문을 종종 받습니다. 저는 타 교과 연계, 창의적 체험활동 시간을 활용합니다. 교육과정 재구성이 관건입니다. 단위차시의 역사 수업을 어떻게 진행하는지는 이전까지 인디스쿨이나 개인 블로그(사신 프로젝트 두드림)에 올린 차시별 수업 자료들과 『초등 한국사 레시피』 1~2권을 살펴보길 권합니다.

저는 역사 수업을 4개 시즌으로 구분하여 진행합니다. '시즌 1'은 수업을 이해하는 데 윤활유 역할을 하는 역사책 읽기 활동입니다. 배경지식 확보와 당시 사람들의 생활 모습을 살펴보는 데 목적을 두고 새 학년을 시작하는 날부터 끝나는 날까지 특별한 일이 없으면 멈추지 않고 계속 진행합니다. '시즌 2'는 시대별 특징과 학습 요소를 고려하여 다양한 놀이, 체험, 활동을 진행하여 핵심개념 중심으로 그 시대의 이미지를 각인시킬 수 있는 내용이 주를 이룹니다. '시즌 2' 역시 1년 내내 진행하는 활동입니다. 이 책에 담고 있는 수업들이 여기에 해당됩니다. '시즌 3'은 사회 교과서의 내용을 철저히 분석하여 사진, 삽화, 영상 자료 등을 중심으로 스토리텔링 자료를 만들어 수업을 진행하는 단위차시 수업입니다. 마지막으로 '시즌 4'는 철저한 복습 시스템의 운영으로, 학습지나 시험지 대신 모든 차시를 '교사 VS 학생 모둠'의 지식 겨루기 형태로 진행하는 것이 특징입니다.

4개의 시즌을 모두 운영하여 초등학교에서 역사 공부의 기초를 완벽하게 쌓을 수 있다면 정말 좋겠지만, 이를 모든 선생님에게 강요할 수는 없습니다. 선생님마다 교육 철학이 다르고, 학급 운영 방식이 다르기 때문이지요. 하지만 아이들에게 흥미로운 방식으로, 지루하지 않은 다양한 방식으로 수업을 진행해야 한다는 제 이야기에는 대

부분의 선생님들이 동의하실 것입니다. 아무리 좋은 약이라도 한 가지 약을 계속 사용하면 내성이 생기는 것처럼, 역사 수업을 한 가지 방식만으로 구성한다면 학생들은 이내 지루함을 느끼게 될 것입니다. 더구나 나이 어린 초등학생이라면 더 쉽게 지루함을 느끼지 않을까요?

『한국사 놀이 수업 백과』에 소개된 다양한 체험, 놀이, 활동 중심의 수업 사례들 가운데 학급 실정에 맞는 것을 취사선택하여 교실 수업에 적용하는 것은 어떨까요? 주변 사람들에게 '호모 히스토리쿠스(Homo Historicus)'라고 불릴 정도로 저만의 방식으로 Doing History(역사하기)를 고민하고 실천한 사례, 특히 학생들이 흥미롭게 참여한 수업 위주로 소개했습니다. 역사를 처음 공부하는 학생들이 "아니? 역사 공부를 이렇게 다양한 방법으로 할 수 있다니!"라고 말하기를 기대해 봅니다.

함께 작업에 참여해 주신 나승빈, 정한식 선생님, 좋은 책을 만들기 위해 애써 주신 테크빌교육 출판팀, 저의 에너지 동학년 이용희, 오서희 선생님, 항상 곁에서 꿈을 꾸고 행동할 수 있게 용기를 북돋워 주는 존경하는 아내 이지숙 님과 사랑하는 딸 가람이에게 감사의 인사를 전하고 싶습니다. 이 책을 만난 모든 선생님들의 역사 수업을 응원합니다.

1장

한국사
놀이 수업의 시작

1. 이미지로 표현하라

함행우 나쌤

함께 있어 행복한 우리!

나선생의 고민

본격적인 역사 수업에 들어가기 전, 학생들이 역사에 대해 어떤 생각을 가지고 있을지 궁금했습니다. 바로 말하라고 하기보다는 다양한 이미지 중 1~3개의 이미지를 골라 이를 통해 역사에 대한 생각을 나누면 좋겠다고 생각했습니다.

활동 준비

관련 내용 : 모든 시대   **소요시간** : 15분

준비물 : 이미지, 포스트잇, 사인펜이나 유성매직

1. 생각 카드, 프리즘 카드, 패션잡지 등에서 다양한 이미지를 찾아 잘라 냅니다.

진행 방법

1. 자신의 생각을 나타낼 수 있는 이미지 1~3개를 고릅니다.

2. 이미지를 보여 주면서 자신의 생각을 이야기합니다. 이때 이미지와 자신의 생각을 잘 연결합니다.

3. 바로 말하기 어렵다면 포스트잇에 생각을 정리해 적습니다. 이미지 뒷면에 포스트잇을 붙여서 다른 사람들에게 이미지를 보여 주면서 적어 둔 것을 읽습니다.

4. 이미지를 모둠별로 준비하기 어렵다면, 한 세트만 준비해 칠판에 붙여 놓고 활용하는 방법도 괜찮습니다.

Tip

• 수업을 마친 후 역사에 대한 자신의 생각에 어떤 변화가 생겼는지 이미지로 표현하는 것도 좋습니다.
• 포스트잇에 정리한 생각들을 한곳에 모아 정리해 두고, 이를 지속적으로 활용하면 더 좋습니다.

2. 독사(讀史)를 위한 준비 활동

봉선생의 고민

아이들과 함께 역사를 공부하기 전에, 또는 역사를 배우는 기간 내내 꼭 필요한 것이 있습니다. 바로 역사책 읽기입니다. "어차피 수업 시간에 다룰 내용인데 미리 읽는 것이 좋을까?", "미리 읽으면 오히려 수업에 흥미를 잃는 것은 아닐까?" 하는 의문이 들지도 모르겠습니다. 영화를 볼 때는 중요한 내용이나 결말을 알려 주는 스포일러가 흥미를 떨어뜨릴 수 있습니다. 하지만 교실 속 역사 수업 상황에서는 꼭 그런 것만은 아닙니다. 아이들은 제각기 다른 수준의 배경지식을 가지고 있고, 교사가 한 차시에 다뤄야 할 내용은 생각보다 많습니다. 최소한의 배경지식 없이 수업에 참여하면 사건의 흐름을 따라가는 것조차 버거울 것입니다. 당연히 깊이 있는 사고를 하거나 역사 속 인물의 입장과 마음을 읽어 내는 등의 중요한 경험은 놓치게 되겠지요.

제 10년 역사 수업의 경험으로 알게 된 것은, 아침 시간에 꾸준히 역사책을 읽으면 학생들의 머릿속에 희미한 선이 생기고 그 상태에서 수업을 진행하면 그 선이 진해지고 또렷해진다는 사실입니다. 아이들이 어렴풋이 알고 있던 개념이 교사의 수업을 통해 명확하게 자리 잡는 것이지요. 문제는 아이들의 자발성을 끌어내기 어렵다는 것입니다. '역사책 읽기를 우리 반 학생들의 공부 습관으로 만들고, 동시에 소속감을 갖게 할 수는 없을까?'라는 고민으로 '학급 멤버십 카드'를 만들었습니다.

활동 준비

관련 내용 : 모든 시대　**소요시간** : 60분

준비물 : 역사 추천 도서 목록, 두꺼운 마분지, 칼, 풀, 가위, 접착 아스테이지, 목걸이형 명찰

1. 학교 도서실의 어린이용 역사책을 살펴보고 학급 아이들에게 권장하고 싶은 책을 골라 목록을 만듭니다. 여건이 허락한다면 학급문고로 준비하는 것도 좋습니다.

진행 방법

1. 학급 특색을 살려 카드의 앞과 뒤 이미지를 만듭니다.

2. 마분지를 목걸이형 명찰에 한 번 접어 넣을 수 있는 직사각형 모양으로 오립니다.

3. 카드의 앞과 뒤 이미지와 추천 도서 목록도 마분지 크기에 맞춰 출력해 자릅니다.

4. 마분지 바깥쪽 앞면과 뒷면에 카드 이미지를, 접힌 안쪽에 추천 도서 목록을 붙입

니다.

5. 접착 아스테이지를 카드 바깥쪽 이미지 위에 붙이고 마분지 크기에 맞게 칼로 자릅니다.

Tip

- 카드의 앞과 뒤 이미지를 제작할 때 인터넷에서 카페 쿠폰 등을 검색해 참고하면 좋습니다.
- 목걸이형 명찰에 넣은 후 패용하고 독서 활동을 진행해 소속감을 느낄 수 있게 하고, 추천 도서를 1권 읽을 때마다 해당 학생이 속한 모둠에 강화를 해 줍니다.
- 추천 도서 목록 외에 학급 목표에 도달하기 위한 미션 등을 멤버십 카드에 넣어 수행을 독려할 수 있습니다.
- 독서 활동을 우리 학급만의 특별한 브랜드로 느낄 수 있으면 더욱 좋습니다. 이를 위해 실과 시간에 각자의 독서대를 제작하여 독서 시간에 활용하는 것도 좋은 방법입니다.

3. 그림책으로 역사 수업 열기

말랑말랑 즐거운 역사 수업!

봉선생의 고민

역사를 하나의 관점에서만 바라보는 것은 역사 교육의 목표 중 하나인 민주 시민 양성에 도움이 될까요? 또 아이들의 역사적 사고력(비판적 사고력, 역사적 상상력 등을 포함하는) 향상에 도움이 될까요? 아이들에게 역사란 무엇인지 물어보면 과거에 있었던 일을 배우는 것이라고 대답하는데, 이마저도 나름 역사에 관심이 있는 아이들에게서만 나오는 대답이지요. 제가 경험한 역사 수업은 선생님이 칠판 가득 판서를 하면 학생들이 열심히 공책에 필기하는 것이 전부입니다. 이런 방식이 전혀 필요 없는 것은 아니지만, 이런 방식만으로 수업하는 것은 아이들의 역사적 사고력 향상이나 민주 시민 양성에 큰 도움이 되지 않는 것이 사실입니다.

역사책에는 많은 사건들이 다양한 사료(史料), 텍스트, 사진, 도표 등으로 표현되어 있습니다. 이러한 자료들을 비판적으로 읽기 위해서는 그 자료가 어떤 관점에서 쓰인 것인지 생각하는 과정이 꼭 필요합니다. 이것은 역사 수업 전체에 있어서 반드시 고민해야 할 지점입니다. 아이들이 역사를 처음으로 마주하는 첫 역사 수업은 정말 중요합니다. 그래서 어떤 활동을 할 것인지 고민을 거듭했습니다. 제 선택은 바로 그림책을 활용한 수업입니다.

활동 준비

관련 내용 : 모든 시대   **소요시간** : 40분   **준비물** : 『거인이 들려주는 잭과 콩나무 이야기』

1. 인터넷 검색 등을 통해 '잭과 콩나무 이야기'를 자세히 살펴봅니다.

2. 『거인이 들려주는 잭과 콩나무 이야기』를 구매합니다.

진행 방법

1. 쉬는 시간에 학생들에게 오늘은 교과서 없이 수업할 것임을 선언하고, 오늘 수업이 한 학기 역사 수업 가운데 가장 중요한 내용이라고 이야기합니다.

2. 수업이 시작되면 학생들에게 '잭과 콩나무 이야기'를 알고 있는지 물어보고, 그 내용을 함께 이야기합니다.

3. 선생님이 '잭과 콩나무 이야기'를 자세히 들려줍니다.

4. 학생들에게 '잭과 콩나무 이야기'에서 주인공은 누구인지, 누구의 입장에서 만들어진 이야기인지 생각해 보게 합니다.

5. 학생들이 거인의 입장에서 이 이야기를 다시 써 보도록 합니다.

6. 학생들은 자신이 새롭게 지은 '잭
과 콩나무 이야기'와 선생님이 보
여 주는 『거인이 들려주는 잭과 콩
나무 이야기』를 비교하고, 새롭게
알게 된 점이나 느낀 점을 기록하
고 발표합니다.

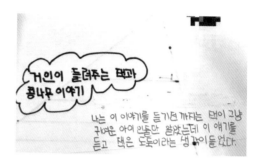

7. 같은 사건도 여러 입장과 다양한 각도에서 바라볼 필요성이 있음을 강조하기 위한
수업이었음을 설명합니다.

Tip

• 『거인이 들려주는 잭과 콩나무 이야기』 외에도 『늑대가 들려주는 아기 돼지 삼형
제』, 『야수가 들려주는 미녀와 야수 이야기』 등도 이 수업에 활용할 수 있습니다.

4. 수직선 위의 내 생각

나선생의 고민

교과서에 나온 역사적 상황에 대한 아이들의 생각의 차이를 알아보고 싶었습니다. 모든 아이들의 말을 들어 보면 좋겠지만 늘 시간이 부족합니다. 그래서 생각을 글로 써서 붙여 두고 알아보기로 했습니다. 생각이 조금 더 명확하게 표현되도록 붙이는 위치를 정했습니다.

활동 준비

관련 내용 : 모든 시대   소요시간 : 5분   준비물 : 포스트잇 혹은 메모지

1. 포스트잇 혹은 메모지를 1장씩 준비합니다.
2. 칠판이나 게시판에 포스트잇을 붙일 공간을 만듭니다.

진행 방법

1. 주어진 주제 혹은 상황에 대한 자신의 생각을 정리한 후, 매우 반대는 −5점, 반대는 −3점, 중간은 0점, 찬성은 +3점, 매우 찬성 +5점의 점수를 줍니다.
2. 점수 아래에 그 점수를 준 이유를 적습니다.
3. 칠판이나 게시판에 그려진 수직선 위에 적힌 점수 위치를 확인하고, 포스트잇을

 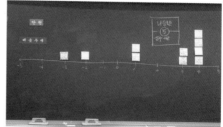

붙입니다.

4. 학생 수가 많거나 의견이 분명하게 갈릴 경우 숫자 차이를 더 크게 만들면 생각의 차이가 시각적으로 더 잘 표현됩니다.

Tip

- 같은 점수를 준 아이들끼리 모여 이야기를 나누는 등 후속 활동을 하면 좋습니다.
- 점수는 같지만 이유는 다른 경우가 많습니다. 서로 생각의 차이, 표현의 차이를 발견하는 것은 소중한 경험입니다.

5. 포스트잇 빙고로 배운 내용 확인하기

함행우 나쌤

함께 읽어 행복한 우리!

나선생의 고민

무언가를 공부하여 내 것으로 만들기 위해서는 반복이 필요합니다. 공부하면서 자연스럽게 반복할 수 있는 재미있는 방법을 찾기 위해 고민했습니다. 함께 만든 문제, 칠판, 포스트잇만 있으면 할 수 있는 4칸 포스트잇 빙고 놀이를 해 보았습니다.

활동 준비

관련 내용 : 모든 시대   **소요시간** : 10분   **준비물** : 포스트잇, 빙고판, 유성매직

1. 관련 내용을 문제로 만듭니다. 한 면에는 문제, 다른 면에는 정답을 적은 후 2번 접어 문제통에 넣습니다.

2. 문제를 풀 기회를 얻기 위해 먼저 수행해야 할 미션을 아이들과 토의해 정합니다. 예를 들면 교실 뒤에 있는 사물함 터치하기, 주사위를 던져서 모둠 숫자 나오기 등입니다.

진행 방법

1. 칠판에 빙고판을 만듭니다. 10×7, 5×5 등 어떤 형태도 괜찮습니다.

2. 문제통에서 쪽지를 하나씩 꺼내 문제를 냅니다.

3. 문제를 맞히면 빙고판에 팀의 포스트잇을 붙입니다. 이때 두 팀은 색이 다른 포스트잇에 팀 이름이나 맞힌 사람의 이름을 적습니다.

4. 가로, 세로, 대각선으로 연결된 4칸에 먼저 포스트잇을 붙인 팀이 승리합니다.

5. 두 팀 모두 빙고를 만들지 못한 경우, 더 많은 칸을 차지한 팀이 승리하는 것으로 규칙을 정합니다.

Tip

- 시간 여유가 있다면 5칸 빙고로, 시간이 부족하다면 3칸 빙고로 하면 됩니다. 대각선 인정 유무, 장애물 설치, 찬스 등 추가 규칙을 넣을 수도 있습니다.
- 정답을 맞힌 사람은 다음 두 문제는 맞힐 수 없는 것으로 하면 보다 많은 아이들에게 기회가 주어집니다.

6. 삽화와 사진을 활용한 퀴즈

함행우 나쌤

함께 있어 행복한 우리!

나선생의 고민

교과서 속 삽화나 이미지를 주의 깊게 살펴보나요? 아마도 그냥 넘어가는 경우가 많을 것입니다. 교과서 속 삽화에서 찾을 수 있는 정보를 이용한 색다른 수업을 시도했습니다. 교과서 속 삽화를 기억하도록 퀴즈를 도입했습니다.

활동 준비

관련 내용 : 모든 시대　　**소요시간** : 팀별 5분　　**준비물** : 교과서

1. 교과서 속 삽화를 살펴봅니다. 어떤 내용인지, 무엇을 의미하는지 공부합니다.
2. 모둠별로 충분히 공부할 시간을 줍니다.

진행 방법

1. 교과서 속 삽화나 사진을 자세하게 살펴봅니다.
2. 삽화나 사진을 하나 골라 잘 보일 수 있는 크기로 인쇄합니다.
3. 모둠별로 돌아가면서 삽화나 사진이 어떤 장소, 어떤 인물과 관련된 것인지 공부합니다.
4. 4명이 도전하는 경우에는 모둠 번호 1-2-3-4-3-2-1 순서로 쉬지 않고 삽화나

사진과 관련된 내용 7개를 말하면 성공입니다.

Tip

- 크게 인쇄한 삽화는 학습 게시판에 붙여 두고 활용하면 좋습니다.
- 교과서 속 삽화나 사진에 나온 곳에 직접 가 보는 체험학습을 계획하는 것도 좋습니다.

2장
〜〜〜〜〜〜〜

옛날 옛적에는
어떻게 살았을까?

선사 시대

1. 내레이션 극으로 보는 구석기인의 하루

함행우 나쌤

함께 있어 행복한 우리!

나선생의 고민

역사는 교과서에 나오는 지문과 삽화를 통해 그 시대를 충분히 상상해 보는 것이 필요합니다. 모둠별로 상상을 통한 내레이션 극을 만들어 함께 보고, 관련 내용을 토론하면 어떨까요?

활동 준비

관련 내용 : 선사 시대   **소요시간** : 20분   **준비물** : A4 용지, 필기구

1. 교과서나 참고 자료를 여러 번 읽은 후 구석기인의 하루를 일기로 써 봅니다.

2. 너무 어려워하는 학생들에게는 내레이션 극에 들어가야 할 상황이나 키워드를 제시하여 도움을 줄 수 있습니다.

진행 방법

1. 모둠에서 주제를 정하고 내레이션 대본을 6~10줄 정도 씁니다.

2. 해설자, 등장인물 등의 역할을 정하고 연습합니다.

3. 해설자의 내레이션에 맞춰 연기를 합니다. 해설자가 내레이션을 하면 그에 맞춰 연기를 하고, 연기가 끝나면 해설자가 다음 내레이션을 합니다.

4. 활동 후 함께 소감을 나누고 마무리
   합니다.

Tip

- 내레이션 극을 시연하기 직전에 역할
  을 정하는 방법도 좋습니다. 누가 어
  떤 역할을 할지 모르기 때문에 준비
  과정에 집중하게 됩니다.
- 내레이션 극을 하는 중간이나 끝난
  후 궁금한 점을 질문할 수 있으면 어
  떨까요? 중간에 질문할 수 있도록 "멈
  춰!" 등의 신호를 미리 정합니다.
- 활동이 끝나고 베스트 내레이션 상,
  연기상 등을 뽑는 것도 재미있습니다.

2. 최고의 뗀석기를 만들어라!

함행우 나쌤

함께 있어 행복한 우리!

나선생의 고민

교과서에 제시된 역사적 사실을 직접 해 보면 좋겠다고 생각했습니다. 물론 그 시대 상황을 그대로 구현할 수는 없습니다. 또 그럴 필요도 없지요. 최대한 느낌을 살린 경험으로 의미 있고 재미있는 활동을 하고 싶었습니다.

활동 준비

관련 내용 : 선사 시대   소요시간 : 20분

준비물 : 종이, 공깃돌, 운동장이나 화단에 있는 돌

1. 학교 화단 등에 적절한 크기의 돌이 있는지 미리 확인합니다.

2. 만약 화단에 적당한 돌이 없다면 무엇으로 대체할 것인지 고민합니다.

진행 방법

1. 교실 밖으로 나가 운동장이나 화단을 둘러봅니다.

2. 정해진 시간 동안 돌을 찾아 떼어 내거나 깨뜨려 도구를 만듭니다.

3. 교실로 돌아와 자신이 만든 뗀석기를 설명하는 시간을 갖습니다.

4. 자유롭게 돌아다니며 최고의 뗀석기에 공깃돌로 투표합니다.

Tip

- 사냥에 가장 적합한 뗀석기를 만든 사람을 부족장으로 뽑는 것도 재미있습니다.
- 교실을 박물관처럼 만들면 좋습니다. 모둠별로 다양한 용도의 뗀석기를 찾거나 만들어서 전시합니다.
- 찾거나 만든 뗀석기들을 직접 사용할 수 있는지 알아보는 것도 재미있습니다. 용도별로 어떻게 기능을 테스트할 것인지 토론하고 이를 실행해 볼 것을 추천합니다.

3. 구석기 시대의 아이콘을 직접 만들다

열정의 봉선생

말랑말랑 즐거운 역사 수업!

봉선생의 고민

말이나 글로 배운 내용과 직접 체험한 내용 가운데 어떤 것이 더 오래 기억에 남을까요? 미국의 행동과학연구소(National Training Laboratories)의 연구에 따르면, 강의식 수업 후 24시간이 경과하면 배운 내용의 5%만이 기억에 남지만 체험식 수업 후에는 배운 내용의 75%가 기억에 남는다고 합니다.

구석기 시대의 대표 유물인 뗀석기를 아이들이 직접 제작한다면 보다 오랫동안 기억에 남을 것이라고 생각해 이번 수업을 준비했습니다. 플라스캠프(한국 고고학 콘텐츠 연구원의 문화체험 브랜드) 같은 곳에서 교구를 구입하면 좀 더 쉽게 체험할 수 있지만, 비용도 만만치 않을뿐더러 구석기 시대 사람들이 제작한 방식과 조금이라도 유사한 경험을 제공하고 싶어 직접 제작을 선택했습니다.

활동 준비

<u>관련 내용</u> : 구석기 시대   <u>소요시간</u> : 20분

<u>준비물</u> : 자갈돌, 석재 가공 망치, 보안경, 목장갑, 마스크

1. 학교 안팎이나 근처 하천에서 크고 단단한 자갈돌을 여러 개 준비합니다.

2. 아이들은 근력이 약하기 때문에 석재 가공 망치도 준비합니다.

3. 눈과 얼굴을 보호하기 위해 보안경과 마스크를 착용하고 손에 목장갑도 낍니다.

진행 방법

1. 미리 준비한 자갈돌 가운데 2개를 고릅니다.

2. 평소 주로 사용하는 손에 망칫돌을 쥐고 다른 손에는 돌감을 듭니다. (간접 떼기 체험에 사용하는 전문 석재 가공 도구 '보퍼'는 비용상의 문제로 사용하지 않았고, 도구 없이 돌의 일부를 떼어 내거나 깨트리는 직접 떼기 방식으로 체험을 진행했습니다.)

3. 망칫돌로 돌감을 직접 타격합니다. 이때 타격 위치는 돌감의 바깥쪽에서 2~3cm 안쪽이 적당하고, 안쪽에서 바깥쪽으로 밀어내듯 살짝 비껴 때려야 날카로운 뗀석기를 만들 수 있습니다.

4. 활동을 힘들어 하는 아이들에게는 석재 가공 망치 사용을 허용합니다.

5. 하나의 돌감으로 모둠원들이 돌아가며 체험하고, 모둠별로 하나의 뗀석기를 완성합니다.

- 직접 떼기 방식으로 작업하다 보면 떨어져 나가는 부분이 의외로 많기 때문에 가능하면 성인 남성의 손보다 조금 더 큰 돌감을 준비하는 것이 좋습니다.

- '보안경만 있으면 되겠지?'와 같은 안이한 생각으로 마스크를 착용하지 않고 체험을 진행하면 부상을 당할 수 있습니다. 돌을 타격할 때 조각이 꽤 멀리까지 빠르게 날아가므로 최대한 얼굴을 가리고 활동해야 합니다.

- 뗀석기 제작 과정을 체험으로 이해하는 것이 목적이고, 유물 사진으로 제시된 주먹도끼와 같은 완벽한 형태의 뗀석기 제작은 보다 숙련된 기술이 필요하기 때문에 목표를 조금 낮게 잡는 것이 좋습니다.

- 체험 시간이 길어져 학생들의 팔 힘이 약해지면 부상의 위험이 커지기 때문에 모둠별로 하나의 뗀석기를 제작했습니다.

4. 구석기 시대, 인류 생활에 가장 큰 영향을 끼친 것은?

봉선생의 고민

구석기 시대 인류의 생활을 혁명적으로 바꾼 것은 무엇일까요? 바로 불의 발견입니다. 구석기 인류는 자연적으로 발생한 불을 관찰했고 불을 직접 만들어 내기까지 합니다.

불은 인간이 밤에도 활동할 수 있게 해 줬을 뿐 아니라 맹수의 공격을 막아 낼 수 있게 해 줬습니다. 또 음식을 익혀 먹게 되었습니다. 이로써 생식으로 인한 질병이 현저히 줄어들었고, 과거에 비해 씹는 횟수가 줄어들어 입 안을 가득 채웠던 치아의 수도 줄어들었습니다. 또한 음식을 소화하는 시간에도 영향을 줘 내장이 짧아졌으며, 소화에 사용하던 에너지를 뇌가 사용하면서 뇌의 크기가 급격하게 커졌습니다.

인류 생존에 큰 영향을 준 불! 당시 사람들도 지금의 우리처럼 1초 만에 만들어 낼 수 있었을까요? 아닙니다. 당시에는 나무와 나무를 마찰하여 불씨를 만들고, 그 불씨를 키워야 생활에 이용할 수 있었습니다. 불을 만들어 낸다는 것은 결코 쉬운 일이 아니었습니다. 구석기 시대 사람들의 어려움을 조금이라도 느껴 보고자 그들의 방식대로 체험 활동을 계획했습니다.

활동 준비

관련 내용 : 구석기 시대   **소요시간** : 40~60분

준비물 : 활비비 체험 세트(발화막대, 발화판, 발화축, 활, 가죽 끈, 불씨받이, 건초), 목장갑

1. 모둠 수에 맞게 활비비 체험 세트를 준비합니다.

2. 미리 '보우드릴'이라는 키워드로 유튜브 영상을 찾습니다. 이를 보고 활비비 사용 방법을 익혀 두면 활동 시간을 여유 있게 사용할 수 있습니다.

3. 만들어 낸 불씨로 음식을 익혀 먹고 싶다면 고구마, 은박지, 건초, 장작, 나무꽂이 등과 함께 휘발유를 꼭 준비해야 합니다. 불씨 만드는 데 성공하더라도 불씨를 크게 키우는 과정이 어렵기 때문에 장작에 미리 휘발유를 뿌려 두는 것이 좋습니다.

진행 방법

1. 활비비 체험 세트를 모둠별로 나누어 줍니다.

2. 활에 가죽 끈을 묶습니다. 가죽 끈은 발화막대를 한 바퀴 감았을 때 팽팽해질 정도로 묶는 것이 좋습니다.

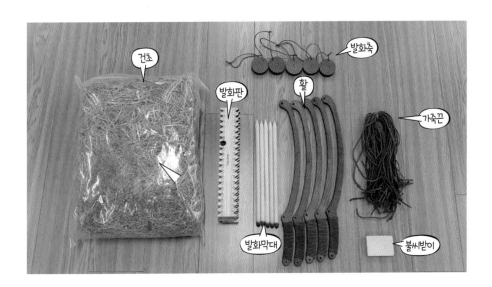

3. 불씨받이를 발화판 아래에 깔고, 발화막대를 가죽 끈으로 한 바퀴 감은 채로 발화판 구멍에 놓습니다. 이때 발화막대는 상대적으로 뾰족한 부분이 하늘을 향하게 해야 합니다. 또 활은 자주 사용하는 손으로 쥐고, 가죽 끈은 몸 안쪽으로 향하게 합니다.

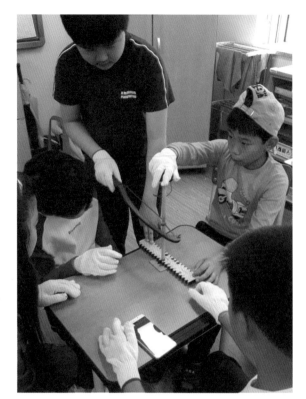

4. 다른 손으로 발화축을 잡아 발화막대 위에 얹습니다. 이제 활을 든 손으로 전후 운동을 시작합니다. 이때 발화축을 누르는 힘과 활의 움직임이 적절히 조화되어야 마찰이 일어납니다.

5. 마찰음이 들리다가 어느 정도 시간이 지나면 발화판에서 소량의 재가 만들어지며 연기가 피어오릅니다. 조금 더 회전속도를 올리면 불씨받이 쪽에 재가 쌓입니다.

6. 어느 정도 재가 쌓인 후 조금 더 회전속도를 올리면 쌓여 있는 재 위에 아주 작은 불씨가 떨어집니다.

Tip

• 교구는 플라스캠프에서 구입했습니다.

• 회전 운동 직후 절대 발화막대의 끝을 손으로 만지면 안 됩니다. 화상의 위험이 있기 때문에 사전에 반드시 주의를 줘야 합니다.

- 모둠별로 실제로 불 피우기에 성공할 수도 있고 실패할 수도 있습니다. 마찰에 의해 '연기'가 발생한 것을 성공으로 간주하면 대부분의 아이들이 성공할 수 있습니다. 이는 아이들의 성취동기를 북돋울 수 있는 좋은 방법입니다.
- 간혹 구석기 시대에 실제로 이러한 도구를 사용한 것이 맞는지 실제 유물의 존재 여부에 의문을 제기하는 선생님이 계십니다. 우리나라에서는 광주 신창동 유적(구석기 유적은 아니지만)에서 발굴된 발화도구가 가장 오래된 것입니다. 여기에서는 발화판과 발화막대, 송진이 배인 관솔이 발견되었습니다. 세계에서 가장 오래된 발화도구는 페루 기따레로 동굴 유적에서 출토된 발화판, 끈 등으로, 후기 구석기 유물입니다.

5. 구석기야? 신석기야?

재미에서 배움으로!

곰선생의 고민

선사 시대는 글자 그대로 '역사 이전의 시대', 즉 기록이 없는 시대입니다. 기록이 없는데 선사 시대의 생활 모습은 어떻게 알 수 있을까요? 바로 유물입니다. 선사 시대를 이해하는 데 유물은 매우 중요한 역할을 합니다. 이번 수업에서는 구석기, 신석기 생활 모습과 더불어 이 시대를 이해하는 데 유물이 얼마나 중요한지도 함께 가르치고 싶었습니다. 학습목표를 '선사 시대 생활 모습을 유물을 통해 알 수 있다'로 정하고 수업을 구성했습니다.

처음 선사 시대에 대한 수업을 했을 때는 구석기와 신석기의 도구 사진을 주고 생활 모습을 추측해 보라고 했습니다. 그런데 막상 해 보니까 학생들이 도구를 보고 어떤 쓰임새를 가졌는지 알아내는 걸 힘들어 하더군요. 그래서 거꾸로 생각했습니다. 선사 시대 사람들의 생활 모습을 먼저 배우고, 이에 맞는 도구를 연결시키기로 했죠. 이렇게 수업을 구성하면 학생들이 어렵지 않게 학습목표에 도달할 수 있으리라 생각했습니다.

활동 준비

관련 내용 : 선사 시대   소요시간 : 40분

준비물 : 교과서, 사인펜, 구석기와 신석기 생활 모습 상상화, 구석기와 신석기 도구 사진 포스트잇, 전지

1. 구석기와 신석기 생활 모습 상상화를 학생 수만큼 준비합니다.

2. 구석기와 신석기 시대 도구 사진을 포스트잇에 출력합니다.

3. 네이버 블로그 '곰선생의 수업 이야기'의 '2018 구석기와 신석기 비교'에서 자료를 내려받을 수 있습니다.

진행 방법

1. 학생들에게 구석기와 신석기 생활 모습 상상화를 하나씩 나눠 줍니다. 학생들은 그림에 있는 시대별로 독특한 삶의 모습에 동그라미하면서 이야기를 나누고, 그것을 공책에 기록합니다.

2. 전지에 '선사 시대 생활 모습 표'를 만듭니다. 구석기와 신석기로 나누고 각각의 의, 식, 주 칸을 만듭니다.

3. '선사 시대 생활 모습 표'에 1에서 공책에 기록했던 내용을 의, 식, 주로 분류하여 씁니다.

4. 구석기와 신석기 도구 사진을 포스트잇에 출력하여 학생들에게 나누어 줍니다. 도구를 하나씩 살펴보면서 '선사 시대 생활 모습 표'에 적힌 글 중 관련 있다고 생각하는 부분에 붙입니다.

5. 사회 교과서를 통해 구석기와 신석기 시대 도구들의 이름과 쓰임새를 확인하고, '선사 시대 생활 모습 표'의 해당 부분에 정확히 붙였는지 살펴봅니다. 잘못 붙이거나 못 붙인 포스트잇은 사회 교과서를 보고 다시 붙여 봅니다.

6. 학생들과 구석기와 신석기 시대는 역사 기록이 없는 선사 시대인데, 어떻게 당시 생활 모습을 알 수 있었을지 이야기 나눕니다.

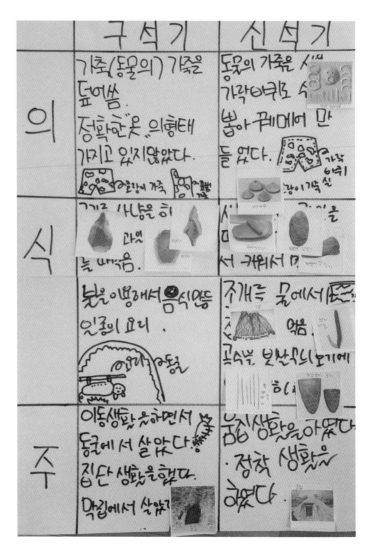

- 유물을 분석해서 구석기와 신석기 시대 생활 모습을 파악합니다.

Tip

- 이 수업을 진행하다가 많은 학생들이 가진 신석기 시대에 대한 오개념을 발견했습니다. 신석기 시대 대표적인 특징은 농사가 시작되었다는 건데요. 이 강력한 역사

적 변화 때문인지 학생들이 신석기 시대에는 농사만 지었다고 잘못 알고 있는 경우가 많습니다. 그러나 신석기 시대는 여전히 사냥과 채집이 농사보다 우선이었습니다. 특히 조개를 많이 채집했지요. 우리나라 곳곳에서 발견되는 패총, 그러니까 조개껍질 무더기가 대부분 신석기 시대 것임을 생각해 보면 금방 이해될 겁니다.

학생들과 패총 사진을 보며 그들이 가진 오개념에 대한 이야기를 나누었습니다. 학생들이 제 이야기를 대단히 흥미롭게 듣더군요. 자신이 가진 지식이 변화를 맞이할 때 느끼는 기쁨을 알아 가는 것 같았습니다. 선생님들도 학생들이 가진 역사적 사실에 대한 오개념을 발견한다면 그것에 대해 직접 이야기 나눠 보세요. 더 흥미로운 역사 수업이 될 것입니다.

• A4 용지에 포스트잇을 붙이고 출력하면 포스트잇에 글자나 그림이 인쇄됩니다. 활동에 나오는 도구 사진도 그렇게 만들었습니다. 혹시 번거로우면 도구 사진을 A4 용지에 출력하여 오린 후 포스트잇 풀을 발라도 좋습니다.

6. 구석기 집과 신석기 집

곰 잘했어요 곰선생

재미에서 배움으로!

곰선생의 고민

선사 시대에 대한 수업을 구석기와 신석기 분류만으로 끝내기에 약간 아쉬움이 있습니다. 그래서 선사 시대 수업의 복습이라 할 수 있는 구석기 집, 신석기 집 만들기와 선사 시대 사람들의 생활 모습 상상 일기 쓰기 수업을 준비했습니다.

활동 준비

<u>관련 내용</u> : 선사 시대   <u>소요시간</u> : 80분

<u>준비물</u> : 구석기 집과 신석기 집 만들기 학습지 세트, 가위, 풀, 선사 시대 상상 일기 학습지

1. 구석기 집과 신석기 집 만들기 학습지를 모둠별로 1세트씩 준비합니다. 이 학습지는 도구 부분과 집 배경 부분으로 나뉘어 있습니다.

2. 선사 시대 상상 일기 학습지를 학생 수만큼 준비합니다.

3. 네이버 블로그 '곰선생의 수업 이야기'의 '2018 구석기, 신석기 그림일기 쓰기'에서 자료를 내려받을 수 있습니다.

진행 방법

1. 모둠별로 구석기 집과 신석기 집 만들기 학습지를 1세트씩 받아 집과 도구 등을

가위로 오립니다.

2. 학습지에는 구석기와 신석기 도구들이 섞여 있습니다. 오려낸 도구들을 구석기와 신석기로 분류해서 각 시대의 집과 함께 붙입니다.

3. 구석기와 신석기 시대 중 하나를 골라 생활 모습을 상상하여 일기를 씁니다.

4. 구석기 집과 신석기 집 만들기 학습 결과물과 상상 일기를 친구들끼리 돌려 보면서 잘못된 곳이 있으면 서로 고쳐 줍니다.

- 이번 수업은 지난 '구석기야? 신석기야?' 시간에 배운 내용을 복습하는 시간입니다. 지난 시간 배운 내용을 암기하여 활동하는 것보다는 그 내용이 정리된 공책을 보고 활동하도록 지도하는 편이 낫습니다. 암기를 최소화해야 학생들의 수업에 대한 부담을 줄일 수 있습니다.

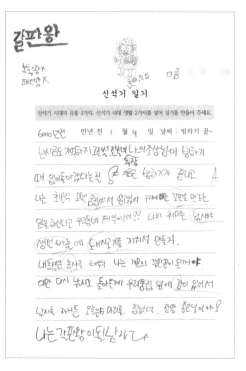

- 선사 시대 상상 일기를 쓸 때는 선사 시대 생활 모습에 재미를 담아야 합니다. 역사적 사실을 드러내는 글에 재미를 담다 보면 역사적 상상력을 키울 수 있으니까요. 다만, 학생들이 재미에만 너무 집중하면 선사 시대 생활 모습을 왜곡할 수도 있습니다. 즉, 선사 시대 생활 모습에서 벗어나지 않는 범위에서 재미를 추구해야 합니다. 좀 번거롭더라도 선생님이 학생들의 일기를 하나하나 읽고 피드백 해 줘야 하는 이유가 여기에 있습니다.

7. 뾰족 그릇의 비밀

물랑물랑 즐거운 역사 수업!

봉선생의 고민

인류 생활사의 혁명, 농경의 시작은 언제일까요? 신석기 시대라고요? 그렇다면 한반도의 신석기 시대 대표 유물은 무엇일까요? 대부분 빗살무늬 토기를 떠올리겠지요? 흔히 신석기 시대에 농경이 시작되어 농사지은 수확물을 담기 위해 토기를 제작했다고 설명합니다. 때문에 '토기 사용 = 농경 시작'이라는 역사적 도식이 학생들의 머릿속에 자리 잡고 있습니다. 하지만 역사를 살펴보면 토기는 농경 시작 이전에도 채집한 식물의 저장 및 조리, 제례에 사용되기도 했으므로 토기 사용이 반드시 농경의 시작을 의미하는 것은 아닙니다. 이처럼 잘못 인식되고 있는 역사적 도식은 또 있습니다.

바로 '빗살무늬 토기 = 밑이 뾰족한 토기'입니다. 빗살무늬 토기는 토기 표면에 그어진 무늬가 머리를 빗을 때 사용하는 빗의 살 모양이기 때문에, 또는 비스듬히 그어진 선 모양이기 때문에 붙여진 이름으로, 토기의 전체적인 형태와는 관련이 없습니다. 하지만 학생들에게 빗살무늬 토기를 그려 보라고 하면, 십중팔구 밑바닥이 뾰족한 형태로 그립니다. 사실 밑바닥이 평평한 빗살무늬 토기도 존재합니다. 하지만 초등학교 교과서에도, 중학교 교과서에도, 고등학교 교과서에도 제시된 사진이 모두 밑이 뾰족한 형태이기 때문에 이런 오해가 생긴 듯합니다. 아이들이 유물에 대한 편견에서 벗어났으면 좋겠다는 바람으로 이 수업을 구성했습니다.

활동 준비

관련 내용 : 신석기 시대 　　**소요시간** : 15분 　　**준비물** : 종이와 필기구 또는 스마트폰

1. 교실에서 단위차시 수업을 진행할 경우, 다양한 빗살무늬 토기 사진을 준비합니다.

2. 국립중앙박물관으로 체험학습을 가는 경우, 종이와 간단한 필기구를 준비하거나 모둠별 스마트폰을 준비합니다.

진행 방법

1. 교실에서 단위차시 수업으로 진행한다면 준비한 사진들과 더불어 숭실대학교 한국기독교박물관에 제시된 패널 사진 속 내용을 통해 다양한 형태의 빗살무늬 토기가 존재했음을 확인합니다.

2. 국립중앙박물관을 방문하여 활동을 진행한다면 학생들에게 바닥이 평평한 빗살무늬 토기를 찾으라는 미션을 줍니다.

3. 국립중앙박물관 선사 · 고대관 신석기실에 있다고 힌트를 주어도 괜찮습니다.

4. 바닥이 평평한 빗살무늬 토기를 찾으면 자세히 관찰하며 스케치하고, 선생님이 왜 이러한 미션을 주었는지 생각해 보고 이를 발표합니다.

Tip

• 만약 체험학습 시간이 부족하다면 스케치 대신 인증 사진을 찍는 것도 괜찮습니다.

8. 빗살무늬 토기를 만든 신석기인

함행우 나쌤

함께 읽어 행복한 우리!

나선생의 고민

시대를 상징하는 핵심 상황이나 유물에 대해 알아봄으로써 그 시대를 이해하고 싶습니다. 신석기 시대를 상징하는 빗살무늬 토기를 직접 만들고 이를 활용한 놀이를 해 봅니다.

활동 준비

__관련 내용__ : 선사 시대 __소요시간__ : 20분

__준비물__ : 찰흙, 유토(기름점토), 공깃돌이나 과자

1. 토기를 만들 수 있는 찰흙이나 유토를 미리 준비합니다.

2. 빗살무늬 토기의 다양한 모습을 사진으로 보여 줍니다.

3. 미술 시간 등을 활용해 미리 디자인해 두면 더 좋습니다.

진행 방법

1. 교과서 혹은 사진 자료를 통해 빗살무늬 토기의 다양한 형태를 살펴봅니다.

2. 정해진 시간 동안 저장과 조리에 적합한 형태로 빗살무늬 토기를 만듭니다.

3. 곡식(과자 또는 공깃돌)을 가지고 돌아다니면서 잘 만들어진 토기에 투표합니다.

4. 투표가 끝나면 얻은 곡식의 수를 확인하고 소감을 나눕니다.

Tip

- 완성도를 높이고 싶다면 도자기용 흙을, 완성 후 다양하게 활용하려면 유토를 이용하는 것도 좋습니다.
- 모둠별로 큰 빗살무늬 토기를 만들어 보는 것은 어떨까요?
- 만든 빗살무늬 토기를 직접 사용합니다. 토기 안에 곡식을 상징하는 물건을 넣거나 과학실이나 실외에서 불을 피워 간단한 음식을 만들어 보는 것도 좋습니다.

9. 곡식을 모아라!

나선생의 고민

더 많은 식량을 확보하고 전쟁에서 승리하는 과정을 놀이를 통해 간접적으로 체험하면서 자연스럽게 부족이 커지는 과정을 이해할 수 있기 바랐습니다. 이를 위해 아이들이 부족원이 되어 활동하는 수업을 구성했습니다.

활동 준비

<u>관련 내용</u> : 선사 시대   <u>소요시간</u> : 10분

<u>준비물</u> : 빗살무늬 토기, 곡식으로 사용할 물건

1. 잉여 식량을 보관할 빗살무늬 토기를 준비합니다.

2. 부족 간 전쟁을 하기 전에 미리 최종적으로 더 많은 식량을 차지하기 위한 전략을 세울 시간을 줍니다.

진행 방법

1. 각 부족의 빗살무늬 토기에 일정한 양의 곡식을 넣습니다.

2. 부족원은 부족의 곡식 중 1개를 가지고 다른 부족원과 가위바위보로 대결합니다.

3. 이기면 상대의 곡식을 받아 부족의 토기에 저장하고, 다시 대결에 나섭니다.

4. 지면 상대에게 곡식을 주고, 부족의 토기에서 곡식 1개를 가지고 와서 다시 대결합니다.

5. 정해진 시간 동안 더 많은 곡식을 얻은 부족이 승리합니다.

Tip

• 질서를 잘 지킨 팀은 "풍년이 들어서 곡식이 늘어났습니다!"라는 말과 함께 곡식을 주고, 질서를 잘 지키지 않은 팀은 "자연 재해가 발생해서 곡식이 줄었습니다!"라는 말과 함께 곡식을 가져간다고 미리 말해 주세요. 보다 질서 있는 활동이 가능합니다.

10. 고고학자가 되어 유물을 발굴하라

몰랑몰랑 즐거운 역사 수업!

봉선생의 고민

빗살무늬 토기 발굴 및 복원 체험 활동을 학부모 공개 수업 때 진행했던 적이 있습니다. 폼페이 유적 발굴 사진으로 호기심을 끌어올리고 빗살무늬 토기 발굴 키트를 활용해 수업을 진행했습니다. 아이들은 매우 즐거워했지만, 실제 고고학자들의 삶을 느끼기에는 역부족이었지요. 그때 이후 제 마음 속에는 '직접 제작한 빗살무늬 토기 조각을 땅에 묻어 두고 발굴하는 활동을 기획해서 진짜 고고학자의 삶에 한 걸음이라도 다가가게 해야지!' 하는 바람이 생겨났습니다.

이후 학교를 옮겨 무한상상실에 있는 여러 대의 3D 프린터들을 본 순간 제 바람을 이룰 수 있겠다는 생각이 들었습니다. 유튜브 영상을 살펴보며 어렵사리 도안을 제작해 3D 출력에 도전했지만, 3D 프린터가 이상 작동을 하는 바람에 도전은 실패로 끝나고 말았습니다. 우울한 상태로 며칠의 시간을 보내다가 우연히 인터넷 검색을 통해 도안 파일만 보내면 3D 출력을 대행해 주는 곳이 있다는 것을 알게 되었습니다.

이 활동은 이런 오랜 고민을 바탕으로 아이들이 직접 발굴 및 복원 활동을 해 보고 고고학자라는 직업에 대해 학습할 수 있기를 바라는 마음에서 기획한 것입니다.

활동 준비

관련 내용 : 신석기 시대 **소요시간** : 50분

준비물 : 빗살무늬 토기 3D 출력물, 활동지, 뽑기 캡슐, 꽃삽, 붓, 유리 테이프

1. 구글 크롬 브라우저 검색창에서 'Tinkercad'를 입력해 팅커캐드 사이트에 접속, 회원 가입을 합니다.

2. 유튜브 영상을 참고해 팅커캐드에서 빗살무늬 토기 3D 도안을 제작하고 stl 파일로 저장합니다. 저는 서울 암사동에서 출토된 빗살무늬 토기를 모델로 도안을 제작했습니다. 혹시 제작이 어렵다면 '열정의 봉선생'에게 이메일(doinghistory@naver.com)로 도움을 요청하시면 보내드리도록 하겠습니다.

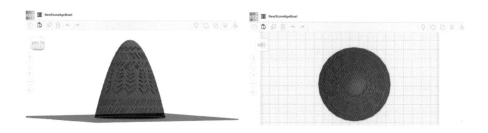

3. 여건이 된다면 직접 3D 프린터로 출력합니다. 아니면 팅커캐드에서 저장한 stl 파일을 3D 출력 업체에 보내 결과물을 받아도 됩니다.

4. 플라스틱을 자를 수 있는 톱으로 출력된 빗살무늬 토기를 6~7조각으로 자른 후 적절한 장소를 선정해 선생님이 수업 전에 묻어 둡니다.

진행 방법

1. 교실에서 모둠별로 활동지를 해결한 후 선생님이 기다리는 장소로 나옵니다. 활동지는 사회과부도를 활용해 해결할 수 있는 간단한 문제로 구성했습니다.

2. 활동지를 해결한 모둠은 밖으로 나와 준비된 캡슐 중 하나를 선택해 발굴할 장소를 확인합니다.

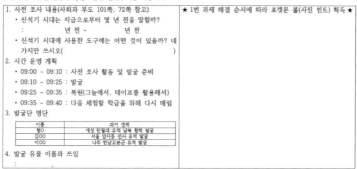

가상 남북 공동 유물 발굴단 운영 계획

남평초등학교 5학년 ( )반 ( )

2019년 6월 12일 정오 전라남도 나주시 남평읍 지석로 95 남평초등학교 일대에 신석기 유적이 발견되었다는 문화재청의 발표가 있었습니다. 아울러 6.25전쟁 휴전 협정 66주년을 맞이하여 남북 화해·협력 교류 사업의 일환으로 남평초등학교 신석기 유적 남북 공동 유물 발굴단을 운영하고자 합니다. 아래 명단과 명단에 따른 발굴 구역(Section)을 참고하시어 소중한 우리의 문화유산 발굴에 정성스럽게 임해주시길 바랍니다.

1. 사전 조사 내용(사회과 부도 101쪽, 72쪽 참고)
 • 신석기 시대는 지금으로부터 몇 년 전을 말할까?
  : 　　　 년 전 ~ 　　　 년 전
 • 신석기 시대에 사용한 도구에는 어떤 것이 있을까? 네
  가지만 쓰시오(　　　　　　　　　)
2. 시간 운영 계획
 • 09:00 ~ 09:10 : 사전 조사 활동 및 발굴 준비
 • 09:10 ~ 09:25 : 발굴
 • 09:25 ~ 09:35 : 복원(그늘에서, 테이프를 활용해서)
 • 09:35 ~ 09:40 : 다음 체험할 학급을 위해 다시 매립
3. 발굴단 명단
	★ 1번 과제 해결 순서에 따라 포켓몬 볼(사진 힌트) 획득 ★

이름	과거 경력
형○	개성 만월대 유적 남북 협력 발굴
김○○	서울 암사동 선사 유적 발굴
이○○	나주 반남고분군 유적 발굴

4. 발굴 유물 이름과 쓰임
 :

3. 발굴할 장소를 확인한 후 해당 지도를 활동지 오른쪽 칸에 붙입니다.

4. 모둠별로 발굴 장소를 찾아가 꽃삽을 이용해 발굴을 진행합니다. 발굴한 토기 조각은 그때그때 붓을 사용해 흙먼지를 털어 줍니다.

5. 발굴한 토기 조각 안쪽을 유리 테이프로 붙이는 복원 활동을 진행합니다.

6. 체험을 마친 후에는 고고학과 고고학자에 대해 조사하고 체험한 활동에 대해 간단히 정리하는 시간을 가집니다.

Tip

• 체험을 정리하는 시간에 '고고학자 체험 보고서'를 작성하면 더욱 좋습니다.

- 실내 활동으로 진행한다면 인터넷에서 빗살무늬 토기 발굴 키트를 구입해 활용하면 됩니다.

- 3D 프린터로 1개의 빗살무늬 토기를 출력하는 데 10시간 이상이 걸립니다. 게다가 기계의 성능이 좋지 않다면 중간 중간에 필라멘트가 끊어지는 등 돌발 상황이 발생할 수 있습니다. 그러므로 학교 예산으로 3D 프린터로 출력할 수 있다면, 업체에 의뢰하길 권장합니다.

- 땅을 깊이 파서 묻지 않더라도 학생들이 체감하는 난이도는 충분히 높습니다. 특히 단위차시 안에 활동을 마무리하려면 절대 유물을 숨길 때 땅을 깊이 파지 마세요!

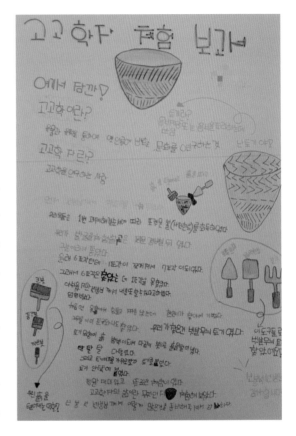

3장

한반도
최초의 나라

고조선 시대

1. 부족 확장 가위바위보

함행우 나쌤

함께 있어 행복한 우리!

나선생의 고민

청동기 시대에 다른 부족과의 전쟁으로 세력을 키워 나간 사실을 놀이를 통해 알려 주고자 했습니다. 폭력적이지 않으면서 조금씩 규모를 확장할 수 있는 방식을 고민하다 상대 부족에서 1명씩 데리고 오는 단체 가위바위보가 떠올랐습니다. 족장을 중심으로 가위바위보로 전쟁을 하고 부족원을 늘려 가는 방식이 재미있을 것 같았습니다.

활동 준비

관련 내용 : 청동기 시대 **소요시간** : 15분

1. 다른 부족과 전쟁하기 전에 부족의 이름, 상징, 구호 등을 함께 만들면 좋습니다.

2. 가위바위보를 큰 동작으로 하는 액션 가위바위보로 하면 더 재미있습니다.

진행 방법

1. 서로 협의해서 가위바위보 중 무엇을 낼지 정합니다. 비길 경우를 생각해서 미리 3번 정도 낼 것을 정합니다.

2. 부족원들 모두 정해진 것을 냅니다. 액션 가위바위보라면 동작을 크게 하면 더 재미있습니다.

3. 이긴 부족이 진 부족의 부족원을 1명 데리고 옵니다.

4. 10명으로 시작했으면 3명 이하가 되는 부족이 지는 것으로 미리 정해 둡니다.

5. 승리한 부족은 족장을 가운데 들어가게 하고 크게 환호하며 승리를 기념합니다.

Tip

- 첫판에는 1명, 다음 판에는 2명, 그 다음 판은 3명으로 수를 늘려 데려오는 것으로 규칙을 만들어도 좋습니다.
- 가위바위보를 할 때 혼자 다른 것을 내면 상대 부족의 노예가 되는 규칙을 정하면 좀 더 집중하게 만들 수 있습니다.

2. 단군왕검께 청동기를 묻다

재미에서 배움으로!

곰선생의 고민

고조선은 청동기 문화를 바탕으로 건국되어 초기 철기까지 명맥을 유지한 우리나라 최초의 국가입니다. 그렇다 보니 청동기 시대와 고조선 시대는 많이 겹칩니다. 실제 고조선의 대표적 유물인 비파형 동검과 고인돌, 미송리식 토기 중 비파형 동검과 고인돌은 청동기 시대의 대표적 유물이기도 합니다. 그래서 저는 두 시대를 함께 가르칩니다. 단군 이야기를 살펴보며 청동기 시대와 고조선 사람들의 생활 모습을 동시에 알아보는 겁니다. 학습목표는 '단군 이야기를 통해 청동기 시대와 고조선 시대 사람들의 생활 모습 알기'로 정했습니다.

활동 준비

관련 내용 : 고조선 시대   **소요시간** : 40분   **준비물** : 단군 이야기 그림 카드, 단군 이야기 PPT

1. 단군 이야기 그림 카드를 학생별로 1세트씩 준비합니다.

2. 단군 이야기 PPT를 준비합니다.

3. 네이버 블로그 '곰선생의 수업 이야기'의 '2018 청동기 생활 알기'에서 자료를 내려받을 수 있습니다.

진행 방법

1. 단군 이야기 그림 카드를 잘 섞어 1세트씩 학생들에게 나누어 주고 각자의 배경 지식을 동원하여 그림 카드의 순서를 정하도록 합니다.

2. 모둠별로 단군 이야기 그림 카드를 보며 단군 이야기 줄거리를 이야기합니다.

3. 선생님이 PPT를 이용해 단군 이야기를 들려줍니다. 청동기 시대 생활 모습이 나타난 부분은 강조해서(고딕의 진한 글씨 부분) 말합니다.

〈선생님이 들려줄 단군 이야기〉

① 옛날, 옛날 환인과 그의 아들 환웅이 하늘나라에 살고 있었습니다. ② 환웅은 항상 지상 세계를 그리워했지요. ③ 환인은 환웅에게 구름의 신 운사, 비의 신 우사, 바람의 신 풍백을 데리고 지상 세계로 가는 것을 허락합니다. ④ 환웅은 3,000명의 백성과 함께 지상 세계로 내려옵니다. ⑤ 신단수로 내려온 환웅은 그곳을 신시(신의 도시)라 이름 짓고 다스립니다. 환웅은 **청동검인 비파형 동검과 청동 거울, 청동 방울로 제사를 지냅니다.** ⑥ 환웅은 **농사를 발전시켰을** 뿐 아니라 인간 세상의 많은 일들을 돌보았습니다. 아! 저기 최신 **농기구 반달 돌칼**이 보이나

요? ⑦ 신시가 발달하자 주변에서 큰 부러움을 샀습니다. 심지어 근처에 살던 호랑이와 곰이 인간이 되고 싶다며 찾아왔지요. ⑧ 이를 기특하게 여긴 환웅은 **최신 트렌드인 미송리식 토기**에 쑥과 마늘을 담아 주면서 100일 동안 동굴에서 이것만 먹고 지내면 인간이 될 것이라고 했습니다. ⑨ 호랑이와 곰의 인간되기 프로젝트 시~~작! 둘 다 처음에 잘 참아 냅니다. ⑩ 아하, 호랑이가 슬슬 열 받기 시작하네요. ⑪ 호랑이의 인내심이 바닥을 보이기 시작합니다. ⑫ 결국 호랑이가 못 참고 마는군요. ⑬ ⑭ 호랑이는 100일을 채우지 못합니다. ⑮ 호랑이가 떠나도 꾸역꾸역 인내하던 곰은, 마침내 웅녀로 변합니다. ⑯ 웅녀가 어여쁘다는 소문을 들은 환웅은 웅녀에게 청혼하러 갑니다. **최신 민무늬 토기에 미송리식 토기**, 청동기 도구의 으뜸인 청동 거울도 보이는군요. ⑰ 웅녀는 **지배층이 되어 훗날 고인돌에 묻힐 꿈**을 꾸며 환웅의 청혼을 받아들입니다. ⑱ 이렇게 혼인한 환웅과 웅녀는 아이를 낳습니다. 그 아이가 바로 우리나라 최초의 국가 고조선을 세운 단군왕검입니다.

4. 단군 이야기 그림 카드를 순서대로 공책에 붙이고 각 카드에서 선생님이 강조한 이야기를 토대로 청동기 시대의 생활 모습을 적도록 합니다.

- 청동검인 비파형 동검과 청동 거울, 청동 방울로 제사를 지냅니다.
  - → 청동기 시대에는 비파형 동검, 청동 거울 등 다양한 청동기를 썼습니다.
  - → 청동기를 제사에 이용하기도 했습니다.
- 농사를 발전
  - → 청동기 시대에는 농사가 발달했습니다.
- 농기구 반달 돌칼
  - → 청동기 시대에도 석기를 썼는데 농사에 사용한 반달 돌칼이 대표적입니다.
- 최신 트렌드인 미송리식 토기, 최신 민무늬 토기에 미송리식 토기
  - → 미송리식 토기와 민무늬 토기 등 청동기 시대에는 신석기 토기와는 다른 토기들이 있었습니다.
- 지배층이 되어 훗날 고인돌에 묻힐 꿈
  - → 청동기 시대 고인돌은 지배층의 무덤으로 보입니다.

• 많은 학생들이 고조선에 고(古)가 붙은 이유를 이성계가 세운 조선과 구별하기 위해서라고 알고 있습니다. 완전 틀린 말은 아닙니다. 오늘날 사람들 입장에선 그렇게 생각할 수 있지요. 그런데 처음 고조선에 '고'를 붙인 사람의 의도는 그게 아니었습니다.

처음으로 조선에 '고'를 붙인 사람은 일연입니다. 일연이 지은 『삼국유사』에 처음으로 고조선이라 적혀 있거든요. 알다시피 일연은 고려 사람입니다. 여기서 이상한 점이 느껴지지 않나요? 일연이 훗날 이성계가 세운 나라의 국호가 조선이라는 것을 알 리 없는데 말입니다. 그러니까 일연은 이성계의 조선과 구별하기 위해 '고'를 사용한 것이 아닙니다.

그럼 이성계의 조선 말고 다른 조선이 또 있었던 걸까요? 『삼국유사』에 따르면 단군왕검이 조선을 세우고 1,500년 뒤, 중국에서 기자란 사람이 건너왔다고 합니다. 단군왕검은 기자에게 왕위를 넘기고 산신이 되었지요. 기자의 후손들은 대를 이어 조선의 왕이 되었는데요. 준왕 때 이르러 중국에서 또다시 위만이란 사람이 나타납니다. 준왕은 위만을 후하게 대했지만, 위만은 준왕을 몰아내고 조선의 왕이 됩니다. 이처럼 조선은 단군왕검의 조선, 기자의 조선, 위만의 조선으로 나뉩니다. 일연은 이 세 조선 중에서 단군왕검의 조선에만 고(古) 자를 붙입니다. 그러니까 단군왕검의 조선을 기자의 조선, 위만의 조선과 구별하려 한 겁니다.

물론 오늘날에 와서는 단군왕검의 조선, 기자의 조선, 위만의 조선 가릴 것 없이 모두 고조선으로 묶습니다. 그래서 '고' 자가 이성계의 조선과 구별하기 위해 붙인 것이란 것도 완전히 틀렸다고 할 수 없지요.

학생들에게서 고조선의 고(古)에 대한 질문이 나온다면 『삼국유사』에 적힌 고조선에 대해 이야기 나눠 보세요. 훨씬 풍성한 수업이 될 것입니다.

3. 곰은 곰이요,
사람은 사람이니

곰 잘했어요 곰선생

재미에서 배움으로!

곰선생의 고민

단군 이야기 수업을 하면 몇몇 학생들이 "곰 우리에 쑥이랑 마늘을 넣으면 어떻게 되요?"라고 묻습니다. 당연히 쑥이랑 마늘을 넣는 팔이 위험해지겠죠. 실제로 곰이 사람으로 변할 일은 없으니까요. 이렇게 보면 단군 이야기는 논리적으로 이해할 수 없는 내용들로 가득 차 있습니다.

그렇다고 단군 이야기를 허구라고 무시할 수만은 없습니다. 이야기 속에 담긴 비현실적인 부분을 살짝만 걷어 내면 웬만한 사서보다도 훌륭한 기록이 되기 때문이죠. 단군 이야기 같은 신화에서는 숨겨진 사실을 찾아내야 합니다. 그래서 이번 수업에서는 단군 이야기 분석을 통해 건국 이야기를 올바로 읽는 방법을 알 수 있도록 구성했습니다.

활동 준비

<u>관련 내용</u> : 고조선 시대　　<u>소요시간</u> : 40분　　<u>준비물</u> : 단군 이야기 분석 학습지

1. 단군 이야기 분석 학습지를 학생 수에 맞게 준비합니다.

2. 네이버 블로그 '곰선생의 수업 이야기'의 '2018 단군 이야기 해석하기'에서 자료를 내려받을 수 있습니다.

진행 방법

1. 국어 연극 단원을 이용하여 단군 이야기를 연극으로 꾸며 봅니다. 단군 이야기는 많은 학생들이 이미 알고 있어 재미있는 연극으로 재구성하기 좋지요. 단군 이야기를 다섯 부분으로 나누어 모둠별로 한 부분씩 맡아 연극을 구성합니다. 그중 마지막 모둠의 연극을 소개할까 합니다.

- 곰이 웅녀로 변하고 단군이 태어나는 연극 마지막 편

   곰은 인간 여자(웅녀)가 아닌 인간 남자(웅남)가 되고 싶었다. 삼칠일을 견뎌 드디어 사람이 된 곰은 자신이 웅남이라고 확신했다. 사실 곰이 웅남이 되고 싶었던 까닭은 신시 최고 미녀 오순이와 결혼하기 위해서였다. 곰의 몸으론 도저히 오순에게 청혼할 수 없었기에 인간, 그중에서도 남자가 되고 싶었던 것이다. 웅남이 되었다고 착각한 곰은 바로 오순에게 청혼했다. 청혼을 받은 오순은 거울이나 보고 까불라며 곰을 뻥! 차 버린다. 청동 거울로 자신을 보게 된 웅녀. 자신이 웅남이 아닌 웅녀가 된 것을 확인하고 큰 충격에 빠진다.

   한편 환웅은 신하를 불러 자신의 신붓감을 찾아오게 한다. 마침 신하에게 환웅의 신붓감으로 간택된 웅녀. 웅녀는 환웅에게 자신은 웅남이 되길 바랐는데 웅

단군 건국 이야기를 파헤쳐 봅시다.

아주 오래 전 하늘나라를 다스리는 하느님(환인)에게 환웅이라는 아들이 있었다. 환웅은 '널리 인간을 이롭게 한다.'는 홍익인간의 뜻을 품고 땅으로 내려가고 싶어 하였다.

하느님의 허락을 받은 환웅은 무리 3000여 명을 이끌고 하늘 아래 가장 아름다운 곳인 태백산에 내려왔다.

(해석) 하늘에서 내려왔음을 표현하여 지배자의 신성함을 나타냈다. (환웅 부족이 태백산에 정착)

1. 지배자 신성

환웅은 우사(비), 운사(구름), 바람(풍백)을 데리고 태백산 꼭대기에 있는 신단수 아래로 내려와 그곳을 신시라 부르고 사람들을 다스리기 시작하였다.

(해석) 농사를 지을 때는 비, 구름, 바람이 꼭 필요 했기 때문 입니다.

2. 농사 중요

그러던 어느 날 곰과 호랑이가 환웅에게 찾아와 사람이 되게 해 달라고 빌었다. 환웅은 곰과 호랑이에게 쑥과 마늘을 주며 이렇게 말했다.

"이 쑥과 마늘을 먹고 백 일 동안 햇빛을 보지 않도록 하여라. 그러면 사람이 될 것이다."

곰과 호랑이는 기뻐하며 쑥과 마늘을 가지고 어두운 동굴로 들어갔다. 동굴에서 쑥과 마늘만 먹으면서 견디는 것은 쉽지 않은 일이었다. **결국 호랑이는 참지 못하고 뛰쳐나가고 말았다. 하지만 곰은 잘 참아 내어 삼칠일(21일) 만에 여인이 되었고 환웅과 결혼하였다.**

(해석) 곰부족과 환웅부족이 힘을 합쳤지만 호랑이부족은 결합에 실패 했다.

3. 곰부족과 결합

환웅과 웅녀 사이에 결혼하여 아이를 낳았는데 이 사람이 바로 단군왕검이다. 단군왕검은 자라서 아사달을 도읍으로 정하고 나라를 세워 조선이라 했다.

녀가 되었으니 책임지라고 한다. 옥신각신하는 다툼 속에 환웅과 웅녀는 사랑에 빠졌고 결국 환웅과 웅녀는 결혼하게 되었다. 이후 환웅과 웅녀가 아들을 낳으니 이분이 바로 단군왕검으로 우리나라 최초의 국가 고조선을 세운 분이다.

2. 단군 이야기 분석 학습지를 학생들에게 나눠 줍니다. 모둠원끼리 서로 이야기하면서 단군 이야기 중 세 부분을 분석합니다. 학생들의 분석 결과는 아래와 같습니다.

- 환웅이 무리 3,000명을 이끌고 하늘 아래 가장 아름다운 곳인 태백산으로 내려왔다. → 환웅 부족이 태백산 신시 지역으로 이주했다. 하늘에서 내려왔다 표현해 지배자의 신성함을 드러냈다.

- 환웅은 우사(비), 운사(구름), 풍백(바람)을 데리고 → 농사를 중요시하여 농사기술이 발전했다.

- 호랑이는 참지 못하고 뛰쳐나가고 곰은 삼칠일 만에 여인이 되어 환웅과 결혼했다. → 곰 부족과 환웅 부족이 세력을 합쳐 고조선을 만들었지만 이 과정에서 호랑이 부족은 배제되었다.

3. 단군 이야기처럼 비현실적인 이야기는 어떻게 살펴봐야 하는지 이야기 나눕니다.

- 비현실적인 부분을 잘 해석해서 숨겨진 사실을 찾아야 합니다.

Tip

- 이번 수업은 학생들에게 어려울 겁니다. 비현실적인 이야기를 상상력을 발휘해 현실에 맞게 새로이 조합하는 게 쉬울 수가 없지요. 이때 선생님의 도움이 필요합니다.

"진짜 환웅이 하늘에서 내려왔을까? 어디까지 진짜라고 믿을 수 있지?"

"비가 많이 오고, 구름과 바람은 적어야 잘 되는 게 무엇이 있지?"

"옛날에는 호랑이나 곰처럼 동물을 신으로 여기는 부족들이 많았다는데, 그걸 바탕으로 하면 단군 이야기는 어떻게 해석할 수 있을까?"

학생들에게 이런 질문을 던짐으로써 깊이 생각하도록 유도해야 합니다.

4. 고조선 8조법 정지 장면 만들기

함께 읽어 행복한 우리!

나선생의 고민

건국 이야기는 언제 들어도 재미있습니다. 그 이야기를 직접 표현하고 설명하면서, 그리고 상상하고 추측하면서 많은 것을 배우고 느끼게 하고 싶습니다. 대사를 만들고 외워야 하는 부담에서 벗어날 수 있도록 정지 장면 만들기를 활용해 즐겁고 의미 있는 수업을 시도했습니다.

활동 준비

관련 내용 : 고조선 시대   소요시간 : 20분   준비물 : A4 용지

1. 고조선 건국 이야기와 8조법에 관해 공부할 시간을 충분하게 줍니다. 정지 장면을 만드는 중에도 궁금한 것이 있으면 얼마든지 다시 찾아보거나 서로 물어볼 수 있는 분위기를 만들어야 합니다.

2. 반드시 들어가야 하는 역사적인 내용을 미리 정하는 것이 좋습니다. 활동에 장난이 섞이지 않도록 활동에 대해 명확하게 설명하고 시작합니다.

진행 방법

1. 건국 이야기를 역할극으로 만듭니다.

2. 역할극을 모두 보여 주기 어려우니 한 장면을 선택해서 정지 장면을 만듭니다.

3. 진행자인 교사가 신호를 주면 움직임을 3번 반복하고 멈춥니다. 다시 한 번 신호를 주면 대사나 효과음을 3번 반복하고 멈춥니다.

4. 고조선 8조법 중에 전해지는 3개 외에 나머지 5개는 어떤 것들일지 그 당시 생활 모습을 상상하며 추측합니다.

Tip

- 정지 장면으로 표현한 내용을 그림으로 그려 보는 활동도 괜찮습니다.
- 우리 반의 생활 모습을 반영한 '함행우 8조법'을 만들면 어떨까요? 그림으로 표현하거나 내레이션 극이나 정지 장면 만들기로 다른 모둠에 설명해 줍니다.

5. 고조선 최고의 대장장이를 찾아라

물랑말랑 즐거운 역사 수업!

봉선생의 고민

청동기 시대의 상징 비파형 동검을 아이들과 직접 제작하고 싶었습니다. 하지만 뜨거운 쇳물을 거푸집에 붓는 위험한 체험은 불가능합니다. 또 비용도 엄청나지요. 수년간 검색과 포기를 반복하다가 2017년 마침내 해결책을 찾았습니다.

바로 석고 가루와 실리콘 몰드를 사용해 제작하는 방법입니다. 쇳물 대신 석고 반죽을, 거푸집 대신 실리콘 몰드를 사용하여 학생들이 안전하게 주조(鑄造) 과정을 체험할 수 있다는 점이 무척 매력적이었습니다. 하지만 색깔이 문제였습니다. 청동은 본래 노란 빛깔 또는 금빛에 가까운데 석고 반죽은 흰색이기 때문입니다. 사실 어린이 역사책이나 각종 자료에 청동검이 푸르스름하게 그려져 있는 경우가 많습니다. 이번 활동으로 또 다른 오개념이 만들어질까 걱정됐습니다. 그러다 과학실에 있는 실험용 노란색 식용색소를 발견하여 문제를 해결할 수 있었습니다. 이번 수업은 이러한 과정을 거쳐 만들어진 체험 활동입니다.

활동 준비

<u>관련 내용</u> : 청동기 시대 　 <u>소요시간</u> : 40분

<u>준비물</u> : 비파형 동검 실리콘 몰드, 석고 가루, 물, 유화제, 향료, 노란색 식용색소, 나무막
대(또는 나무젓가락), 저울(또는 계량컵), 종이컵

1. 비파형 동검 제작을 위해 실리콘 몰드와 석고 공예 준비물 일체를 주문합니다. 제
작에 상당한 시간이 소요되기 때문에 여유 있게 주문해야 합니다. 저는 인터넷에
서 찾아낸 '향기나루 공방'의 운영자에게 직접 연락해 물품을 구입했습니다.

2. 노란색 식용색소는 과학실에서 찾아보거나 별도로 구입해야 합니다.

진행 방법

1. 저울로 물 15g을 측정해 종이컵에 넣습니다.

2. 물에 유화제와 향료를 각각 3g씩 넣습니다.

3. 석고 가루 60g과 노란색 식용색소를 조금 넣고 나무막대로 잘 섞습니다.

4. 잘 섞은 석고 반죽을 실리콘 몰드에 천천히 부어 줍니다.

5. 일정 시간이 지나 석고가 완전히 굳었을 때 실리콘 몰드에서 조심스럽게 비파형
동검을 꺼냅니다.

- 실리콘 몰드에 석고 반죽을 넣을 때, 반죽이 몰드 구석구석으로 잘 들어가게 하려면 어떻게 해야 할까요? 반죽을 조금씩 넣으면서 몰드를 바닥에 톡톡 쳐 주면 됩니다. 이렇게 하지 않으면 온전한 형태의 비파형 동검을 얻을 수 없습니다.
- 4교시에 체험을 진행하고 점심시간이 끝날 즈음 몰드에서 비파형 동검을 꺼내는 것이 좋습니다. 그 정도의 시간이면 석고가 완전히 굳습니다.
- 비슷한 방법으로 반가사유상 만들기도 가능합니다. 금동인 반가사유상 만들기는 석고 모형을 만든 후 금색 아크릴 물감을 칠하는 방식으로 '금동'이라는 개념도 익힐 수 있습니다.

6. 미니 고인돌을 만들자

물랑말랑 즐거운 역사 수업!

봉선생의 고민

청동기 시대 가장 중요한 키워드 가운데 하나는 '계급'의 발생입니다. 흔히 고인돌을 지배층의 무덤이라고 가르칩니다. 사실 고인돌이 지배층의 무덤이 아니라 제단이나 집회 장소로 사용되었다는 증거도 있지만 일반적인 서술은 그렇습니다. 아마도 제작에 많은 인력을 동원해야 했기 때문에 그렇게 해석하는 것이겠지요.

학생들이 실제로 무거운 돌을 운반하는 것은 어렵기 때문에 차선책으로 미니 고인돌을 제작하는 활동을 계획했습니다. 특히 채석 과정을 직접 체험할 수 있다는 점이 이 활동의 큰 매력입니다.

활동 준비

<u>관련 내용</u> : 청동기 시대　　<u>소요시간</u> : 40분

<u>준비물</u> : 탁자식 고인돌 만들기 체험 교구 세트(인조석, 나무 쐐기, 물, 나무 망치)

1. 플라스캠프에 의뢰해 탁자식 고인돌 만들기 체험 교구 세트를 구입합니다.

2. 약간의 물도 따로 준비합니다.

진행 방법

1. 벽석(기둥돌)의 홈에 나무 쐐기를 끼워 넣습니다.

2. 나무 쐐기를 끼운 홈에 물방울을 떨어뜨립니다.

3. 물을 머금어 약간 부피가 커진 나무 쐐기에 망치질을 합니다.

4. 망치질을 하다 보면 벽석이 2개로 갈라집니다.

5. 모형의 땅에 무덤방을 만들고 소원 편지를 적어 넣습니다.

6. 무덤방을 찰흙으로 막아 줍니다.

7. 2개의 벽석을 지면에 세웁니다.

8. 벽석의 홈에 나무 지지대를 끼우고 상석을 세웁니다.

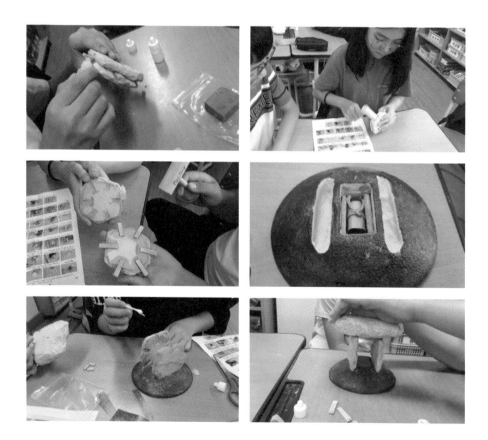

Tip

- 체험 전에 고인돌의 종류에 대해 설명하기를 권장합니다. 탁자식, 바둑판식, 개석식 고인돌 정도로 분류하여 설명합니다. 요즘에는 탁자식 고인돌이 한반도 남쪽에서도 발견되기 때문에 북방식, 남방식과 같은 용어는 사용하지 않습니다.

- 무덤으로 사용된 탁자식 고인돌은 교구를 활용해 만든 형태인 'ㅠ' 자 형태가 아닙니다. 그것은 일반적으로 무덤방이 지상에 있는데, 지상에 무덤방이 있으려면 기둥돌 2개 외에 판석을 2개 더 세워야 합니다. 상석을 제거하고 하늘에서 내려다보면 'ㅁ' 자 형태인 거지요. 인터넷 검색을 통해 사진과 같은 무덤으로 사용된 탁자식 고인돌의 본래 모습을 알아보는 활동을 함께 진행하길 권장합니다.

7. 청동기 시대를 증명하라!

나선생의 고민

시대를 상징하는 것들을 합의하고 만들면 그 시대로 진화하는 형태의 수업을 만들어 보고 싶었습니다. 교과서 내용을 살펴보고 5가지 상징을 정했습니다. 크기, 재료 등을 다양하게 준비해서 완성하면 진화하는 것으로 했습니다.

활동 준비

<u>관련 내용</u> : 고조선 시대   <u>소요시간</u> : 20분   <u>준비물</u> : 교실에서 찾을 수 있는 재료들

1. 다양한 재료를 준비해서 모양과 크기 등을 비슷하게 만들도록 합니다.

2. 상징물을 만들기 전 그것이 어떤 의미를 가지는지, 어떻게 사용하는지 알아봅니다.

진행 방법

1. 청동기 시대를 상징하는 물건을 알아봅니다.

2. 청동기 시대의 대표적 상징물로 청동 거울, 비파형 동검, 반달 돌칼, 민무늬 토기, 고인돌을 정합니다.

3. 5가지 상징물을 한 사람이 하나씩 맡아 준비된 재료를 활용해서 다양하게 표현합니다.

4. 각자 만든 상징물을 설명하며 청동기 시대의 상징물에 대해 좀 더 알아봅니다.

Tip

• 중간에 작전 타임을 가져도 좋습니다. 아이들은 돌아다니며 다른 부족이 어떻게 상징물을 만드는지 살펴보면서 많은 것을 배울 수 있습니다.

• 5가지 상징물을 가장 잘 설명할 수 있는 사람을 부족장으로 선출합니다. 부족장은 청동 거울과 청동검을 들고 다른 부족과 전쟁을 준비합니다.

8. 꼭꼭 숨어라 유물들이 보일라

곰 잘했어요 곰선생

재미에서 배움으로!

곰선생의 고민

선사 시대에서 고조선 시대까지 역사 수업이 끝나고 삼국 시대로 넘어가기 전, 지금까지 배운 내용을 간단하고 재밌게 정리하고 싶었습니다. 선사 시대와 고조선 시대의 핵심은 당시 사용했던 도구 즉, 유물입니다. 기록이 빈약한 당시의 생활 모습을 유물이 보여 주니까요. 그래서 지난 시간까지 배운 유물들을 재미있게 정리할 수 있도록 숨은 유물 찾기 활동을 구성했습니다.

활동 준비

<u>관련 내용</u> : 선사 시대~고조선 시대   <u>소요시간</u> : 40분

<u>준비물</u> : 숨은 유물 찾기 학습지, 숨을 유물 찾기 정답지

1. 숨은 유물 찾기 학습지와 정답지를 학생 수만큼 준비합니다.

2. 네이버 블로그 '곰선생의 수업 이야기'의 '2018 선사 시대 정리하기 – 숨은 유물 찾기'에서 자료를 내려받을 수 있습니다.

진행 방법

1. 학생들에게 숨은 유물 찾기 학습지를 나눠 주고, 지난 시간까지 배운 유물이나 유

찾은 유물·유적 힌트	
번호	이름 힌트
1	ㅂㅅㅁㄷㄷㄱ
2	ㅂㅍㅎㄷㄱ
3	ㅁㅅㄹㅅㅌㄱ
4	ㄱㄹㅂㅋ
5	ㄴㄱㅁㅊㄷㄱ
6	얼굴모양조개껍데기
7	슴베찌르개
8	ㅂㄷㄷㅋ
9	ㅇㅈ
10	ㄱㅇㄷ
11	ㄱㅊㅁㅊㄱㅇ
12	뼈작살
13	이음낚시
14	ㅈㅁㄷㄲ(뗀석기)
15	ㅁㅁㄴㅌㄱ
16	ㄱㅍ과ㄱㄷ

찾은 유물·유적들을 시대에 맞게 분류해서 이름을 적으시오.

구석기	신석기	청동기

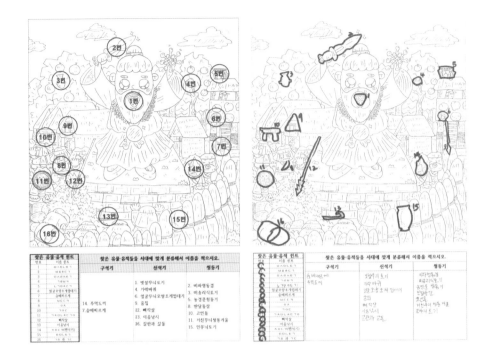

적을 그림 속에서 찾아보게 합니다. 단, 공책과 교과서를 충분히 활용할 수 있도록 허락합니다. 선생님도 숨은 유물을 찾아보세요.

2. '찾은 유물·유적 힌트'를 이용해 유물의 이름을 찾은 뒤 구석기, 신석기, 청동기 등 시대에 맞게 분류해서 적습니다.

3. 유물과 유적을 잘 찾았는지 정답지를 이용해 확인합니다.

Tip

• 숨은 유물 찾기 학습지를 제 블로그에서 다운받아 사용할 때 A3 용지에 출력하면 학생들이 더 편하게 활용할 수 있습니다.

4장

고대 국가의
성장과 통일

삼국 시대 &
남북국 시대

1. 모둠 신문과 문장 퍼즐 만들기

함행우 나쌤

함께 있어 행복한 우리!

나선생의 고민

각 나라에 대해 알아야 할 내용을 아이들이 스스로 정리하면 좋겠다고 생각했습니다. 교사의 설명이나 영상을 듣고 보는 것만으로는 그 지식을 자기 것으로 만들 수 없습니다. 직접 써 보고 잘라서 붙여 보는 과정 속에서 더 많은 것을 배울 수 있습니다. 제가 삼국 시대에 활용한 '모둠 신문과 문장 퍼즐 만들기'는 다른 시대에 도입해도 좋은 놀이 수업 방법입니다.

활동 준비

관련 내용 : 모든 시대 _{언제든 활용할 수 있는 놀이 수업}　　소요시간 : 40분

준비물 : 전지, 유성매직, 4절 도화지, 포스트잇

1. 만들 수 있는 장소, 충분한 시간, 준비물을 준비합니다.

2. 어떤 활동을 할지 미리 설명한 후 준비할 시간을 충분히 주는 것이 좋습니다.

진행 방법

1. 고구려, 백제, 신라, 각 나라에 대해 알아야 하는 주요 내용으로 모둠 신문을 만듭니다. 이때 모든 모둠원은 역할을 나누어 맡아 함께 참여합니다.

2. 모둠 신문 발표는 랜덤 지명 방식으로 합니다. 이것은 다른 모둠에서 발표자를 지명하는 것으로, 아이들의 집중력을 높이는 데 효과적입니다.

3. 모둠 신문에 실린 각 나라의 특징을 20글자 내외의 한 문장으로 정리합니다.

4. 문장을 한 글자씩 쓴 포스트잇을 섞어서 문장 퍼즐을 만듭니다.

5. 다른 모둠과 바꿔서 퍼즐을 풀어 보고 큰 소리로 함께 읽습니다.

Tip

• 이 활동을 잘하는 아이들은 응용 활동도 할 수 있습니다. 문장 퍼즐 20글자 중 3개 정도를 그림이나 영어, 한자, 숫자 등으로 바꿔서 만들면 더 재미있는 활동을 할 수 있습니다.

• 모둠 신문과 문장 퍼즐을 관련 단원을 모두 공부할 때까지 학습 게시판 등에 전시합니다.

2. 기여 골든벨을 울려라

나선생의 고민

배운 내용을 잘 이해했는지 살펴보는 과정으로 기여 골든벨을 도입합니다. 문제를 아이들이 직접 만들면 더 좋습니다. 함께 만든 문제를 풀면서 학급 전체 목표를 달성하는 데 아이들이 기여하며 공부하면 좋겠다는 의도가 이 수업의 시작입니다.

활동 준비

관련 내용 : 모든 시대 _{언제든 활용할 수 있는 놀이 수업}   **소요시간** : 20분   **준비물** : 관련 문제

1. 각 나라별로 모여 교과서 등을 활용해 문제를 만듭니다.

2. 문제를 맞힌 숫자를 더해 함께 누릴 즐거운 시간을 계획합니다.

진행 방법

1. 반 전체 점수에 따라 어떤 보상을 할 것인지 함께 정합니다.

2. 정답 숫자만큼 반 전체 점수가 됩니다. 문제를 많이 맞힐수록 반 점수 향상에 기여하게 됩니다.

3. 모든 문제를 푼 후 전체 점수가 얼마인지 확인합니다.

4. 많이 틀린 문제는 다시 한 번 확인합니다.

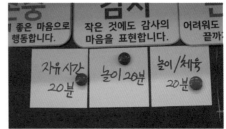

5. 전체 점수에 따라 함께 계획한 즐거운 시간을 보냅니다.

Tip

• 모든 문제마다 몇 명이 맞혔는지 숫자를 써서 학습 게시판에 붙입니다. 나중에 그 문제가 어려웠는지 쉬웠는지를 확인할 수 있습니다.

• 기여 골든벨을 진행하다 다른 시대의 역사를 공부하는 시간을 가질 수도 있습니다. 역사적 의미가 있는 숫자를 활용하는 것이지요. 예를 들어 전체 점수가 31이 되면 3·1절에 대해 알아봅니다.

3. 내가 이곳의 갑이다

재미에서 배움으로!

곰선생의 고민

저는 삼국 시대 수업을 시작할 때 삼국 시대 유적의 위치를 대한민국 전도에 표시하는 수업을 꼭 합니다. 삼국은 왕권을 강화하며 중앙집권국가의 면모를 보이기 시작해서 영토를 확장하며 성장했습니다. 특히 한강을 중심으로 각축전을 벌였는데, 삼국 시대 유적의 위치를 대한민국 전도에 표시해 보면 삼국의 이런 특징들이 고스란히 드러납니다. 이번 수업은 '삼국 시대 유적 위치를 찾아 삼국의 특징 알아보기'를 학습목표로 구성했습니다.

활동 준비

관련 내용 : 삼국 시대   **소요시간** : 40분

준비물 : 삼국의 문화재(유적) 목록, 대한민국 전도, 스티커(3색)

1. 삼국의 문화재 목록을 유적 부분만 뽑아 모둠별로 준비합니다.

2. 스티커를 3가지 색깔로 준비합니다. 저는 파란색과 초록색, 빨간색 스티커를 준비했습니다.

3. 우리나라 전도를 칠판에 붙입니다.

4. 네이버 블로그 '곰선생의 수업 이야기'의 '2018 삼국 중심지 알기'에서 자료를 내려

받을 수 있습니다.

진행 방법

1. 학급을 고구려, 백제, 신라 모둠으로 나눕니다.

2. 고구려 모둠에는 고구려 문화재 목록을, 백제 모둠에는 백제 문화재 목록을, 신라에는 신라 문화재 목록을 줍니다.

3. 고구려 모둠, 백제 모둠, 신라 모둠에 각각 다른 색의 스티커를 배부합니다. 저는 고구려는 파란색, 백제는 초록색, 신라는 빨간색 스티커를 붙이도록 했습니다.

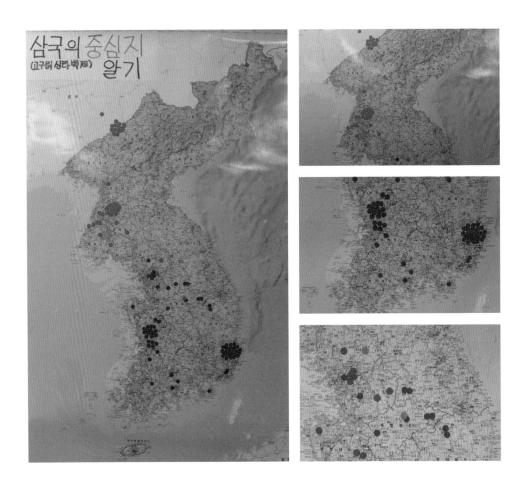

❀ 삼국의 중심지 알기

	<중심지 알기>		
전성기 → 고구려	고구려 → 지안 평양 (국내성)	고구려	백제	신라
↓		↓	↓	↓
백제	신라 → 경주 (사라벌, 금성)	주몽	온조	박혁거세
↓				
신라	백제 → 서울 부여 공주 (위례성)(사비)(웅진)	<삼국의 중심지가 겹치는 곳> 서울 (위례성)		
	<예상>			
<중심지>	고구려 - 북쪽 ──> 중국쪽 아니면 밑으로 간다.			
고구려	백제 - 서남 ──> 위에서 오른쪽으로 간다.			
↓	신라 - 돎 ──> 왼쪽으로 아니면 뭐로 간다.			
지내서 평양				

4. 문화재 목록을 보고 대한민국 전도의 유적 위치에 스티커를 붙입니다. 예를 들면 아래와 같습니다.

- 고구려 유적인 강서대묘는 평안남도 강서군에 파란색 스티커를 붙입니다.
- 백제 유적인 익산 미륵사지는 전북 익산시에 초록색 스티커를 붙입니다.
- 신라 유적인 황룡사지는 경북 경주시에 빨간색 스티커를 붙입니다.

5. 새로 알게 된 내용을 공책에 모두 적게 합니다.

- 고구려는 지안과 평양이 중심지입니다.
- 백제는 서울, 부여, 공주가 중심지입니다.
- 신라는 경주가 중심지로 다른 나라와 달리 중심지가 하나입니다.
- 고구려는 중심지에서 사방으로 영토를 확장해 갑니다.
- 백제는 동쪽과 북쪽, 남쪽으로 영토를 확장해 갑니다.
- 신라는 서쪽과 북쪽으로 영토를 확장해 갑니다.

- 삼국의 유적이 겹치는 곳은 서울과 충주 지방입니다.

- 삼국은 한강 유역에서 자주 싸웠을 것입니다.

6. 공책에 정리한 내용 중 삼국의 공통점을 정리합니다.

- 삼국은 중심지에서 집중적으로 발전했습니다.

- 삼국은 중심지로부터 영토를 확장했습니다.

- 삼국은 한강 유역에서 자주 싸웠습니다.

Tip

- 저는 삼국 시대의 유물은 배제하고 유적만을 학생들에게 제시했습니다. 만약 유물을 포함시켰다면 삼국의 중심지는 모두 서울이 될 겁니다. 유물은 이동이 가능하며 삼국 시대의 유물은 상당수 국립중앙박물관을 비롯한 서울 지역 박물관들이 소장하고 있기 때문이죠. 반면 유적은 이동이 불가능해서 삼국 시대 유적의 위치가 곧 삼국의 중심지가 될 수 있습니다.

- 수업에서 활용한 문화재 목록은 국가문화유산포털 사이트에서 얻었습니다. 국가문화유산포털 사이트에서는 문화재 검색을 통해 지정종목, 지정번호, 지정연도, 지역, 시대에 따라 문화재를 검색하는 것은 물론이고 문화재 목록을 파일로 내려받을 수도 있습니다. 국가문화유산포털을 잘 이용하면 문화재를 활용한 수업에 유용한 자료를 많이 얻을 수 있습니다. 정리된 자료를 원하신다면 네이버 블로그 '곰선생의 수업 이야기'에서 받으면 됩니다.

4. 나라 뽑기와
신분 상승 가위바위보!

함께 읽어 행복한 우리!

나선생의 고민

백제, 고구려, 신라, 삼국은 서로 치열한 전쟁을 벌였습니다. 그러는 동안 나라 안에서도 더 높은 신분을 차지하기 위한 노력이 계속됐을 것 같습니다. 신분에 따라 할 수 있는 것과 할 수 없는 것이 많이 달랐을 삼국 시대, 신분을 놀이로 체험해 보는 활동을 준비했습니다.

활동 준비

<u>관련 내용</u> : 삼국 시대   <u>소요시간</u> : 10분   <u>준비물</u> : 메모지, 뽑기통, 의자, 매트나 방석

1. 고구려, 신라, 백제를 상징하는 키워드로 팀을 나눕니다. 21명을 3팀으로 나눈다면 각 나라를 상징하는 키워드를 쓴 메모지를 7개씩 준비해 돌아가며 뽑습니다. 각 나라의 키워드는 고구려는 광개토대왕, 5세기 전성기, 주몽, 장수왕 등, 백제는 근초고왕, 4세기 전성기, 온조, 무령왕릉 등, 신라는 진흥왕, 6세기 전성기, 박혁거세, 화랑도 등이 있습니다.

2. 신분별로 앉을 수 있는 자리를 준비합니다. 바닥에 앉을 경우에는 매트와 방석을 이용해서 신분의 차이를 표현하면 좋습니다.

진행 방법

1. 각 나라를 상징하는 키워드를 쓴 메모지를 준비해서 뽑기로 나라를 정합니다.

2. 왕, 귀족, 백성, 천민 등 최초 신분을 뽑기나 가위바위보를 통해 정합니다.

3. 정해진 시간 동안 신분 상승 가위바위보를 합니다.

4. 높은 계급에 도전하기 위해서는 정해진 미션을 수행해야 하고, 이긴 사람은 그 다음 단계에 계속 도전할 수 있습니다.

5. 새로운 왕이 탄생하면 놀이를 멈추고 큰절을 하면서 "축하드립니다." 하고 크게 외칩니다.

Tip

- 신분 상승 가위바위보 활동이 끝난 후 나라별로 모여 키워드를 넣은 글쓰기로 마무리하는 것도 좋습니다.
- 활동 중 정해진 신분은 활동할 때만 활용하기로 약속합니다. 이후 다른 학급 활동이나 생활에서 장난치거나 놀리는 데 이용하지 않도록 규칙을 정하는 것이 중요합니다.

5. 한강 유역을 차지하라

열정의 봉선생

물랑말랑 즐거운 역사 수업!

봉선생의 고민

삼국 시대 역사에서 삼국의 전성기는 매우 중요하게 다루는 부분입니다. 사회 시간에 2차시로 교육과정을 편성한 후 1차시는 비조작 자료를 활용한 수업을, 1차시는 내러티브 방식의 수업을 진행했습니다. 비조작 자료를 활용한 수업은 『삼국사기』와 광개토대왕릉비에서 전투 기록을 찾아 제시하여 학생들이 사료를 통해 자신의 모둠이 맡은 전투의 승패를 판단하여 그래프를 그리도록 했습니다. 내러티브식 수업은 프레지에 관련 자막과 영상, 사진 등을 삽입하여 교과서 내용으로 수업을 진행했습니다.

하지만 무언가가 빠진 느낌이 들었습니다. 바로 '한강 유역'에 대한 이야기였지요. 최근 개정 교과서에는 '한강 유역'이 무엇 때문에 중요한 것인지, 왜 그 지역을 놓고 쟁탈전이 벌어졌는지 등이 생략되어 있습니다. 중요한 내용인데 말입니다. 저는 체육 교과 발야구 게임과 연계하여 지도하기로 했습니다.

활동 준비

관련 내용 : 삼국 시대   **소요시간** : 40분

준비물 : 4색 접시콘, 럭비공(또는 발야구에 적절한 공), 휘슬, 긴 줄넘기 줄

1. 체육부 학생들과 함께 쉬는 시간에 미리 접시콘으로 그라운드 맵을 만듭니다.

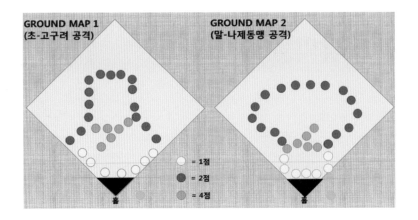

2. 긴 줄넘기 줄을 사용해 타자 정면 3보 앞에 파울 라인을 정합니다. 파울 라인은 조정이 가능합니다.

3. 홈에서 가까운 색의 접시콘은 1점, 멀리 있는 것은 2점, 한강 유역을 상징하는 파란색 접시콘은 하나에 4점임을 알려 줍니다. 그리고 삼국 시대 한강 유역이 왜 중요했는지 설명을 덧붙입니다.

진행 방법

1. 준비운동을 충분히 합니다. 준비운동으로 게임을 하는 것도 좋습니다. 20m 정도의 거리에 문화유산 이미지가 그려진 카드를 숨겨 놓은 접시콘 10여 개를 두고, 이를 가져와 문화유산의 이름과 나라를 맞히는 왕복이어달리기 게임을 했습니다.

2. 고구려 팀과 나제동맹 팀으로 편을 가릅니다.

3. 한강 유역은 4세기에는 백제, 5세기에는 고구려가 차지했고, 6세기에는 나제동맹에게 넘어갔다가 신라의 영토가 됩니다. 게임의 배경을 5~6세기로 한정하고 경기를 진행합니다. 초 공격은 무조건 고구려 팀이, 말 공격은 무조건 나제동맹 팀이 하는 것으로 약속합니다.

4. 타자는 홈에서 공을 발로 찹니다. 공이 파울 라인을 넘어가면 달려가서 앞에 있는

접시콘을 집어 들고 돌아와 홈 옆에 있는 초록색 접시콘에 터치하여 득점합니다.

5. 수비수가 공을 들고 파울 라인 안으로 공격수보다 먼저 들어오면 공격수는 아웃됩니다.

6. 전원 타격제로 경기를 운영하고, 고구려 팀의 공격이 끝나면 그라운드 맵을 옮겨 나제동맹 팀이 공격합니다.

7. 최소 2이닝 이상 경기를 진행하고, 경기가 끝나면 각 팀이 획득한 접시콘의 수를 세어 점수를 확인합니다.

Tip

- 2개의 그라운드 맵을 따로 만든 이유는 게임의 공정성을 확보하기 위함입니다. 만약 하나의 그라운드 맵에서 경기를 한다면 먼저 공격하는 고구려 팀이 획득한 접시콘만큼 나제동맹 팀이 공격으로 획득할 수 있는 접시콘이 줄어들기 때문입니다.

- 학생들의 안전을 위해 초록색 접시콘(공격 성공 구역)과 그라운드 맵의 삼각형 지역(수비 성공 구역)은 약간 거리를 두는 것이 좋습니다.

6. 백고신 전성기 피구

함행우 나쌤

함께 있어 행복한 우리!

나쌤의 고민

이번 수업은 각 나라별 전성기를 배우는 것이 핵심입니다. 한강 유역, 전성기를 이끈 왕 등이 매우 중요하게 제시됩니다. 피구라는 운동을 통해 몸으로 직접 체험하면서 공부할 수 있는 방법을 찾았습니다.

활동 준비

관련 내용 : 삼국 시대   **소요시간** : 30분   **준비물** : 접시콘, 라바콘, 피구공, 왕 카드

1. 각 나라의 전성기를 이끈 왕과 그의 활약상, 전성기와 한강 유역의 관계 등을 공부합니다.

2. 전성기를 이룬 왕의 특별 능력을 미리 정합니다.

3. 라바콘(삼국 영토)과 접시콘(한강 유역)을 사용해 피구 라인을 만듭니다.

진행 방법

1. 한강 유역(원의 가운데 부분)은 삼국이 활용 가능한 시간의 1/3씩 차지하는 것으로 합니다. 제 수업에서는 5분씩 차지했습니다.

2. 전성기를 맞아 한강 유역을 차지했을 때 왕 카드를 사용할 수 있습니다. 왕 카드는

왕이 사용하고 싶을 때만 사용할 수도 있고, 계속 사용할 수도 있습니다. 근초고왕과 진흥왕은 시작과 동시에 계속 사용, 광대토대왕은 원할 때 사용하는 것으로 했습니다.

3. 아웃되면 다른 나라의 외야 구역으로 가서 공격합니다.

4. 왕이 아웃되면 나라가 없어집니다.

5. 왕을 아웃시킨 나라에서 그 나라의 영토를 흡수합니다.

6. 정해진 시간(3~5분) 동안 더 많은 영토를 차지한 나라가 승리합니다.

Tip

- 한강 유역을 의미하는 원의 가운데 부분을 넓게 만들수록 전성기인 나라가 더 유리해집니다.
- 피구 실력이 뛰어난 아이들이 많은 경우에는 왕을 마지막에 아웃시켜야 하는 것으로 규칙을 바꾸는 것이 좋습니다.
- 전성기의 왕에게 어떤 능력이 필요한지 토론하는 것도 좋습니다.

7. 정말 싸우다 컸다?

곰 잘했어요 곰선생

재미에서 배움으로!

곰선생의 고민

어릴 때 삼국의 전성기를 배우는 과정은 정말 지루했습니다. 4세기−백제−근초고왕, 5세기−고구려−광개토대왕과 장수왕, 6세기−신라−진흥왕 식으로 외우는 게 전부였거든요. "이것만 외우면 된다."는 선생님의 말씀에 어린 제 입장에선 '왜 이걸 외워야 하나?' 싶었습니다.

삼국의 전성기는 외우는 수업밖에는 될 수 없는 걸까요? 아닙니다. 저는 삼국의 전성기 수업으로 학생들이 자료를 탐구하는 역량을 기를 수 있다고 생각했습니다. 삼국의 전성기는 한 국가가 상대적인 우위를 차지한 시기인데, 삼국은 전쟁을 통해 그 우위를 장악했거든요. 그렇다면 삼국의 전쟁 목록을 통해서 삼국의 성장과 전성기를 알아볼 수 있지 않을까요? 이 질문에서 출발해 '삼국의 전쟁을 통해 삼국의 전성기 알아보기'를 학습목표로 한 수업을 만들었습니다.

활동 준비

관련 내용 : 삼국 시대   **소요시간** : 40분

준비물 : 삼국의 전쟁 목록, 삼국 전쟁 그래프 학습지, 삼국 전성기 그림 지도, 스티커

1. 삼국의 전쟁 목록 등 준비물을 학생 수만큼 준비합니다.

2. 네이버 블로그 '곰선생의 수업 이야기'의 '2018 삼국 전성기 알기'에서 자료를 내려받을 수 있습니다.

진행 방법

1. 삼국의 전쟁 목록을 살펴봅니다.

2. 삼국의 전쟁 목록을 바탕으로 각 시기별로 삼국이 승리하고 패배한 전쟁의 수만큼 삼국 전쟁 그래프 학습지에 승리, 패배 스티커를 붙입니다. 승리와 패배 그래프는 가운데 선을 기준으로 승리는 위로 한 칸씩, 패배는 아래로 한 칸씩 붙입니다.

예를 들어 4세기 말에는 백제가 4번 패배, 고구려가 4번 승리했고, 신라는 승패가 없었습니다. 그러면 백제는 패배 부분에 스티커 4개를, 고구려는 승리 부분에 스티커 4개를 붙입니다. 신라는 아무것도 붙이지 않지요.

3. 무승부는 두 나라 다 승리나 패배 스티커를 붙이지 않습

4세기~6세기 간 삼국 전쟁 정리

구분	전쟁(전투)명	년도	전쟁 국가		승리 국가	패배 국가	관련 왕 (비고)
			공격 국가	방어 국가			
4세기 후반	치양전투	369	고구려	백제	백제	고구려	백제-근초고왕 고구려-고국원왕 (한강유역-백제)
	수곡성, 평양전투	369	백제	고구려	백제	고구려	
	패하 전투	371	고구려	백제	백제	고구려	
	평양 전투	371	백제	고구려	백제	고구려	
	수곡성 전투	375	고구려	백제	고구려	백제	
	평양성 전투	377	고구려	백제	무승부	무승부	
4세기 말	관미성 전투	392	고구려	백제	고구려	백제	고구려-광개토대왕 백제-아신왕
	수곡성 전투	394	백제	고구려	고구려	백제	
	패수 전투	395	백제	고구려	고구려	백제	
	병신대원정	396	고구려	백제	고구려	백제	
5세기	경자대원정	400	백제연합	고구려	고구려	백제	나제동맹 체결 고구려-장수왕 백제-개로왕 (한강유역-백제)
	갑진왜란	404	백제연합	고구려	고구려	백제	
	—	454	고구려	신라	고구려	신라	
	—	455	고구려	나제동맹 (백제,신라)	무승부	무승부	
	을묘정벌	475	고구려	백제	고구려	백제	
	치양성전투	494	고구려	나제동맹 (백제,신라)	무승부	무승부	
	우산성 전투	495	고구려	신라	신라	고구려	
	우산성 전투	496	고구려	신라	고구려	신라	
6세기 초반	—	502	백제	고구려	백제	고구려	
	수곡성 전투	503	백제	고구려	백제	고구려	
	한성 전투	507	고구려	백제	백제	고구려	
	가불성 원산성 전투	512	고구려	백제	고구려	백제	
	—	529	고구려	백제	고구려	백제	
	—	532	고구려	백제	고구려	백제	
6세기 중·후반	도살성 전투	550	나제동맹 (백제,신라)	고구려	나제동맹 (백제,신라)	고구려	신라-진흥왕 백제-성왕 (한강유역-신라)
	금현성, 도살성 전투	550	신라	고구려	신라	고구려	
	금현성, 도살성 전투	550	신라	백제	신라	백제	
	함경도 공략	551	신라	고구려	신라	고구려	
	관산성 전투	554	백제	신라	신라	백제	
	웅천성 전투	554	고구려	백제	백제	고구려	
	대가야 정복	562	신라	백제연합	신라	백제	

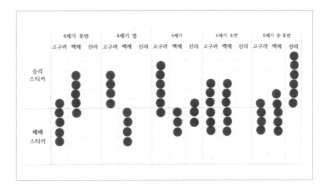

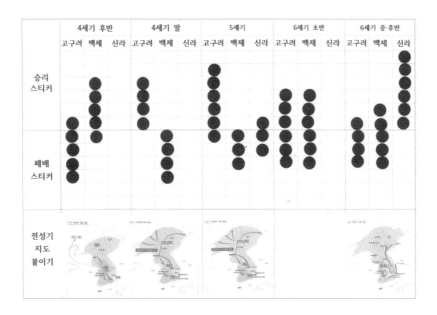

니다.

4. 나제동맹의 경우 승리와 패배 스티커 모두 백제와 신라 둘 다에 붙입니다.

5. 삼국 전쟁 그래프를 만들다 보면 학생들이 각 나라의 전성기를 찾아 이야기 나누는 모습을 볼 수 있습니다.

- 4세기 후반은 백제가 제일 강합니다.
- 4세기 말부터 5세기는 고구려가 제일 강합니다.
- 6세기 들어 신라가 가장 강합니다.

6. 삼국 전성기 그림 지도를 삼국 전쟁 그래프의 전성기 시기에 맞춰 붙입니다. 삼국 전성기 그림 지도를 붙이다 보면 고민이 생깁니다. 6세기 초반은 고구려와 백제가 힘의 균형을 이룬 때입니다. 이 부분을 어떻게 할지에 대해서는 학생들의 판단에 맡겼습니다. "6세기 초반에는 아무것도 안 붙였어요. 역사는 근거가 부족하면 함부로 판단하면 안 되니까요." "6세기 초반에는 5세기 그림 지도를 붙였습니다. 고구려, 백제가 서로 승패가 같으니 영토 변화가 없었을 겁니다." 이처럼 학생들은

나름의 근거를 가지고 활동을 해 나갔습니다.

7. 삼국의 전쟁 목록으로 돌아가 삼국 전성기의 왕과 지리적 특징을 전성기 그림 지도와 함께 확인합니다.

- 삼국은 전쟁에서 승리하며 성장했습니다.
- 삼국은 백제-고구려-신라 순으로 전성기를 맞이합니다.
- 백제는 근초고왕, 고구려는 광개토대왕과 장수왕, 신라는 진흥왕 때가 전성기입니다.
- 삼국은 전성기 때 한강 유역을 차지했다는 공통점이 있습니다.

Tip

- 전성기라는 단어의 뜻을 물어보면 생각보다 어려워합니다. 전성기를 '가장 강했던 시기', '가장 부유했던 시기' 정도로만 정의하기에는 부족함이 있지요. 전성기는 상대적인 개념입니다. 비교의 대상이 있고 이 대상들과 견주어 봤을 때 강했던 시기를 전성기라 부릅니다. 삼국 시대 전성기의 경우 고구려, 백제, 신라를 서로 비교하여 상대적으로 우위에 있는 국가를 전성기 국가라고 합니다.

이번 수업에서는 이 상대적 우위를 전쟁을 통해 살펴봤습니다. 학생들이 전성기라는 용어를 먼저 이해하고 이 수업에 참여하면 삼국의 전성기에 대해 더 쉽게 이해할 수 있을 것입니다.

8. 국내성의 랜드마크 광개토대왕릉비

재미에서 배움으로!

곰선생의 고민

광개토대왕릉비는 고구려의 웅장하고 씩씩한 기상을 드러내는 대표적인 문화재입니다. 하지만 학생들이 실물 크기의 광개토대왕릉비를 마주할 수 있는 기회는 흔치 않습니다. 그래서 이번 수업은 실물 크기의 광개토대왕릉비 모형을 만들어 그 웅장함을 느껴 보기로 했습니다.

활동 준비

관련 내용 : 삼국 시대   **소요시간** : 40분   **준비물** : 신문지, 가위, 풀, 자

1. 신문지를 많이 모읍니다. 저는 학교에서 받아 보는 교육신문을 모아 사용했습니다.

진행 방법

1. 광개토대왕릉비의 최대너비는 2m, 높이는 6.39m입니다. 먼저 이 크기의 사각형을 모둠 수만큼 나눕니다. 저는 너비를 200cm, 높이를 640cm로 정하여 다섯 모둠으로 나눴습니다. 모둠마다 가로세로 200cm, 128cm인 사각형을 만들어야 하지요.
2. 신문지를 연결하여 모둠별로 가로세로 200cm, 128cm인 사각형을 만들게 합니다.

3. 다섯 모둠에서 만든 사각형을 모두 연결하여 붙입니다.

4. 광개토대왕릉비와 비슷한 모양이 되도록 끝부분을 오립니다.

5. 광개토대왕릉비의 크기를 보고 느낀 점을 학생들과 이야기 나눕니다.

- 광개토대왕릉비가 크고 웅장합니다.
- 광개토대왕의 업적이 많았음을 짐작할 수 있습니다.
- 고구려 스스로가 강한 나라임을 자랑하는 것 같습니다.
- 이 큰 비석에 어떤 내용이 쓰여 있을지 궁금합니다.

Tip

- 학생들과 한 가지를 집중적으로 살펴보는 수업을 하다 보면 그것에 대한 관심이 높아져 질문을 쏟아내기 마련인데요. 광개토대왕릉비 모형 만들기 수업에서도 비슷한 경험을 했습니다. 당시 질문과 그에 대한 답변을 조금 보충하여 아래와 같이 정리해 보았습니다. 광개토대왕릉비 모형 만들기 수업을 한다면 참고하세요.

Q : 광개토대왕릉비는 왜 만든 건가요?

A : 광개토대왕이 죽은 뒤 그 능을 만들면

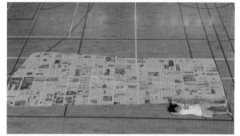

서 함께 만든 비석으로 광개토대왕의 업적이 새겨져 있습니다.

Q : 어떤 내용이 쓰여 있나요?

A : 세 부분으로 나뉘는데 먼저 고구려 시조인 추모왕(동명왕)을 비롯한 초기 고구
려왕의 약력과 비석을 세운 이유가 적혀 있고, 다음으로 광개토대왕의 업적이
새겨져 있습니다. 영토를 크게 넓힌 왕답게 거란 정복, 백제 정벌, 신라 구원,
동부여와 숙신 정벌에 대한 이야기가 담겨 있지요. 마지막에는 왕릉지기인 수
묘인의 대우에 대해 적혀 있습니다. 광개토대왕릉비를 통해 초기 고구려 역사
와 광개토대왕의 업적, 고구려의 사회 모습에 대해 알 수 있지요.

Q : 광개토대왕릉비의 내용을 일본이 조작했다던데 사실인가요?

A : 광개토대왕릉비를 보면 왜(일본)가 바다를 건너와 백제, 가야, 신라를 격파하고
지배했다는 기록이 있습니다. 당시 왜의 국력을 볼 때 믿기 어려운 기록이라서,
일본이 광개토대왕릉비를 조작한 것 아니냐는 말이 나왔을 겁니다. 그러나 그
것은 일본의 조작이 아니라 고구려의 과장일 가능성이 더 큽니다. 광개토대왕
시절, 고구려가 왜를 물리친 적이 있는데 왜가 강해 보여야 광개토대왕의 업적
도 더욱 빛나니까요. 이런 과장은 다른 문구에서도 확인할 수 있습니다. 백제와
신라가 원래 고구려의 속국이었다고 적힌 부분입니다. 이건 명백한 과장이죠.
고구려가 자국의 업적을 기리기 위해 이런 기록을 남긴 것이 아닌가 짐작해 봅
니다.

9. 가야 유물로
역사적 상상력 기르기

몰랑몰랑 즐거운 역사 수업!

봉선생의 고민

삼국 시대를 지도할 때 간혹 놓치는 국가가 있습니다. 바로 가야 연맹입니다. 가야는 실제 남아 있는 사료(史料)가 많지 않아 교과서에서 그 비중이 빈약합니다. 당연히 학생들에게 가야는 존재감 없는 나라로 인식됩니다. '어떻게 하면 가야라는 나라에 큰 방점을 찍을 수 있을까?' 많이 고민했습니다.

학생들의 머릿속에 가야의 이미지를 강렬하게 남기고 싶었습니다. 가야는 도기 제작 기술이 뛰어났기 때문에, 가야 유물 가운데 보물로 지정된 '도기 바퀴장식 뿔잔' 재현품을 구입하여 학생들에게 보여 주고 직접 만지게 하면 그것만으로도 특별한 경험이 될 것이라고 생각했습니다. 그렇게 몇 년간 수업했는데 뭔가 아쉬움이 남았습니다. 교과서에서는 가야의 도기 제작 기술보다 철기 제작 기술을 더 강조하기 때문입니다. 그래서 '가야가 철과 도기의 나라라는 것을 동시에 인식할 수 있는 유물은 없을까?'라는 물음이 생겼고, 두 마리의 토끼를 한꺼번에 잡을 수 있는 아이템이 떠올랐습니다. 국보 제275호 가야의 도기 기마인물형 뿔잔. 저는 당장 도기 기마인물형 뿔잔 재현품을 구매해 바로 수업에 활용했습니다.

활동 준비

관련 내용 : 삼국 시대(가야)　　**소요시간** : 80분

준비물 : 도기 기마인물형 뿔잔 재현품, 도화지, 연필, 강화물

1. 김해 두산도예에 연락하여 도기 기마인물형 뿔잔 재현품을 구매합니다. 제작된 유물 재현품이 소진되었을 때에는 상당히 오랜 기간을 기다려야 하니, 시간 여유를 두고 문의하는 것이 좋습니다.

2. 학생들의 책상을 재현품을 중심으로 'ㄷ' 또는 'ㅁ' 형태로 배치합니다.

진행 방법

1. 도기 기마인물형 뿔잔 재현품을 가까이에서 찬찬히 살펴봅니다. 만져도 보고, 두드려도 봅니다. 들어서 안쪽도 살펴봅니다.

2. 자리로 돌아가 자세히 관찰하며 세밀화를 그립니다. 단, 종이를 반으로 접은 선을 중심으로 절반만 완성합니다.

3. 일정 시간이 지나면 교사가 재현품을 조금 돌려놓거나 학생들이 자리를 바꾸는 방식으로 모든 학생이 이전과 다른 방향에서 관찰하게 합니다. 그 상태에서 나머지 절반의 그림을 완성합니다. 큐비즘 작품 같지요?

4. 관찰하며 어떤 용도로 사용한 물건인지 상상합니다.

5. 상상한 용도와 관련지어 유물에 이름을 붙여 봅니다.

6. 유물의 이름과 이름을 그렇게 정한 이유를 돌아가며 발표합니다.

7. 진품 도기 기마인물형 뿔잔의 사진을 보여 주며, 초성 힌트 'ㄷㄱ ㄱㅁㅇㅁㅎ ㅃㅈ'를 주고 정식 명칭을 맞히는 게임을 진행합니다. 한 글자, 한 글자 맞힐 때마다 간단한 강화물을 제공하여 참여 의욕을 높이는 것도 좋습니다.

8. 선생님이 '가야 연맹의 중심지 이동'과 '가야의 도기 제작 기술의 일본열도 전파'에 대해 설명합니다.

Tip

- 학생들과 박물관이나 미술관에 가면 빠른 속도로 휙 둘러보고는 "선생님! 다 봤어

요!"라고 하는 학생들이 의외로 많습니다. 이는 학생의 선택일 수도 있지만, 빽빽

하게 짜인 일정 때문일 수도 있습니다. 그래서 이번 수업을 통해 학생들이 세밀화를 그리며 유물을 시간을 두고 자세히 살펴보는 소중한 경험을 할 수 있기를 바랐습니다.

- 미술 시간에 큐비즘에 대해 간단히 설명하고 이 수업에 적용했습니다. 이미 주먹도끼, 도기 바퀴장식 뿔잔 등을 세밀화로 그려 보았기 때문에 새로운 기법을 도입, 큐비즘 그림에 도전했습니다.

- 도기 기마인물형 뿔잔을 선택한 이유는 이 유물로 가야 역사에서 중요한 대목을 어느 정도 강조할 수 있고, 가야가 '철과 도기'의 국가라는 이미지를 각인할 수 있기 때문입니다. 당시 가야는 꽤 단단한 도기를 제작할 수 있는 기술을 소유했는데, 이 기술은 바다 건너 일본 열도에 전파되어 스에키에 영향을 끼쳤습니다. 일부 학자들은 스에키가 '쇠기(쇠처럼 단단한 그릇)'의 발음이 변화해 만들어진 단어라고 추측하기도 합니다. 한편 이 유물은 말과 무사가 모두 철갑옷을 입고 있기 때문에 이를 통해 가야의 철기 제작 기술의 발달을 설명할 수도 있습니다.

10. 온몸으로 골품제의 차별을 느껴라

열정의 봉선생

봉선생의 고민

신분제는 청동기 시대부터 1894년 갑오개혁 전까지 수천 년간 유지된, 사람들의 생활에 절대적인 영향을 끼친 제도입니다. 삼국 시대의 신분은 크게 귀족, 평민, 천민으로 구분하는데, 당시 신라에서는 귀족을 다시 성골, 진골이라는 골족과 6두품 등의 품족으로 나누었습니다. 이러한 신라의 독특하고 폐쇄적인 신분제인 골품제의 영향으로 신라에서는 백제나 고구려에서는 볼 수 없는 특징이 나타납니다.

바로 여왕의 존재가 그것이지요. 2015년 개정 교과서를 처음 받아 수업을 진행하는데 중요한 개념이었던 골품제에 대한 설명이 전혀 없었습니다. 하지만 선덕여왕은 '역사 속 여성'이라는 항목에서 중요하게 다루고 있더군요. 골품제에 대한 설명 없이 '선덕여왕'을 설명하기가 어렵다고 생각해 체육 시간에 '골품제 피구'를 하면서 배경지식을 쌓기로 했습니다.

활동 준비

<u>관련 내용</u> : 삼국 시대   <u>소요시간</u> : 40분   <u>준비물</u> : 팀 조끼(보라색, 빨간색), 피구공

1. 학급회의 시간에 체육 시간에 진행할 골품제 피구의 규칙을 정합니다.

2. 성골 팀과 진골 팀에 적용하는 핸디캡이 다르고, 팀 내에서 신분에 따라 가능한 행

동이 다르기 때문에 토의를 통해 규칙을 정하는 것이 무척 중요합니다.

3. 팀 조끼의 수를 고려해 팀별 성골과 진골의 수, 6두품의 수, 평민의 수를 미리 정합니다.

진행 방법

1. 충분한 준비 운동을 합니다.

2. 성골 팀과 진골 팀으로 편을 나누고, 팀 내에서 다시 골족(성골, 진골)과 품족(6두품), 평민으로 계급을 나눕니다.

3. 성골과 진골은 승진할 수 있는 관등에 제한이 없다는 뜻으로 보라색 팀 조끼를 착

성골팀			진골팀		
성골 1명, 6두품 1명, 평민 1명			진골 1명, 6두품 1명, 평민 1명		
성골	6두품	평민	진골	6두품	평민
공을 2개 다 던질 수 있음 큰 공에 맞았을 때만 죽음 2번 부활 가능 공을 잡으면 팀 목숨 추가	공을 1개 던질 수 있음(큰 공만) 어떤 공에 맞아도 죽음 공을 잡으면 팀 목숨 추가	어떤 공에 맞아도 죽음 공을 잡으면 죽지 않음 공격 금지 죽었을 때(수비로 전환) 공을 던지려면 한 발로 3번 이상 뛰고 닫고 던지기 (자기가 주로 사용하는 손 사용 금지)	공을 2개 다 던질 수 있음 큰 공에 맞았을 때만 죽음 1번 부활 가능 공을 잡으면 팀 목숨 추가	공을 1개 던질 수 있음(큰 공만) 어떤 공에 맞아도 죽음 공을 잡으면 팀 목숨 추가	어떤 공에 맞아도 죽음 공을 잡으면 죽지 않음 공격 금지 죽었을 때(수비로 전환) 공을 던지려면 한 발로 3번 이상 뛰고 닫고 던지기 (자기가 주로 사용하는 손 사용 금지)

- 성골팀은 공이 멀리 가지 않게 그물망을 설치할 수 있음
- 상대팀이 한명도 죽지 않았을 땐 라인 밖으로 나간 공은 무조건 평민이 주워 와야 함

용하고, 6두품은 비색 공복의 관등까지만 오를 수 있다는 의미로 빨간색 팀 조끼를 착용합니다. 평민의 경우에는 골품에 속하지 못하기 때문에 공복 대신 입는 팀 조끼를 지급하지 않습니다.

4. 이제 일반적인 핸디캡 피구와 동일한 방식으로 진행합니다.

5. 게임당 제한 시간을 정하고 2~3회의 경기를 진행합니다. 살아남은 사람을 골족(성골 또는 진골)은 1인당 3점, 6두품은 1인당 2점, 평민은 1인당 1점으로 계산하여 승부를 가립니다.

6. 자신이 경험한 신분에 대해 소감을 기록하고 충분히 이야기를 나눕니다.

Tip

- 평민 역할로 경기에 참여한 학생은 그날 반드시 골족(진골이나 성골)이나 6두품 귀족 역할까지 경험할 수 있도록 합니다. 하루에 꼭 높은 신분과 낮은 신분을 모두 경험할 수 있도록 기회를 줘야 합니다. 그렇지 않으면 학생들이 불만을 토로할 수 있습니다.
- 천민은 학생들이 불쾌감을 느낄 수 있으니 별도로 뽑지 않습니다.

11. 삼국 시대 사람 되어 모서리 토론을!

함행우 나쌤

함께 있어 행복한 우리!

나선생의 고민

역사는 승자의 기록이라는 말이 있습니다. 그렇다면 패자의 기록은? 패자의 생각은? 삼국을 통일한 신라 외의 두 나라 사람들은 어떤 생각을 하면서 살았을지 궁금했습니다. 그래서 세 나라 사람의 입장에서 생각하고 이야기하는 토론으로 그 궁금증을 해결하고자 이 수업을 계획했습니다.

활동 준비

관련 내용 : 삼국 시대   **소요시간** : 20분   **준비물** : 4절 도화지, 유성매직

1. 모서리 토론 전에 각 나라에 대해 충분히 공부할 시간을 줍니다.

2. 모서리 토론을 가벼운 주제로 연습합니다. '가장 맛있는 간식은?'이라는 주제로 치킨, 피자, 탕수육, 햄버거 모서리를 만들고 토론해 봅니다.

진행 방법

1. 백제, 고구려, 신라로 팀을 나누고 모서리로 이동합니다.

2. 각 나라별로 모여 자기 나라가 좋은 이유와 그 근거를 토의합니다.

3. 다른 나라들이 덜 좋은 이유와 그 근거를 토의합니다.

4. 각 나라별로 토의한 내용을 정리해 전체적으로 공유합니다.

Tip

- 우리 팀에서 좋은 점이라고 말한 것을 다른 팀에서는 덜 좋은 점이라고 말할 수 있습니다. 같은 상황도 다르게 해석할 수 있음을 배우게 됩니다.
- 이후 교실에서 무언가를 결정해야 할 때 모서리 토론으로 충분히 좋은 점과 좋지 않은 점을 알아보면 최선의 결정을 내릴 수 있습니다.

12. 사모아 토론으로
우리나라 홍보하기

나선생의 고민

그 상황, 그 입장이 되어 보는 것은 깊이 있는 공부를 가능하게 만듭니다. 사모아 부족에서 의사결정을 할 때 사용하는 방식인 사모아 토론으로 공부하면 좋겠다고 생각했습니다. 언제든 마음에 드는 쪽으로 자리를 이동할 수 있으므로 사모아 토론으로 다른 나라 백성들을 우리나라에 오게 만들어 봅니다.

활동 준비

관련 내용 : 삼국 시대   **소요시간** : 20분   **준비물** : 의자

1. 왕이 맨 앞에 앉고, 그 뒤에 백성들이 앉는 형태로 자리를 만듭니다.

2. 활동 중에 다른 나라로 이동할 수 있도록 빈 의자를 1~2개씩 더 준비합니다.

진행 방법

1. 각 나라별로 홍보 준비를 합니다.

2. 각 나라의 왕을 뽑습니다.

3. 왕은 맨 앞에 앉고, 백성들은 왕 뒤에 모여 앉습니다.

4. 각 나라는 돌아가면서 자신의 나라의 좋은 점을 홍보합니다.

5. 홍보를 마친 후에는 왕이 돌아가며 질문하고 대답하는 시간을 갖습니다.

6. 왕이 나라를 홍보하는 역할을 제대로 하지 못한다고 생각하는 백성은 왕의 어깨에
손을 올려 왕을 바꿀 수 있습니다. 다만 왕은 스스로 물러날 수 없습니다.

7. 토론하는 도중에 다른 나라가 더 마음에 든다면 자유로이 이동할 수 있습니다.

Tip

- 활동을 하고 나면 아이들은 많은 아쉬움을 토로합니다. 더 잘 말하지 못했다고, 날
카로운 질문을 하지 못했다고 생각하는 것이지요. 후속 활동으로 글쓰기, 홍보 영
상 만들기 등으로 부족했던 부분을 보완할 기회를 주는 것도 좋습니다.

- 시간이 충분하다면 모두가 다른 나라에 속하는 경험을 해 보기를 추천합니다. 또
가능하다면 왕이 되어 질문하고 대답하는 경험도 한 번씩 해 보는 것이 좋습니다.

13. 삼국통일은 동아시아 나라들의 관계에서 시작되었다

곰 잘했어요 곰선생

책에서 배웠으요!

곰선생의 고민

삼국통일 수업을 할 때 나당연합에 대한 평가나 고구려와 백제의 결사항전에 대한 이야기를 소재로 삼는 경우가 많습니다. 그런 수업 흐름도 좋습니다만 저는 시간과 공간의 범위를 조금 더 넓히는 수업을 구성했습니다. 시간적으로는 중국을 통일한 수나라와 당나라가 고구려를 공격했을 때까지 거슬러 올라가고, 공간적으로는 중국과 우리나라 그리고 일본까지 포함했습니다. 삼국통일은 중국의 통일국가와 한반도의 삼국, 일본이 뒤엉킨 결과이기 때문입니다.

삼국통일과 관련된 수업을 2번으로 나누었습니다. 이번 수업에서는 6세기 후반~7세기 동아시아 사건 연대표를 통해 삼국통일 직전 동아시아 관계 지도를 만듭니다.

활동 준비

관련 내용 : 삼국 시대   **소요시간** : 40분

준비물 : 6세기 후반~7세기 동아시아 사건 연대표, 동아시아 백지도, 사인펜, 자

1. 6세기 후반~7세기 동아시아 사건 연대표와 동아시아 백지도를 모둠별로 준비합니다.

2. 네이버 블로그 '곰선생의 수업 이야기'의 '2017 삼국 시대 후반 여러 나라 관계 일

기'에서 자료를 내려받을 수 있습니다.

진행 방법

1. 6세기 후반~7세기 동아시아 사건 연대표 내용을 살펴봅니다.

2. 삼국 시대 기록을 통해 고구려, 백제, 신라, 중국(수나라 · 당나라), 일본 등 각 나라의 우호와 대립 관계를 살핍니다.

- 중국 국가와 고구려는 전쟁이 많았으니 대립 관계였을 것입니다.
- 백제와 신라는 전쟁이 많았으니 대립 관계였을 것입니다.
- 백제와 신라의 전쟁에서 백제가 신라보다 우위였습니다.
- 신라 김춘추의 외교 활동 과정을 볼 때 고구려와 백제, 일본은 신라와 대립 관계가 되었을 것입니다.

6세기 후반~7세기 동아시아 사건 연대표

구분	사건명	년도	전쟁(외교) 국가		승리 국가	관련설명
6세기 후반7 세기 초반	요서침공	581	고구려	수	고구려	
	1차 고구려수나라전쟁	589	수	고구려	고구려	수나라의 100만대군 침략, 살수대첩으로 방어
	2차 고구려수나라전쟁	611	수	고구려	고구려	
	가잠성 전투	611	백제	신라	백제	
	3차 고구려수나라전쟁	613	수	고구려	고구려	수나라의 고구려 침략 이후 수나라 국력 소진으로 멸망
	4차 고구려수나라전쟁	614	수	고구려	고구려	
	모산성 전투	616	백제	신라	백제	
	가잠성 전투	623	신라	백제	신라	
	늑노현 전투	623	백제	신라	백제	
	왕재성 전투	626	백제	신라	백제	
	서곡성 전투	633	백제	신라	백제	
7세기 중반	-	642	백제	신라	백제	백제가 신라 경주로 직접 갈 수 있는 길목을 확보함.
	대야성 전투	642	백제	신라	백제	
	김춘추 고구려 외교	642	신라	고구려	-	백제의 공격에 신라가 밀리자, 신라 김춘추가 고구려에 도움을 청함. 고구려는 거절함.
	-	645	신라	백제	신라	
	1차 고구려당나라전쟁	645	당	고구려	고구려	
	갈물, 동잠 전투	647	백제	신라	신라	신라 김춘추가 왜(일본)에 가서 연합을 청했으나 왜는 백제를 돕고 있었기에 이를 거절함.
	김춘추 일본 외교	647	신라	왜(일본)	-	
	요차성 전투	648	백제	신라	백제	
	우문곡 전투	648	신라	백제	신라	
	김춘추 당나라 외교	648	신라	당	-	신라 김춘추가 당나라로 가서 나당연합의 초석을 다짐.
	-	655	백제	신라	백제	
	-	655	백제	신라	백제	
	2차 고구려당나라전쟁	655	당	고구려	고구려	안시성전투를 통해 당나라를 몰아냄.

3. 동아시아 백지도에 우호 관계는 파란색, 대립 관계는 빨간색 사인펜으로 선을 이어 동아시아 관계 지도를 완성합니다.

4. 동아시아 관계 지도를 보고 고구려, 백제, 신라가 처한 상황에 대해 이야기 나눕니다.

- 고구려는 수나라 · 당나라와의 전쟁에 전념하고 있었습니다.
- 백제는 신라를 끊임없이 공격하는 상황이었습니다.

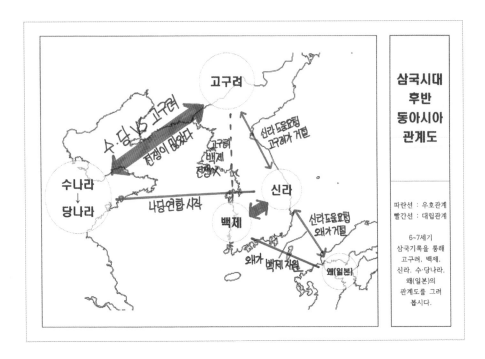

- 신라는 고구려, 백제, 일본에 포위된 상황이고 특히나 백제의 공격이 위협적이었습니다.

Tip

- 고구려가 살수대첩을 통해 수나라에 통쾌한 승리를 거두고 당나라 강군을 안시성에서 물리치는 모습은 학생들의 민족적 자부심을 키울 수 있다는 면에서 깊이 있게 가르칠 가치가 있는 역사입니다. 다만 개인적으로 삼국통일의 단초가 동아시아 국가들의 '관계'에서 비롯되었음을 학생들에게 가르치고 싶어 살수대첩과 안시성 싸움이란 사건에 집중된 시야를 동아시아란 공간으로 넓혔습니다. 물론 장점도 있고 단점도 있습니다. 장점은 역사를 보는 시야를 한반도 밖 공간으로 넓히는 경험을 제공한다는 점이고, 단점은 살수대첩과 안시성 싸움에 대한 감동이 적어진다는 점

입니다. 살수대첩과 안시성 싸움이란 사건에 집중하는 수업과 삼국통일을 고려하여 동아시아 국가 간의 관계를 찾아보는 수업. 어떤 선택을 하든 나름의 가치는 충분하다고 생각합니다.

- 당태종 이세민의 정예 30만 대군을 물리친 안시성 싸움. 그 이면에도 동아시아 국가들의 '관계'가 있다는 사실을 알고 있나요?

첫 번째는 당나라와 신라의 관계입니다. 당나라가 고구려를 침략할 때 가장 큰 명분은 연개소문이 영류왕을 죽이고 보장왕을 세운 역모를 응징한다는 것입니다만, 또 다른 명분은 신라를 돕겠다는 것입니다. 당시 신라는 백제의 지속적인 침략을 받았는데요. 이 상황을 타개하기 위해 신라 김춘추는 왜와 고구려에 도움을 청하지만 거부당합니다. 김춘추는 당나라에 접근했고 당나라는 신라 보호를 명분으로 고구려를 침략한 겁니다. 당나라가 오직 신라를 돕기 위해 고구려와 전쟁한 것은 아니지만 침략을 위한 구실로 삼은 것은 확실합니다. 전쟁 이면에 백제와 신라, 당나라와 신라의 관계가 있었던 겁니다.

두 번째로는 고구려와 북방기마민족 설연타의 관계입니다. 안시성 싸움이 한창이던 무렵, 고구려 평양성에 있던 연개소문은 설연타에게 당나라를 배후에서 공격하라고 부추깁니다. 이에 설연타는 당나라 수도 장안을 향해 공격을 시작합니다. 당나라 군대는 안시성 싸움에서 밀리고 있었을 뿐 아니라 고구려의 추운 겨울에 고전하던 상황이었는데, 설연타의 공격까지 벌어지자 철군할 수밖에 없었지요. 고구려가 당나라와의 전쟁에서 승리했던 가장 큰 이유는 단연 안시성 고구려군의 눈부신 활약 덕분이지만 아울러 설연타로 대표되는 북방기마민족들과 고구려의 관계도 있었던 겁니다.

14. 삼국통일과 발해, 새로운 시대로

재미에서 배움으로!

곰선생의 고민

삼국 시대에서 통일신라와 발해로의 시대변화 과정에 대한 수업입니다. 한 시대의 변화를 다루는 수업은 몇몇 사건에 대한 이해만으론 부족함이 있습니다. 역사적 사건들을 인과관계로 묶어 시대변화 과정을 파악하는 활동이 꼭 필요합니다. 역사는 사건이 원인과 결과로 이어진 결과니까요. 이번 수업은 삼국 시대에서 통일신라와 발해로의 시대변화를 사건의 인과관계를 통해 파악할 수 있도록 구성했습니다.

활동 준비

관련 내용 : 삼국 시대　　**소요시간** : 40분　　**준비물** : 시대변화 포스트잇, 사건 포스트잇

1. 시대변화 포스트잇은 백제멸망, 백제부흥운동, 고구려멸망, 나당전쟁, 발해건국으로 이루어져 있습니다.
2. 사건 포스트잇은 시대변화 포스트잇 각각에 관련된 사건이 적힌 포스트잇입니다.
3. 네이버 블로그 '곰선생의 수업 이야기'의 '2017 남북국 시대로의 변화'에서 자료를 내려받을 수 있습니다.

진행 방법

1. 시대변화 포스트잇을 순서를 섞어 칠판에 붙입니다.

2. 모둠별로 칠판의 시대변화 포스트잇 중 하나를 선택합니다. 학생들이 선택한 시대변화 포스트잇에 맞춰 사건 포스트잇 세트를 나누어 줍니다.

3. 모둠별로 맡은 사건 포스트잇의 글을 살펴보고 인과관계에 따라 사건 포스트잇의 순서를 맞춰 봅니다.

4. 한 명 남고 나가기 활동으로 다른 모둠의 활동 결과를 알아 옵니다.

5. 모둠원들이 모여서 다른 모둠 활동 결과에 대해 이야기하고 칠판에 붙은 시대변화 포스트잇의 순서를 정해 봅니다.

6. 발표를 통해 학급 전체가 의견을 나누어 시대변화 포스트잇의 순서를 결정합니다.

Tip

• 학생들이 연도에 의존하지 않고

오로지 인과관계로 사건의 순서를 파악할 수 있도록 시대변화 포스트잇이나 사건 포스트잇 모두 연도를 적지 않습니다.

- '한 명 남고 나가기 활동'은 한 시간에 배울 내용이 많을 때 주로 사용합니다. 모둠별로 탐구할 내용을 달리 한 뒤 서로 가르치는 방법이지요. 이는 많은 정보를 서로 가르치면서 알아 가는 효과적인 활동입니다.

① 모둠별로 설명할 학생 1명을 남겨 둡니다.

② 각 모둠의 나머지 모둠원은 다른 모둠으로 공부하러 갑니다.

③ 모둠에 남아 있는 사람은 자기 모둠에 공부하러 온 다른 모둠 학생들에게 자기 모둠이 탐구한 내용을 잘 설명합니다.

④ 공부하러 돌아다니는 학생들은 최대한 많은 모둠에 들러 배움을 쌓습니다.

⑤ 일정 시간이 지나서 선생님이 원래 모둠으로 돌아가라고 하면 공부하러 다니던 학생들은 자기 모둠으로 돌아갑니다.

⑥ 공부하러 다닌 학생들은 모둠에 남아 설명한 학생에게 배워 온 것을 설명합니다. 그러면 스스로도 배운 내용이 정리되지요.

15. 신라 석공이 된 아이들

물랑말랑 즐거운 역사 수업!

봉선생의 고민

우리에겐 자랑스러운 문화유산들이 참 많습니다. 그 가운데 신라 중대에 만들어진 불국사, 불국사 삼층석탑, 다보탑, 석굴암 등은 당시 사람들의 예술혼이 집약된 문화유산들입니다. 유홍준 교수는 『나의 문화유산 답사기』에서 "우리에겐 피라미드도, 타지마할도 없습니다. (중략) 우리에겐 한글이 있고, 에밀레종이 있고, 팔만대장경이 있고, 무엇보다도 석굴암이 있습니다. 그럴 일이야 없겠지만 우리의 모든 문화유산이 다 사라진다 해도 석굴암만 남아 준다면 한민족의 문화적 긍지는 손상받지 않을 겁니다."라고 했습니다. 석불사 석굴, 석굴암의 가치를 무척 높게 평가한 대목입니다.

이런 문화유산들이 학생들에게는 암기의 대상일 뿐이라는 게 안타까웠습니다. 그래서 신라 시대 석조(石造) 문화유산 제작을 직접 경험할 수 있는 체험 활동을 계획했습니다. 석굴암을 시작으로, 최근에는 불국사 삼층석탑과 다보탑도 도전해 보았습니다.

활동 준비

<u>관련 내용</u> : 신라 시대 　　<u>소요시간</u> : 120분

<u>준비물</u> : 색연필, 정, 망치, 화강암 돌판, 보안경, 마스크, 목장갑

1. 2인 1조로 팀을 구성하고, 어떤 석조 문화유산을 조각할 것인지 정합니다.

2. 선택한 문화유산을 유튜브 등을 활용
해 간단히 조사하여 정리합니다.

진행 방법

1. 스마트 기기를 활용해 선택한 문화유
산의 모습을 자세히 살펴보고 화강암
돌판에 색연필로 스케치합니다.

2. 한 사람은 정을 잡고 돌판 위에서 조
각의 방향을 잡아 주는 역할을, 다른
사람은 망치를 때리는 역할을 합니
다.

3. 시간을 정해 놓고 서로 역할을 바꿔
가며 작품을 완성합니다.

Tip

• 소음이 심하기 때문에 가능한 한 쉬는 시간, 중간놀이 시간, 점심시간, 방과후 시
간을 이용해 다른 학급 수업에 피해를 주지 않도록 합니다.

• 보안경은 기본이고, 돌가루가 얼굴에 튈 수 있으므로 불편하더라도 마스크를 착용
해야 합니다. 또 정을 잡는 학생은 꼭 장갑을 끼고 작업해야 합니다.

• 시간은 많이 소요되지만 즐거운 마음으로 참여하는 학생들이 많았고, 석조 문화유
산을 진심으로 소중하게 여길 수 있는 계기가 되었습니다.

16. 목제 주령구, 모든 면이 일정한 확률로 나올까?

물랑물랑 즐거운 역사 수업!

봉선생의 고민

신라 유적지 월지에서 귀족들의 놀이 도구인 14면체 주사위, 목제 주령구가 발견되었습니다. 주령구의 '주' 자가 '술 주(酒)' 자이고, 각 면에 여러 가지 벌칙들이 새겨져 있는 것을 보면 술자리에서 사용된 놀이 도구임이 확실해 보입니다.

하지만 진짜 주령구가 세상에 존재하지 않는다는 사실을 아는 사람은 별로 없습니다. 국립경주박물관에서 본 적이 있다고요? 그곳에 전시된 유물은 복제품입니다. 진짜 주령구는 발견 당시 수분을 제거하기 위해 특수 오븐에 넣어 가열하다가 자동온도조절장치 고장으로 타 버렸다고 하네요. 정말 흥미진진한 이야기지요?

이런 이야기를 학생들에게 전해 주는 것도 좋지만, 저는 주령구를 수학의 입체도형 부분과 연계해 색다른 수업을 진행했습니다.

활동 준비

<u>관련 내용</u> : 신라 시대　　<u>소요시간</u> : 40분　　<u>준비물</u> : 맥포머스 사각형과 삼각형 조각, 종이

1. 삼각형과 사각형 총 14개를 사용해 14면체 전개도를 만듭니다.

2. 목제 주령구를 만드는 장인이 되어, 주령구를 던졌을 때 14개의 면이 일정한 확률로 나오게 하려면 어떻게 제작해야 할지 생각해 봅니다.

진행 방법

출처: 네이버 지식백과

1. 선생님은 신라 목제 주령구에 얽힌 이야기를 들려줍니다.

2. 학생들은 각자 만든 전개도대로 14면체가 만들어지는지 맥포머스와 같은 수학 교구를 사용해 확인합니다.

3. 전개도대로 만들어지지 않았다면, 모둠별로 맥포머스 정사각형 6개, 삼각형 8개를 제공하고 조작 활동을 통해 14면체를 만들도록 합니다.

4. 14면체를 완성한 후 이것을 던졌을 때 과연 모든 면이 일정한 확률로 나올지 각자의 생각을 이야기해 봅니다.

5. 14면체 제작에 사용된 맥포머스 삼각형, 사각형 조각의 넓이를 구해 비교합니다.

6. 월지에서 발견된 목제 주령구는 정사각형의 넓이는 6.25㎠, 삼각형(육각형에 가깝습니다)의 넓이는 약 6.265㎠입니다. 주사위의 기능을 생각해 모든 면의 넓이를 비슷하게 만든 것이지요. 맥포머스로 만든 14면체와 목제 주령구 중 각 면이 비슷한 확률로 나오는 것은 어느 쪽일지 예상해 봅니다.

Tip

- 시간만 괜찮다면 종이로 14면체를 만들고 각 면에 교실 놀이에 사용할 벌칙들을 쓴 후 활용하는 것도 좋습니다. 14면체 도안은 인터넷에서 쉽게 찾을 수 있습니다.
- 학생용으로 만들어진 목제 주령구를 구입해 현장 체험학습에 활용하는 것도 추천합니다.

17. 순간이동, 발해 유적지로

봉선생의 고민

직접 가서 볼 수 없는 문화유산은 역사 수업에서 어떻게 소개할까요? 당연히 교과서 사진이나 교사가 따로 준비한 이미지 자료를 사용할 것입니다. '청자 상감 국화무늬 타호'를 소개할 때 정면에서 찍은 사진만으로는 학생들이 그 용도를 상상할 수 없습니다. 위에서 찍은 사진을 하나 더 보여 줘야 비로소 가운데 구멍이 보여 침을 뱉어내거나 음식 찌꺼기를 담는 용도로 사용했

을 것이라고 상상할 수 있습니다. 이미지 자료가 중요한 이유가 바로 이것입니다.

특히 문화유산의 크기를 확인하기 위해서는 특별한 사진을 제시해야 합니다. 최근 교과서에 실린 광개토대왕릉비 옆에 사람이 서 있는 사진 덕분에 학생들은 광개토대왕릉비의 엄청난 크기를 짐작할 수 있게 되었습니다. 하지만 비슷한 규모인 발해의 석등은 이런 사진을 찾을 수가 없습니다. 게다가 가독성을 높이기 위해 초등학교 교과서에는 보통 유물의 사이즈를 기록하지 않습니다. 직접 가서 보는 것이 어렵기 때문에 더 고민이 많았고, 그래서 이번 활동을 설계했습니다.

활동 준비

관련 내용 : 남북국 시대   **소요시간** : 40분   **준비물** : 스마트 기기 또는 PC, 크로마키 배경천

1. 학교 복도 벽면이나 크로마키 배경천의 색깔과 대비되는 색의 옷을 입고 오도록 안내합니다.
2. 일반 교실에서 수업을 진행한다면, 인물 뒤의 배경을 지울 수 있는 애플리케이션을 미리 받아 놓도록 안내하고, 교실 와이파이 상태도 확인합니다. 파워포인트 프로그램을 활용하려면 미리 컴퓨터실 사용 가능 시간과 PC의 파워포인트 설치 여부를 확인해야 합니다.

진행 방법

1. 파워포인트 프로그램을 실행하고 개인 사진을 불러옵니다. 학교 복도나 크로마키 배경천 앞에서 사진을 찍어 활용해도 됩니다.
2. 왼쪽 상단에 있는 [배경 제거] 버튼을 누릅니다. 제대로 제거되지 않은 부분은 '–' 버튼을 누르고 해당 부분을 클릭하고, 제거되지 않아야 하는 부분이 날아가 버렸

다면 '+' 버튼을 누르고 해당 부분에 커서를 대고 클릭합니다.

3. 미리 저장해 둔 발해 석등 사진을 열고, 앞서 작업한 인물 사진을 불러와 오른쪽에 배치합니다.

4. 발해 석등을 6m로 생각하고 비례를 고려해 인물의 크기를 조정한 후 이미지 파일로 저장합니다.

Tip

• 단순 사진 합성이 아닌 문화유산의 크기를 간접적으로 체험하기 위한 실과 및 수학 교과와의 연계 활동임을 학생들에게 설명해 줍니다.

18. 내가 박물관 큐레이터 : 발해 목간

열정의 봉선생

물랑물랑 즐거운 역사 수업!

봉선생의 고민

발해의 역사를 지도할 때 가장 방점을 찍는 부분은 아마도 '발해가 고구려를 계승한 국가'라는 사실일 것입니다. 가르칠 분량이 많고, 이야기해 줄 것이 많다는 이유로 미리 결론을 알려 주고 문화유산과 사료에서 그것을 뒷받침할 근거를 찾는 연역적 방법의 수업을 하고 있지는 않은가요? 학생의 연령이 낮을수록 연역적인 방법보다 귀납적인 방법, 즉 문화유산과 사료를 살펴 결론을 찾아내는 수업이 학생들의 배움에 유용하다고 합니다.

그런 맥락에서 이번 견고려사(遣高麗使) 목간 활동은 학생들이 큐레이터가 되어 목간 속 사라진 글자를 채워 보고, 목간에 적혀 있는 글자의 의미를 직접 해석해 보는 방식으로 접근했습니다.

활동 준비

<u>관련 내용</u> : 남북국 시대　　<u>소요시간</u> : 30분　　<u>준비물</u> : 스마트 기기, 활동지

1. '쌤동네'에서 활동지를 다운로드해 출력합니다.

2. 스마트 기기에서 한자 필기사전을 사용해야 하므로 교실 와이파이 상태를 확인합니다.

진행 방법

1. 활동지에서 제시한 발해 목간 사진과 박물관 패널에서 사라진 글자 4개를 찾아봅니다. '견고려사(遣高麗使)'라는 글자입니다.

2. '사(使)' 자가 국가에서 보낸 사신 또는 사절을 의미한다는 것을 네이버 한자 필기사전으로 검색해 알아냅니다.

3. 일본에서 '덴표호지(天平寶子)'라는 연호가 사용된 시기를 인터넷 검색을 통해 찾습니다. 그리고 덴표호지 2년이 서기 몇 년인지 알아내 적습니다.

4. 발해 목간의 글자 중 卄 자의 뜻을 한자 필기사전에서 알아냅니다. '스물'이라는 뜻

을 지닌 글자임을 볼 때 해당 사절의 승급 날짜를 알 수 있습니다.

5. 목간에 기록된 연도 즈음에 우리 역사에 존재했던 나라를 사회과부도 연표를 통해 확인합니다. 바로 신라와 발해입니다.

6. 목간에 쓰인 '遣高麗使'에서 '高麗'가 발해와 신라 중에 어떤 나라를 의미할지 생각해 보고, 그 이유를 활동지에 적습니다.

Tip

- 발해 목간 내용 일부와 이를 전시하던 박물관의 패널 내용 일부가 지워졌다는 상황을 설정하고, 활동지에 제시한 절차에 따라 내용을 복원하는 활동입니다. 다소 억지스러운 설정이지만, 과거 국립중앙박물관에서 있었던 유물 도난 사건(국보 제119호 금동 연가7년명 여래입상 도난 사건, 1967년 10월 24일)에서 힌트를 얻어 가상의 상황을 설정했습니다.

- 목간의 내용을 파악하기 위해서는 다음과 같이 띄어 읽는 것이 효과적입니다.

  依 遣高麗使 廻來 天平寶子 二年 十月 卄八日 進二階 敍

  (의 견고려사 회래 천평보자 2년 10월 입팔일 진이계 서)

  그 내용은 "고려(발해)에 파견된 사절이 돌아옴에 따라 덴표호지 2년(758년) 10월 28일 2계급 승진했음을 기록해 두다."입니다.

19. 고대 역사 명탐정

얼쑤얼쑤 즐거운 역사 수업!

봉선생의 고민

역사 수업 후 어떻게 학생들의 학습 정도를 확인할 수 있을까요? 저는 모둠별로 각 차시의 내용을 묻고 답하도록 하여 확인합니다. 이런 방식은 학생들이 모두 통과했을 때 큰 성취감을 얻을 수 있고, 학습한 내용을 철저히 확인할 수 있으며, 학생들이 배움의 어떤 지점에서 어려움을 겪고 있는지 점검할 수 있다는 점에서는 매우 효과적입니다. 하지만 학생들이 역사를 공부하기 힘든 과목으로 여기게 되는 부작용도 분명히 존재합니다.

그래서 '공부한 내용을 조금 더 즐겁게, 재미있는 방식으로 확인할 수는 없을까?' 하는 고민이 생겼고, 그 고민을 거듭한 끝에 탐정 활동지를 제작하여 중요한 유물, 유적, 인물 등을 추리해 맞히는 게임을 생각해 냈습니다.

활동 준비

관련 내용 : 선사 시대~남북국 시대   **소요시간** : 20분

준비물 : 탐정 활동지, A4 용지, 뽑기통, 교과서, 무광택 코팅지, 연필

1. '쌤동네'에서 활동지를 출력합니다.

2. 반복적으로 활용하기 위해 활동지를 무광택으로 코팅합니다. 이제 연필로 쓰고 지

울 수 있습니다.

3. 학생들이 미리 활동지 우측의 '업적 또는 용도' 부분을 조사해 기록하면서 유물과 인물에 대해 복습할 수 있도록 합니다.

4. A4 용지를 8등분하여 활동지에 있는 인물의 이름이나 문화유산의 명칭을 적은 후 2번 접어 뽑기통에 넣습니다.

진행 방법

1. 먼저 선생님과 몸 풀기 게임을 진행하며 규칙을 익힙니다.

2. 선생님이 명칭을 적은 종이 하나를 뽑기통에서 뽑습니다.

3. 학생은 "여성인가요? 남성인가요?"라고 질문합니다. 이때 선생님은 정답이 여성에 해당하는지, 남성에 해당하는지 알려 줘야 합니다. 혹시 문화유산이라면 "여성도 남성도 아닙니다."라고 대답합니다. 선생님의 답변에 따라 학생들은 활동지의 해당 내용에 체크합니다.

4. 두 번째 질문은 활동지에 있는 '국적 또는 시대'를 직접 묻습니다. 예를 들어 "신석

고대 역사 명탐정(나라의 등장과 발전)

열정의 봉선생 제작

가능한 질문 예시 : 여성인가요? 남성인가요?(남성, 여성, 문화재 중 하나에 V 표시) 구석기와 관련이 있나요?(국적이나 시대를 알려주라는 질문은 금지) 네 번째 질문은 해당 인물의 업적이나 문화재의 용도를 묻는다.	1. A4 용지 여러 장을 각각 8조각으로 만들어 게임에 사용할 쪽지를 만든다.(명칭 적기) 2. 스무고개 하는 것처럼 진행하되 질문을 할 땐 왼쪽을 참고한다. 3. 네 번째 질문에서 정답을 말하면 1점, 세 번째 질문(또는 두 번째 질문)에서 정답을 말하면 2점을 부여한다.

■ 물물기 게임

명칭	인간		문화재	국적 또는 시대	업적 또는 용도
	여성	남성			(0. 게임 시작 전에 복습 활동으로 기록하게 하면 더 좋습니다.)
주먹도끼				구석기	
빗살무늬토기				신석기	
간석기				신석기	
움집				신석기	
가락바퀴				신석기	
삼국유사				고려	
단군왕검				고조선	
비파형 동검				청동기(고조선)	
반달돌칼				청동기	
고인돌				청동기(고조선)	
농경문청동기				청동기	
미송리식토기				청동기(고조선)	

■ 전반전

명칭	인간		문화재	국적 또는 시대	업적 또는 용도 (0. 게임 시작 전에 복습 활동으로 기록하게 하면 더 좋습니다.)
	여성	남성			
금동연가7년명여래입상				고구려	
부여 정림사지오층석탑				백제	
경주 분황사모전석탑				신라	
주몽				고구려	
온조				백제	
박혁거세				신라	
김수로				가야	
근초고왕				백제	
소수림왕				고구려	
광개토대왕				고구려	
장수왕				고구려	
지증왕				신라	
진흥왕				신라	
서울 북한산순수비				신라	
수렵도				고구려	
공주 무령왕릉				백제	
경주 천마총긔 천마도				신라	
금관총 금관				신라	
철제 판갑옷과 투구				가야	
가야 금동관				가야	
금동미륵보살반가사유상				삼국	
백제 금동대향로				백제	
익산 미륵사지석탑				백제	
도기기마인물형명기				가야	
첨성대				신라	

■ 후반전

명칭	인간		문화재	국적 또는 시대	업적 또는 용도 (0. 게임 시작 전에 복습 활동으로 기록하게 하면 더 좋습니다.)
	여성	남성			
을지문덕				고구려	
안시성 성주				고구려	
김춘추				신라	
선덕여왕				신라	
계백				백제	
김유신				신라	
대조영				발해	
온돌				발해 또는 고구려	
문무대왕릉				통일신라	
신문왕				통일신라	
장보고				통일신라	
청해진				통일신라	
나무 주사위				통일신라	
경주 월지금동초심지가위				통일신라	
민정문서				통일신라	
월지				통일신라	
정효공주 무덤				발해	
원효				통일신라	
의상				통일신라	
발해 이불병좌상				발해	
불국사				통일신라	
다보탑				통일신라	
석가탑				통일신라	
석굴암				통일신라	
무구정광대다라니경				통일신라	
발해 석등				발해	

기 시대 문화유산입니까?"와 같이 질문합니다. "어느 시대, 또는 어느 국가 문화유산입니까?"와 같은 질문은 안 됩니다. 두 번째 답변을 듣고 정답을 추리할 수 있다면 바로 맞히면 됩니다. 여전히 모른다면 같은 형식으로 세 번째 질문을 던집니다. 이때 두 번째 또는 세 번째 질문 후에 정답을 맞히면 2점을 얻습니다.

5. 마지막 네 번째 질문은 학생이 미리 기록해 놓은 '업적 또는 용도' 부분의 내용을 활용합니다. 예를 들어 "음식을 조리하거나 저장하는 도구입니까?"와 같은 질문을

할 수 있습니다. 네 번째 질문 후에 정답을 맞히면 1점을 얻습니다.

6. 학생이 정답을 맞힐 때마다 선생님은 다른 종이를 뽑기통에서 뽑아 게임을 이어 갑니다.

7. 몸 풀기 활동지에서 3~4문항 정도 해결했다면 본 게임을 시작합니다.

8. 본 게임의 진행 방법도 동일합니다. 다만 전반전과 후반전으로 나누어 미리 약속한 활동 시간만큼 게임을 진행합니다. 모둠원들이 획득한 점수를 합산하여 승패를 가릅니다.

9. 활동은 교사 주도로 전체 학생을 대상으로 진행할 수도 있고, 학생들끼리 모둠을 해체하여 새로운 그룹을 만들어 진행한 후 원래 모둠원들이 획득한 점수를 합산하는 방식으로 진행할 수도 있습니다.

Tip

• 활동지를 출력하기 전에 수업 시간에 가르친 내용인지, 중요한 내용들이 모두 들어가 있는지 점검합니다. 제 활동지를 학급 실정에 맞게 수정해 사용하세요.

• 이 활동은 시간이 허락된다면 여러 차례 반복하여 진행하는 것이 좋습니다. 고대는 등장하는 인물과 문화유산의 수가 가장 많은 시대이므로, 반복해야만 학생들이 복습의 효과를 얻어 정확한 역사 지식을 쌓을 수 있습니다.

5장
〰〰〰

찬란한
민족 문화를
꽃피우다

고려 시대

1. 순서대로 도전! 릴레이 퀴즈

함행우 나쌤

함께 읽어 행복한 우리!

나선생의 고민

공부를 잘하고 순발력이 있는 아이들이 발표 기회를 독점하는 모습이 불편했습니다. 일부 아이들은 기회 자체를 얻을 수 없기 때문이지요. 순서대로 돌아가며 할 수밖에 없는 상황으로 불편함을 덜어 보았습니다.

활동 준비

관련 내용 : 모든 시대 언제든 활용할 수 있는 놀이 수업   **소요시간** : 팀별 2분

준비물 : 문제 카드, 문제 통, 초시계

1. 팀이 협동하는 연습이 필요합니다. 모둠 릴레이 하이파이브 등을 통해 모두가 미션을 수행하는 연습을 합니다.

2. 팀 안에서 번호를 정합니다. 순서대로 돌아가며 문제를 풉니다.

진행 방법

1. 정해진 시간 동안 팀별로 모여서 공부합니다.

2. 처음에는 각 팀의 1번이 나와서 도전합니다.

3. 틀리면 다음 번호에게 기회가 넘어갑니다.

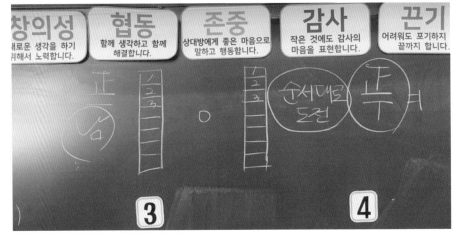

4. 도전자가 아니면 정답을 알고 있더라도 말할 수 없고 동작 힌트만 줄 수 있습니다.

5. 정해진 시간에 더 많은 문제를 맞힌 팀이 승리합니다.

Tip

• 문제를 맞히면 팀별로 정해진 색깔의 포스트잇에 문제를 맞힌 사람의 이름을 써서 붙입니다. 학급 보상 시스템이 있다면 그 학생의 이름으로 점수를 올릴 수 있습니다.

• 역사 수업을 진행하면서 문제를 맞히거나 질문을 할 경우에 화폐인 상평통보(온라인 쇼핑몰에서 모형 구입 가능)를 줍니다. 이것은 나중에 5일장 등 이벤트를 통해 활용할 수 있습니다.

2. 서바이벌 퀴즈

함께 있어 행복한 우리!

나선생의 고민

교사는 역사 수업뿐만 아니라 다른 교과 수업도 의미 있고 재미있게 만들기 위해 노력합니다. 교사의 노력으로 아이들이 '또 어떤 활동을 하게 될까?' 기대하는 모습을 보는 것은 기쁜 일이지만, 계속된 노력은 교사를 지치게 만들기도 합니다. 특별한 준비 없이도 즐겁고 의미 있는 공부를 할 수 있는 방법은 없을까요? 제가 고려 시대에 도입한 '서바이벌 퀴즈'는 사실 어느 시대든 활용할 수 있는 좋은 놀이 수업입니다.

활동 준비

<u>관련 내용</u> : 모든 시대 ^{언제든 활용할 수 있는 놀이 수업}   <u>소요시간</u> : 10분

<u>준비물</u> : 퀴즈 카드 개인당 4장

1. 서바이벌 퀴즈 전에 관련 교과 내용을 꼼꼼히 공부합니다.

2. 뒷면의 정답이 보이지 않도록 두께가 있는 종이를 이용합니다.

진행 방법

1. 종이를 4등분한 후 한 면에는 문제와 관련 쪽수를, 다른 면에는 정답을 적습니다.

2. 4장의 카드를 가지고 돌아다니며 친구들과 서로 퀴즈를 내고 맞힙니다.

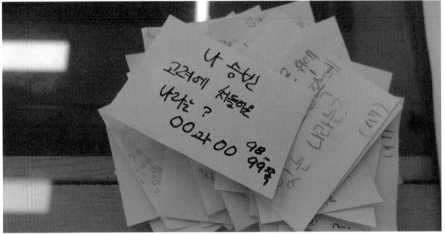

3. 문제를 맞히면 카드를 가져옵니다. 받은 카드에는 자신의 이름을 써 넣습니다.

4. 활동이 끝나고 가장 많은 카드를 가진 사람이 최종 승자가 됩니다.

5. 활동 소감을 나누고 활동 중 어려웠던 문제들을 다시 확인합니다.

Tip

- 별로 중요하지 않은 내용이나 지나치게 어려운 내용의 문제를 내는 경우에는 손해를 보도록 장치를 만듭니다. 활동이 끝난 후에 자신이 낸 문제를 가지고 있으면 카드 2장을 버리도록 하는 방법을 추천합니다.
- 카드 숫자와 관계없이 가장 많은 사람과 만난 사람에게 노력상을 주면 좋습니다.
- 교사도 아이들 속으로 들어가서 함께 문제를 내고 풀어 보는 것도 좋습니다.

3. 8칸 찢기 빙고로
중요한 내용 반복하기

함행우 나쌤

함께 있어 행복한 우리!

나선생의 고민

빙고 놀이는 중요한 내용도 한 번만 나옵니다. 그러나 중요한 내용은 여러 차례 반복하면서 공부할 필요가 있습니다. 관련 내용을 이야기해도 가장자리에 없으면 찢을 수 없는 8칸 찢기 빙고로 공부했습니다.

활동 준비

관련 내용 : 모든 시대 언제든 활용할 수 있는 놀이 수업   **소요시간** : 10분   **준비물** : A4 용지, 필기구

1. 중요한 내용을 공부한 후 정리하는 목적으로 사용합니다.

2. 다른 친구가 말한 내용이 종이 가장자리에 있을 경우에만 찢을 수 있다는 점을 기억하며 8가지 키워드를 적습니다.

진행 방법

1. A4 종이를 절반으로 자른 후 3번 접어 8칸을 만듭니다.

2. 주제에 어울리는 핵심어 8개를 칸마다 하나씩 적습니다.

3. 돌아가면서 핵심어를 말합니다. 이때 핵심어의 의미와 그것을 고른 이유를 먼저 말하고 마지막에 핵심어를 말합니다.

4. 종이에 적힌 핵심어 중 가장자리에 적힌 것만 찢을 수 있습니다.

5. 가장 먼저 모든 칸을 찢으면 승리합니다.

6. 종이를 찢는 것이 어려우면 가장자리부터 체크하는 것으로 방식을 바꿔도 됩니다.

Tip

• 비슷한 단어의 경우에는 핵심어를 말한 사람이 인정해 주면 함께 찢는 것으로 합니다.

• 학급 전체가 모두 찢을 때까지 반복해 보는 것도 좋습니다.

• 8개 핵심어를 모아 글쓰기를 하며 수업을 마무리하는 것도 좋습니다.

4. 정리 끝판왕, 윈도우 패닝

함행우 나쌤

함께 읽어 행복한 우리!

나선생의 고민

배운 것을 한눈에 파악할 수 있는 기회를 주고 싶었습니다. 학습한 내용을 핵심 키워드나 간단한 그림을 활용해 표에 정리하는 수업을 통해 아이들은 중요한 것이 무엇인지 한 번 더 고민할 수 있었습니다. 가능하면 그림으로 정리하고, 그것이 어렵다면 핵심어로 정리해도 됩니다. 고려 시대를 정리하는 데 사용한 '윈도우 패닝'은 어느 시대라도 유용한 정리 방법이 될 수 있습니다.

활동 준비

<u>관련 내용</u> : 모든 시대 ^{언제든 활용할 수 있는 놀이 수업} <u>소요시간</u> : 20분

<u>준비물</u> : 윈도우 패닝 활동지, 사인펜

1. 처음에는 분량 조절이 어려우므로 교과서에서 정리할 부분을 정해 줍니다.

2. 9칸을 모두 정리할 시간과 1칸을 정리할 시간을 미리 정하고 시작합니다.

진행 방법

1. 윈도우 패닝은 학습한 내용을 9개의 칸에 떠오른 대로 그림과 단어를 이용해 나타내는 사고 기법입니다. 학습한 것을 오래 기억할 수 있습니다.

2. 마지막 칸에는 활동에 대한 소감을 적으면 좋습니다.

3. 시간이 여유가 있다면 도화지나 스케치북에 그림을 그려 친구들에게 퀴즈를 내고 맞히는 활동으로 복습하는 시간을 가져도 좋습니다.

Tip

• 표는 반드시 9칸이 아니어도 됩니다. 조금 더 넓은 공간이 필요하다면 6칸, 4칸의 표도 괜찮습니다.

• 단원을 정리할 때는 물론이고 여행 계획을 세우거나 요리를 준비하는 등 일상생활에서도 활용할 수 있습니다.

5. 호족, 온몸 가위바위보로 후삼국을 통일하다

열정의 봉선생

말랑말랑 즐거운 역사 수업!

봉선생의 고민

'후삼국 시대를 자투리 시간에 재미있게 배울 수 있는 방법이 없을까?' 고민하던 중에 티처빌 원격연수 '교사와 학생 모두 행복한 실내 체육 수업'에서 온몸으로 하는 가위바위보를 알게 되었습니다. 이를 후삼국 시대에 접목시킨 활동을 중간놀이 시간에 해 보았습니다. 온몸으로 하는 가위바위보는 가위, 바위, 보를 외치며 팔 벌려 뛰기를 하다가 마지막에 자신이 원하는 것을 내는 방식입니다. 가위는 두 발을 앞뒤로 벌리고, 바위는 두 발을 모으고, 보는 두 발을 옆으로 벌립니다.

활동 준비

관련 내용 : 후삼국 시대　　**소요시간** : 20분　　**준비물** : 미니 성덕대왕신종, 모형 신라 금관

1. 먼저 학급 구성원 중 놀이에 참여할 학생을 정합니다. 중간놀이 시간에 진행하기 때문에 화장실을 다녀오거나 우유를 먹는 등 자신의 용무를 보기 원하는 학생은 두 번째 놀이에 참여하도록 합니다.

2. 책상 하나를 교실 가운데 두고, 책상 주변에 의자 5개를 둡니다.

3. 1명을 신라 왕으로 정합니다. 신라 왕은 신라의 상징 미니 성덕대왕신종을 듭니다. 모형 신라 금관까지 쓴다면 놀이의 흥미를 더 높일 수 있습니다.

4. 놀이에 참여하는 나머지 학생은 호족입니다. 호족은 짝수여야 하는데, 10명 정도 가 적당합니다. 칠판에 후삼국 시대에 등장한 호족들의 이름을 적어 두면 아이들 은 각자 자신의 이름을 정합니다.

진행 방법

1. 신라 왕은 가운데 책상에 양반다 리를 하고 앉습니다. 호족 역할을 하는 학생들은 2명씩 짝지어 온몸 가위바위보(3판 2선승제)를 하여 이 긴 사람이 자리에 앉습니다. 의자 는 하나의 '성'을 상징하는데, 신라 말기 스스로 성주, 장군을 칭하는 지방 세력(호족)들이 생겨났음을 알려 줍니다.

2. 서 있는 호족들은 노래에 맞추어 손을 잡고 강강술래를 하듯 돕니 다. 역사와 관련된 노래를 합창하 면 더 좋습니다.

3. 신라 왕이 성덕대왕신종을 치면 움직임을 멈추고 섭니다. 그리고 서 있는 학생들은 위치를 조정하여 앉아 있는 학생과 짝을 짓습니다.

4. 앉아 있던 학생이 일어나면 온몸 가위바위보(전투)를 합니다. 3판 2 선승제로, 이긴 학생이 자리(성)를

차지합니다. 이때부터 승리 횟수를 셉니다.

5. 성을 3번 차지한 학생이 등장할 때까지 반복하여 놀이를 진행합니다.

6. 성을 3번 차지한 학생은 신라 왕에게 한쪽 무릎을 굽히며 "도전하러 왔습니다!"라고 외칩니다. 이때 신라 왕은 도전하는 태도가 마음에 들지 않으면 1회에 한해 같은 동작을 반복시킬 수 있습니다. 만약 성을 3번 차지한 학생이 동시에 여러 명 등장하면 먼저 그 학생들끼리 온몸 가위바위보로 승자를 가린 후 최종 승자가 신라 왕에게 도전합니다.

7. 도전자는 온몸 가위바위보를, 신라 왕은 책상에 앉아 손으로 가위바위보를 합니다. 도전자가 3번 먼저 이기면 후삼국 통일 완성입니다. 신라 왕이 이긴다면 후삼국 통일은 보류됩니다. 이후 놀이에 참여하지 않았던 학생들이 호족 역할을 하여 두 번째 놀이를 진행합니다.

Tip

- 저는 왕건, 궁예, 견훤 외에 유금필, 박술희, 복지겸, 신검 등의 이름을 칠판에 적었습니다. 교과서에 등장한 인물들 외에도 수많은 호족들이 존재했고, 그들 가운데 일부는 고려 건국과 후삼국 통일에 영향을 끼쳤음을 알려 주기 위함입니다.

- 성덕대왕신종은 신라의 중요한 불교 문화유산임에도 불구하고 최근에는 교과서에서 강조되고 있지 않습니다. 저는 교실 놀이 소품으로 이용하면서 관련 설화를 들려주고 그 과학성도 알려 주었습니다.

- '호족'에 대해 다루는 사회과 본 학습 시간에 놀이는 실제 역사와 다르다는 점을 꼭 이야기해 주어야 합니다.

- 신라 금관 만들기 교구(인터넷 구입 가능)를 사용하여 신라 왕이 금관을 쓰고 놀이를 진행하면 분위기가 더욱 좋습니다.

6. 후삼국 통일,
인덕과 군사력의 결과

곰 잘했어요 곰선생

재미에서 배웠으로!

곰선생의 고민

"왕건은 덕이 많아 후삼국을 통일한 인물이다." 왕건에 대한 많은 사람들의 인식입니다. 2009년 개정 교육과정의 사회 지도안에도 이런 인식을 강화하는 학습지가 있습니다. 물론 왕건이 덕이 많은 왕이었다는 점을 부정하진 않겠습니다. 하지만 왕건이 후삼국을 통일한 것이 비단 그것 때문일까요? 아닙니다. 이번 수업은 '왕건이 후삼국을 통일할 수 있었던 원동력 알아보기'를 학습목표로 구성했습니다.

활동 준비

관련 내용 : 고려 시대   **소요시간** : 80분

준비물 : 왕건 관련 지명 PPT, 왕건이나 견훤의 사람들 자료, 왕건과 견훤의 전쟁 기록 자료, 왕건의 왕비 자료, 우리나라 행정 백지도, 포스트잇

1. 왕건이나 견훤의 사람들 자료와 왕건과 견훤의 전쟁 기록 자료, 왕건의 왕비 자료와 우리나라 행정 백지도를 모둠별로 준비합니다.

2. 포스트잇을 학생들에게 1~2장씩 돌아가도록 준비합니다.

3. 수업 전에 혹은 이전 수업 한 시간 정도를 활용하여 후삼국의 정립과 궁예의 몰락, 고려의 건국, 호족에 대해 설명합니다.

4. 네이버 블로그 '곰선생의 수업 이야기'의 '2018 후삼국 통일 후 왕건 정책'에서 자료를 내려받을 수 있습니다.

진행 방법

1. 대구의 왕건 관련 지명 PPT를 학생들에게 보여 주고 이것이 무엇인지 물어봅니다. 학생들은 지명인 것은 곧 알아채지만 어디 지명인지, 왜 지명을 보여 주는지는 모릅니다.

> 반야월 팔공산 살내 은적사
> 해안 파군재 연경동 임휴사
> 안심 지묘동 안일사 초례봉
> 불로동 무태동 왕산

2. "왕건과 견훤이 대구의 팔공산에서 만나 싸웠는데, 이때 왕건이 견훤에게 완전히 져서 홀로 도망치던 중에 생긴 지명들입니다."라고 말해 줍니다.

3. 학생들은 고려 왕건이 후삼국을 통일한다는 사실을 모두 알고 있습니다. 자연스레 다음과 같은 질문이 나옵니다. "그럼 어떻게 왕건이 통일한 거지?" 만약 이 질문이 안 나오면 선생님이 물으면 됩니다. "혼자 도망쳐야 할 만큼 철저하게 패배했던 왕건이 어떻게 후삼국을 통일할 수 있었을까요?"

4. '왕건은 어떻게 통일할 수 있었을까?'를 학습목표로 학생들에게 각자 가설을 설정하도록 합니다. 가설을 적은 포스트잇을 칠판에 붙입니다.

5. 가설 포스트잇을 비슷한 내용끼리 모아서 유목화시킵니다. 우리 반 가설은 다음과 같았습니다.

가설	힘을 길러 백제와의 전쟁에서 승리했을 것입니다.	호족들의 인심을 얻어 통일했을 것입니다.	외교를 통해 중국의 힘을 빌렸을 것입니다.

6. 모둠별로 왕건이나 견훤의 사람들 자료와 왕건과 견훤의 전쟁 자료를 분석합니다.

7. 왕건의 왕비 자료를 보고 한반도 행정 지도의 왕비 출신지에 스티커를 붙입니다.

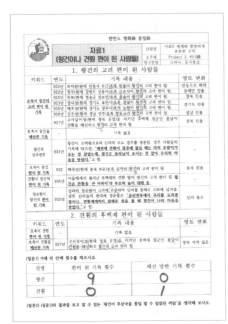

태조 왕건의 왕비의 명단

	왕후	출신지역
1	신혜왕후 유씨	경기도 정주(개성부근)
2	장화왕후 오씨	전라남도 나주
3	신명순성왕후 유씨	충청북도 충주
4	신정왕후 황보씨	황해북도 황주
5	신성왕후 김씨	경상북도 경주
6	정덕왕후 류씨	경기도 정주(개성부근)
7	헌목대부인 평씨	경상북도 경주
8	정목부인 왕씨	강원도 명주(강릉)
9	동양원부인 유씨	황해북도 평주(평산)
10	숙목부인	충청북도 진주(진천)
11	천안부원부인 임씨	경상북도 경주
12	흥복원부인 홍씨	충청남도 홍주(홍성군)
13	후대량원부인 이씨	경상북도 합주
14	대명주원부인 왕씨	강원도 명주(강릉)
15	광주원부인 왕씨	경기도 광주
16	소광주원부인 왕씨	경기도 광주
17	동산원부인 박씨	전라남도 순천
18	예화부인 왕씨	강원도 춘주(춘천)
19	대서원부인 김씨	황해북도 동주(서흥군)
20	소서원부인 김씨	황해북도 동주(서흥군)
21	서전원 부인	
22	신주원부인 강씨	황해남도 신주(신천군)
23	월화원 부인	
24	소황주원 부인	
25	성무부인 박씨	황해북도 평주
26	의성부인 홍씨	경상북도 의성
27	월경원 부인	황해북도 평주(평산)
28	몽량원부인 박씨	황해북도 평주(평산)
29	해량원 부인	경상북도 구미

태조 왕건 왕비 지도

지도로 알 수 있는 점을 공책에 적어주세요

8. 분석한 내용을 바탕으로 가설을 입증합니다.

가설	힘을 길러 백제와의 전쟁에서 승리했을 것입니다.	호족들의 인심을 얻어 통일했을 것입니다.	외교를 통해 중국의 힘을 빌렸을 것입니다.
입증	○	○	×
근거	왕건과 견훤의 전쟁 기록 자료로 보아 고창 전투, 일리천 전투에서 고려가 승리하여 후삼국을 통일할 수 있었습니다.	왕건이나 견훤의 사람들 자료로 보아 많은 호족들이 왕건의 편에 섰습니다. 왕건의 왕비 자료로 보아 호족의 딸들과의 결혼을 통해 호족들의 인심을 얻었습니다.	자료에는 중국의 힘을 빌렸다는 내용이 전혀 없습니다.

9. 왕건의 통일에서 분단을 겪고 있는 오늘날의 우리가 배울 점을 찾아 발표합니다.

- 우리나라도 통일을 하려면 충분한 힘을 길러야 합니다.

- 사람들의 인심을 얻기 위해 평소에 노력해야 합니다. 우리나라도 북한 사람들의 인심을 얻어야 통일할 수 있습니다.

- 외세에 의존하지 않고 자주적으로 통일을 이룩한 점을 배워야 합니다.

Tip

- 학생들은 7번 활동인 '왕건의 왕비 출신지 지도 만들기' 결과를 학습문제 해결로 연결하기 어려워 할 것입니다. 선생님이 다음 질문을 해 주면 도움이 됩니다. "왕건이 이렇게 많은 왕비를 둔 까닭은 무엇일까요?" "왕건의 왕비들은 어떤 집안 출신일까요?" "당시에 혼인을 한다는 건 두 집안이 운명공동체가 된다는 걸 말합니다. 그렇다면 왕건이 많은 왕비를 전국에 걸쳐 골고루 얻은 까닭은 무엇일까요?"

- 인물이든 사건이든 한 가지 측면만 강조하다 보면 다른 면은 간과하기 쉽습니다. 견훤의 호전적인 특성과 비교하며 왕건의 덕을 칭송하다 보니 오르지 덕으로만 통일한 것처럼 여겨집니다. 그러나 왕건은 고창 전투와 일리천 전투로 대표되는 후삼국 후반 전투에서 압도적인 승리를 거둠으로써 후삼국을 통일합니다. 수업을 통해 다양한 시각으로 세상을 바라보는 기회를 주는 것은 중요합니다.

7. 우리 반 훈요 10조 만들기

함행우 나쌤

함께 읽어 행복한 우리!

나선생의 고민

아이들이 역사에 관심이 없는 이유는 무엇일까요? 역사가 지금의 삶과 별로 관련이 없다고 생각하기 때문은 아닐까요? 역사를 공부하는 것으로 끝내는 것이 아니라 우리의 삶과 연계하는 활동을 생각했습니다. 이로써 역사에 대한 관심을 키울 수 있기 바랍니다.

활동 준비

__관련 내용__ : 고려 시대   __소요시간__ : 20분

__준비물__ : 훈요 10조 한문 원본, 학급 규칙, A4 용지, 4절 도화지

1. 훈요 10조의 한문 원본을 인쇄해서 아이들에게 내용을 추측해 보라고 합니다.

2. 학급 규칙, 학급 가이드라인, 학급 일과 등을 미리 정리합니다.

진행 방법

1. 고려 시대 훈요 10조의 내용을 살펴봅니다.

2. 고려 시대 사람들이 어떤 삶을 살았을지 상상하고 이야기를 나눕니다.

3. 지금 우리들은 교실에서 어떤 삶을 살고 있는지 이야기를 나눕니다.

함행우 훈요 10조

1. 수업 시간에 만화책이나 다른 책을 읽지 말 것
2. 욕이나 비속어를 쓰지 말 것
3. 수업 시작 전에 불필요한 물건을 치우고 미리 준비를 할 것
4. 교실과 복도에서 뛰지 말고 걸을 것
5. 누군가 말(설명이나 발표, 질문)할 때 집중해서 보고 들을 것
6. 스마트폰은 꼭 필요할 때만 사용할 것
7. 수업 중에 집중 할 것
8. 선생님을 괴롭히지 말고 감동 시킬 것
9. 다른 반에 피해가 가지 않도록 주의할 것
10. 활동과 역할에 최선을 다 할 것

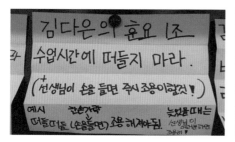

4. 개인별로 A4 용지에 +와 −를 표시하고 +에는 권장하는 것, −에는 줄여 나갈 것을 정리해 적습니다.

5. 모둠별로 모여 중복된 것을 정리한 후, 학급 전체 훈요 10조를 완성합니다.

Tip

- 우리 반 훈요 10조를 역할극으로 만들어 촬영합니다.
- 우리 반 훈요 10조를 미술 시간을 활용해 꾸민 후 교실에 전시합니다.

8. 과거 시험으로
우리의 문제 해결하기

함께 있어 행복한 우리!

나선생의 고민

과거의 제도들 중 오늘날에도 활용할 수 있는 것이 있습니다. 예를 들어 고려 시대에
시작된 과거 시험이 그렇습니다. 사실 과거 시험은 관리를 선발하는 목적 외에 왕의
고민을 해결하는 목적도 있었다고 합니다. 교실, 학교에서 발생하는 여러 문제의 해
결 방법을 찾는 데 과거 시험을 활용하면 어떨까요?

활동 준비

__관련 내용__ : 고려 시대   __소요시간__ : 20분   __준비물__ : 족자, A4 용지

__1.__ 교실과 학교에서 반복적으로 발생하는 문제를 찾는 시간을 줍니다.

__2.__ 여러 가지 문제 중 가장 시급하면서도 해결 가능성이 큰 주제를 투표 등을 통해 정
   합니다.

진행 방법

__1.__ 고려 과거 시험의 문제로 어떤 것들이 있었는지 찾아봅니다.

__2.__ 그 문제들이 과거 시험의 주제가 된 이유를 생각해 보고 이야기를 나눕니다.

__3.__ 지금 우리 반, 우리 학교에서 발생하는 문제 중 과거 시험 문제로 적당한 것을 몇

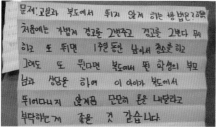

가지 고릅니다.

4. 과거 시험 보는 날을 정해 미리 정해 둔 여러 문제 중 하나를 선택해 각자의 생각을 써 봅니다.

5. 장원 급제를 투표를 통해 뽑고 그 해결 방법을 직접 실천해 봅니다.

Tip

- 교실과 복도 게시판에 장원 급제의 해결 방법에 따른 실천 사항과 과거시험지를 함께 게시합니다.
- 암행어사를 뽑아 실천 사항을 잘 지킨 사람을 선정해 칭찬하는 것도 실천력을 높일 수 있는 방법입니다.

9. 정신만 바짝 차리면 강동6주를 얻는다

곰 잘했어요 곰선생

재미에서 배움으로!

곰선생의 고민

고려의 역사는 외세에 대한 항전의 역사였습니다. 거란, 여진, 몽골, 왜구 등 정말 많은 나라들이 쉴 틈 없이 침략해 왔죠. 고려는 때로는 외교로, 때로는 무력으로 상황에 맞게 대처하여 외세를 물리쳤습니다. 특히 거란을 상대로 서희의 외교, 양규와 강감찬의 무력을 모두 활용한 고려는 가장 효과적인 외세 극복 방법을 제시한 것이나 다름없습니다. 그래서일까요? 침략한 국가는 거란인데 오히려 고려의 영토가 확장되었지요. 이번 수업에서는 고려의 거란 침략 극복 과정을 알아봅니다.

활동 준비

관련 내용 : 고려 시대 　　**소요시간** : 40분

준비물 : 고려 영토 변화 학습지, 서희의 담판 학습지, 사인펜(2색)

1. 고려 영토 변화 학습지와 서희의 담판 학습지를 1명당 1부씩 준비합니다.

2. 네이버 블로그 '곰선생의 수업 이야기'의 '2018 거란전쟁'에서 자료를 내려받을 수 있습니다.

진행 방법

1. 고려 영토 변화 학습지에서 거란이 3번이
나 고려를 침략했음을 확인합니다.

2. 학습지에서 ①은 거란과의 전쟁 전 고려
의 영토를, ②는 거란과의 전쟁 후 고려가
획득한 영토를 나타낸다고 알려 주고 ①
과 ②를 각각 다른 색으로 칠하게 합니다.

3. 전쟁 이후 고려의 영토가 늘었다는 점을
발견한 학생들은 "거란의 공격을 물리치
고 고려가 이겼다지만 어떻게 영토가 늘
어나요?"라고 질문하게 됩니다. 혹 학생
들이 이 질문을 하지 않는다면 선생님이
같은 질문을 던지는 것으로 수업을 전개
해도 됩니다.

4. 학생들에게 고려가 넓힌 영토를 '강동6주'라고 알려 준 뒤, 아래의 표를 칠판에 제
시해 주고 교과서를 보고 조사해 표를 완성하게 합니다.

영토를 확장한 사건	영토를 지킨 사건 (첫 번째)	영토를 지킨 사건 (두 번째)	침략에 대한 대비

5. 학생들은 칠판의 표를 공책에 그려 조사 결과를 단어나 짧은 문장으로 정리합니다.

영토를 확장한 사건	영토를 지킨 사건 (첫 번째)	영토를 지킨 사건 (두 번째)	침략에 대한 대비
서희의 담판	양규의 활약	강감찬의 활약 (귀주대첩)	천리장성 축조

★ 서희의 담판이 성공할 수 있었던 까닭

> 너희 나라는 신라 땅에서 일어났고, 고구려 땅은 우리 소유인데 너희들이 침범해 왔다.

> 우리나라는 고구려의 옛 땅에 있기에 나라 이름을 고려라 했다. 만일 국경 문제를 논한다면, 거란 땅의 일부도 우리 땅(옛 고구려 땅)에 있는데, 어찌 우리가 침범해 왔다고 말하는가?

> 우리와 국경을 접하고 있는데도 왜 바다를 건너 송과 교류하는가?

> 압록강 안팎 또한 우리 땅인데. 지금 여진이 그 땅을 훔쳐 살면서 길을 막고 있으니, 거란으로 가는 것은 바다를 건너는 것보다 더 어렵다. 만약 여진을 쫓아내고 우리의 옛 영토를 돌려주어 성을 쌓고 도로를 통하게 해 준다면, 어찌 교류를 잘하지 않겠는가?

서희의 담판이 성공할 수 있었던 까닭을 왼쪽 당시 지도를 통해 생각해 보세요.

6. 서희의 담판 학습지에 있는 서희와 소손녕(거란)의 대화와 동북아시아 지도를 보고 두 사람의 속내를 추측하여 적도록 합니다.

• 소손녕은 "거란이 송나라를 공격하고 싶은데 고려는 우리와 친하게 지내며 송

나라를 돕지 말아 달라."고 말하는 것 같습니다.

• 서희는 "강동6주 땅을 얻을 수 있도록 도와주면 거란이 송나라와 싸우든 말든 상관하지 않겠다."고 말하는 것 같습니다.

7. 학생들과 외세 침략의 극복 방법에 대해 이야기를 나눴습니다.

• 외교와 군사력을 동시에 활용해야 할 것 같습니다.

• 외교를 할 때는 상대의 의중을 잘 파악해야 합니다.

★ 거란 소손녕이 진짜 하고 싶었던 말과 서희 말의 숨은 뜻을 적어 보세요.

> 소손녕 : 거란이 송나라를 공격해야 하는데 고려가 송나라랑 양쪽에 있으면 공격이 힘든 것이다. 송나라랑 싸우는 동안 견제를 것이다.

> 서희 : 거란은 고려 땅이 아닌 송나라 땅을 원하므로 강동 6주를 주면 가만히 있겠다.

Tip

• 당시 거란은 어떤 나라였을까요? 북방기마민족인 거란은 부족을 통일하여 발해를 멸망시키고 중국의 송나라를 압박합니다. 요나라로 불렸던 거란은 당시 동아시아 최강의 국가였습니다. 요나라와 송나라에 비해 상대적으로 열세였던 고려는 두 강대국의 대립을 십분 활용합니다. 강동6주를 획득한 서희의 담판도 두 강대국의 대립을 이용한 결과이지요. 그리고 3차 거란 침략 때 무력을 통해 최종적으로 승리한 고려는 요나라와 송나라와의 관계에서 우위를 점합니다.

• 고려의 거란 침략 극복은 오늘날 우리에게 큰 교훈을 줍니다. 오늘날에도 우리나라는 미국, 중국, 러시아, 일본 등 강대국들의 이해관계와 여러 측면에서 얽혀 있습니다. 현대의 미국과 중국의 대립은 고려 시대 요나라와 송나라의 대립과 비슷해 보이기도 하네요. 고려 역사는 오늘날 우리에게 외교와 군사력의 중요성을 보여 줍니다. 실제로 수업 결과를 오늘날의 상황과 연결해 본다면 더 의미 있는 수업을 만들 수 있을 것입니다.

10. 벽란도 상점을 만들어라

곰 잘했어요 곰선생

재미에서 배움으로!

곰선생의 고민

고려는 국제적인 나라였습니다. 송나라, 거란, 여진, 일본, 대식국 등 많은 나라들이 벽란도에 와서 자국의 물건을 팔고 다른 나라 물건을 사 갔습니다. 고려와 교역한 나라들, 그들과 사고 판 물건을 모두 공부할 필요는 없습니다. 다만, 고려가 여러 나라들과 다양한 물건들을 거래한 국제적인 나라였음을 알아야 합니다. 이번 수업은 벽란도 상점 만들기를 통해 국제적인 고려의 위상을 느낄 수 있도록 구성했습니다.

활동 준비

관련 내용 : 고려 시대   **소요시간** : 40분

준비물 : 상점 그림, 무역품 그림, 고려 벽란도 배경 그림, 가위, 풀, 봉지

1. 상점 그림과 무역품 그림을 모둠 수만큼 준비합니다.

2. 고려 벽란도 배경 그림을 모둠당 4장씩 준비합니다.

3. 상점 그림, 무역품 그림을 쉬는 시간에 미리 오려 봉지에 넣어 두면 수업 시간에 편리합니다.

4. 네이버 블로그 '곰선생의 수업 이야기'의 '2018 고려 무역 일기'에서 자료를 내려받을 수 있습니다.

진행 방법

1. 고려의 무역은 개경 인근 벽란도에서 주로 이루어졌음을 학생들에게 알려 줍니다.

2. 칠판에 고려와 거란, 여진, 일본, 송나라, 대식국의 무역을 간단히 표현한 고려 무역 지도를 그립니다. 단, 무역품 부분은 빈칸으로 남겨 둡니다.

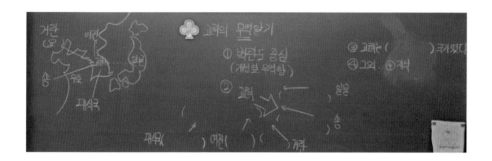

3. 모둠원들이 함께 상점 그림과 무역품 그림을 오립니다.

4. 벽란도 배경 그림에 상점 그림을 2개씩 붙입니다. 예를 들어 거란과 여진, 대식국

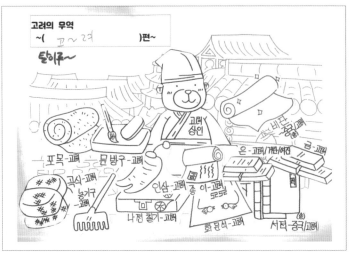

과 송나라를 함께 붙입니다. 단, 고려 상점은 무역품이 많으므로 하나만 붙입니다.

5. 잘라 둔 무역품 그림을 그 무역품을 파는 나라 상점에 붙입니다. 예를 들어 화문석
은 고려가 파는 무역품이므로 고려 상점에 붙입니다.

6. 칠판에 그려 둔 고려 무역 지도를 벽란도 상점을 참고해 완성하고, 배운 내용을 공
책에 정리합니다.

Tip

- 벽란도 상점을 만들어 보면 고려 상점에 무역품이 가장 많습니다. 이 때문에 학생들이 "고려가 다른 나라보다 많은 물건들을 만들 수 있었구나."라고 오해하는 경우가 있습니다. 선생님은 이 오해를 반드시 바로잡아 주어야 합니다.

우리가 만든 벽란도 상점들은 고려 기준으로 만들어졌습니다. 예를 들어 봅시다. 송나라 상점의 물건들은 고려에 파는 것만 붙였습니다. 실제 고려 시대 송나라 상점에는 고려에 파는 것 외에 다른 나라에 파는 물품도 있었겠지만 수업에서는 고려에 파는 것만 붙인 겁니다. 이에 비해 벽

란도 상점 속 고려 상점은 송나라, 거란, 여진, 일본, 대식국 등 여러 나라에 파는 물건을 모두 붙였습니다. 즉, 수업이 송나라와 거란, 여진과 일본, 대식국과 송나라 등의 관계는 제외하고 오로지 고려와 다른 나라의 무역에만 초점 맞췄기에 마치 고려가 가장 많은 물건을 만들어 판 것처럼 보이는 겁니다.

11. 고려 상인, 코리아를 알리다

열정의 봉선생

물랑물랑 즐거운 역사 수업!

봉선생의 고민

아이들과 함께 고려의 국제적 교류를 파악하려면 어떤 나라들과 무역을 했는지 살펴 보면 됩니다. 그런데 최근 사회 교과서의 역사 영역이 줄어들면서 고려의 무역에 대한 내용이 빠졌습니다. 교과서에도 없는 내용을 수업 시간에 다루기는 어려워, 학생들과 보드게임을 제작하는 방식을 도입했습니다. 직접 게임을 제작하는 경험에 보드게임을 즐기며 학습까지! 일석삼조라고 생각했습니다. 게임에 사용할 화폐는 팅커캐드로 해동통보와 은병 도안을 그려 3D 프린팅으로 만들었습니다.

활동 준비

관련 내용 : 고려 시대 　　**소요시간** : 80분

준비물 : 해동통보와 은병 도안(3D 출력물), 8절 도화지, 연필, 색연필, 가위, 주사위 2개

1. 팅커캐드를 사용해 해동통보의 도안을 그립니다. 자세한 방법은 Tip에서 소개합니다.

2. 은병의 경우에는 크기가 다른 구를 2개 붙여 눈사람 형태로 도안을 디자인한 후 상단에 조그마한 홈을 만들어 주면 됩니다.

3. 3D 프린팅 업체에 해동통보와 은병의 도안 파일을 전송하고 출력을 요청합니다.

진행 방법

1. 8절 도화지에 고려 시대 무역 지도를 그립니다. 교실에 있는 모니터 화면에 띄우거나 교사가 유인물 형태로 제시해 그리게 합니다.

2. 보드게임에 필요한 물품이 무엇인지 확인하고, 그 종류를 세어 봅니다. 거래할 물품 칸 등을 그립니다. 시작 칸, 보너스 카드 칸도 그립니다.

3. 각각의 물품 칩을 종류별로 3~4개씩 만듭니다. 모둠 안에서 역할을 분담해 제작하고, 모양을 모르는 물품은 인터넷 검색을 통해 확인한 후 그립니다.

4. 보너스 카드의 경우 부루마불과 같은 아이들에게 친숙한 게임을 참고해 내용을 정하고 보드판을 완성합니다.

5. 게임을 진행할 땐 5명의 모든 플레이어가 '고려 상인'의 역할을 합니다. 각각의 고려 상인들은 거래할 국가의 이름을 적어 거래 목록표를 완성합니다.

6. 게임을 진행하기 위해서는 모양이 다른 2개의 주사위가 필요합니다. 플레이어는 순서를 정하고 주사위 2개를 한꺼번에 던집니다.

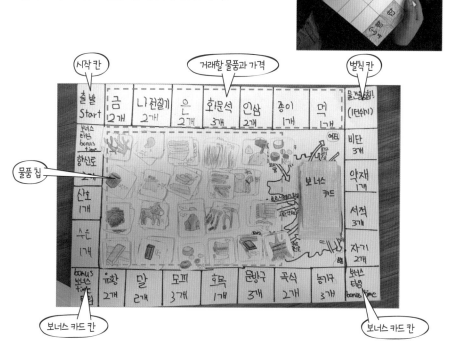

7. 주사위 하나는 말이 얼마만큼 이동할 것인지를 결정합니다.

8. 다른 주사위 하나는 물품을 구입할 수 있는 수를 결정합니다. 홀수 눈이 나오면 자신이 이동한 칸에 소개된 물품 1개를 구입할 수 있고, 짝수 눈이 나오면 물품을 2개까지 구입할 수 있습니다.

9. 자신이 거래할 때 필요한 물건이 아니더라도 구입해 창고 칸에 넣어 둘 수 있습니다. 창고에 있는 물품들은 자신의 차례가 되었을 때 다른 플레이어들과 교환하거나 판매할 수 있습니다. 다른 플레이어에게 물품을 판매할 때는 게임판에 있는 가격에 해동통보나 은병을 2개까지 프리미엄으로 붙일 수 있습니다.

10. 가장 먼저 자신의 거래 목록표에 있는 국가와 수출할 물품 3개, 수입할 물품 3개를 확보한 사람이 승리합니다. 만약 시간 제한을 둔다면 게임 종료 시 각자 수집한 물품을 확인하고 가장 많은 점수를 획득한 학생이 승리합니다. 이때 점수는 게임판에 쓰여 있는 물품의 가격으로 계산합니다. 예를 들어 인삼과 종이를 가지고 있다면, 인삼은 해동통보 2개, 종이는 해동통보 1개로 거래했으므로 인삼 2점, 종이 1점으로 총 3점으로 계산하면 됩니다. 은병은 해동통보 10개와 같은 가치이므로 10점으로 계산합니다.

11. 만약 거래 목록의 창고 칸에 물품이 있다면 위 칸에 있는 물품 하나만 자신의 재산으로 인정하고 아래 칸의 물품(5개까지 보관 가능)은 각각 '−1점'으로 계산합니다.

- 해동통보 3D 도안을 그리는 방법은 다음과 같습니다.

  ① 구글 크롬에서 팅커캐드 사이트를 검색하고 가입합니다.

  ② 작업 화면을 열고 원기둥을 선택해 드래그합니다.

  ③ 원기둥의 크기를 지름 25㎜, 높이 3㎜로 만들고, 중앙에 직육면체 형태의 구멍을 뚫습니다.

  ④ 인터넷에서 해동통보 이미지를 검색하여 한자를 한 글자씩 입력합니다. 한자 삽입은 한글을 입력한 후 '한자' 키를 누르면 됩니다.

해동통보
(3D 프린팅 출력물)

은병
(3D 프린팅 출력물)

- 팅커캐드의 사용이 어렵다면 인터넷에서 고려 시대 화폐 이미지를 검색, 출력해 사용해도 무방합니다.

- 게임에 사용하는 2개의 주사위가 크기와 모양이 같다면, 용도를 알 수 있게 표시합니다.

- 수업 시간이든 중간놀이 시간이든 학생들에게 게임 시간을 무제한으로 주는 것은 무척 어렵습니다. 그렇기 때문에 자신의 차례가 돌아오기 전 미리 다른 플레이어의 창고에 어떤 물건이 있는지 파악해 빠른 거래로 자신의 교역 물품을 확보하도록 학생들에게 미리 얘기해 주면 좋습니다.

12. 초간단 상감기법 체험하기

열정의 봉선생

열랑말랑 즐거운 역사 수업!

봉선생의 고민

저는 상감기법을 가르치기 위해 다양한 활동을 해 보았습니다. 파란색 폴리머 클레이에 운학 무늬를 판 후 흰색과 검은색 클레이를 채워 미니오븐에 구워 보았고, 도자기용 점토와 화장토, 안료 등을 사용해 상감기법을 적용시킨 작품을 만든 후 학교 본관 뒤쪽에 벽돌을 쌓고 시멘트를 발라 완성한 가마에 넣고 불을 지펴 구워 보기도 했습니다. 물론 두 번째 활동은 제대로 된 작품이 나오지 않아 수업 폭망기 사례가 되었지요. 조금 더 재미있고 효율적인 방법을 찾고 싶었습니다.

그러다 5학년 학생들과 역사 수업을 하던 중 페이스북에서 함안 말이산 고분군 45호 분에서 나온 '사슴류 모양 뿔잔'을 보게 되었습니다. 순간 '아! 이거다!' 하는 탄성이 나왔습니다. 사슴류 모양 뿔잔의 모습을 그대로 옮겨 상감기법을 체험해도 좋고, 그와 유사한 만화 캐릭터를 찾아 상감기법을 체험해도 좋겠다는 생각이 들었습니다. 그래서 미술 시간에 '본바탕에 다른 색의 흙을 채워 넣는다'는 정도의 개념만 담아 상감기법을 간단히 체험해 보기로 했습니다.

활동 준비

<u>관련 내용</u> : 고려 시대   <u>소요시간</u> : 40분   <u>준비물</u> : 일반점토, 컬러점토, 조각칼

1. 인터넷 검색을 통해 함안 말이산에서 출토된 사슴류 모양 뿔잔 관련 기사를 찾아 내용을 살펴봅니다.
2. 사슴류 모양 뿔잔과 비슷한 만화 캐릭터들을 찾아 학급 홈페이지에 게시합니다.

진행 방법

1. 만화 캐릭터 중 하나를 골라 도화지에 그립니다.
2. 일반점토를 사용해 자신이 원하는 그릇 모양을 성형합니다.
3. 자신이 고른 캐릭터를 그릇에 새기고 파 냅니다.
4. 일반점토를 파낸 자리에 색이 다른 컬러점토를 채워 넣어 그릇을 완성합니다.
5. 건조 후 그릇의 모습을 보며 왜 이렇게 갈라졌는지 토의해 봅니다.

Tip

- 상감기법은 원래 있던 흙을 파내고 그 공간에 다른 색깔의 흙을 넣는 기법으로, 고려 문화의 독창성을 이야기할 때 반드시 언급되는 공예기법

입니다. 하지만 유사한 기법을 적용
한 유물이 이집트, 중국 등지에서 발
견되고 있으므로 고려의 상감기법을
유일무이한 것이라고 볼 수는 없습니
다. 다만 평면 위에 그림을 그리듯이
매끄러운 상감 청자를 생산한 고려
도공들의 기술만큼은 독보적인 것이
라고 할 수 있습니다. 왜냐하면 청자

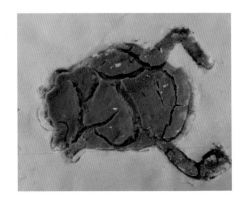

의 태토와 태토 대신 메워 넣은 흙이 서로 다른 수축, 팽창계수를 가지기 때문에 어
떤 부분은 쪼그라들고 어떤 부분은 튀어나와 이를 평면적으로 맞추는 것이 매우 어
려운 작업이기 때문입니다.

이번 활동의 목적은 건조 후 그릇의 형태가 왜 이상해졌는지 그 이유를 찾아 상감
기법의 우수성을 확인하는 것이었습니다. 실제로 학생들은 컬러점토가 수축하는
정도가 일반점토의 그것과 달라 더 많이 수축했음을 확인할 수 있었습니다.

13. 금속활자 × 독도계기교육

열정의 봉선생

봉선생의 고민

고려는 독보적입니다. 상감기법으로 청자를 제작한 것은 물론이고, 16년간 팔만대장경을 만들어 낸 것을 보아도 그렇습니다. 그리고 금속활자 역시 빼놓을 수 없습니다. 고려가 세계 최초로 금속활자를 발명했고, 이를 사용해 인쇄물을 발행했다는 것은 명백한 사실이니까요.

금속활자와 관련된 활동도 여러 가지로 진행했습니다. 처음에는 점토로 활자 하나하나의 거푸집을 만들고, 중탕으로 가열해 녹인 양초를 쇳물처럼 사용했습니다. 하지만 종종 양초 활자가 꺼내는 과정에서 깨져 버려 아쉬움이 남았습니다. 그 후 이런저런 방법을 고민하다가 3D 프린터로 거푸집 재료(완전한 형태의 거푸집이 아니기 때문에 '재료'입니다)를 출력하기로 했습니다. 마침 학교에서 독도계기교육 중이어서, 독도 관련 단어로 거푸집 재료를 만들었습니다.

활동 준비

<u>관련 내용</u> : 고려 시대~대한민국   <u>소요시간</u> : 40분

<u>준비물</u> : 금속활자 거푸집 재료(3D 출력물), 미니 화이트보드, 보드 마커

1. 팅커캐드로 거푸집 재료의 3D 도안을 만듭니다. 자세한 방법은 Tip에서 소개합

니다.

2. 출력한 활자 거푸집 재료들을 학급 문고나 도서관에 있는 역사 서적, 그중에서도 '독도'와 관련된 내용을 찾아 해당 쪽에 미리 숨겨 둡니다.

진행 방법

1. 모둠 안에서 '보물찾기'에 참여할 순서를 정합니다.

2. 모둠별 첫 번째 학생들이 나와 활자 거푸집 재료를 찾습니다. 이때 제한 시간은 30~40초 정도로 하고, 정해진 시간이 지난 후에는 두 번째, 세 번째 학생이 차례로 나와 보물을 찾습니다.

3. 학생들이 활자 거푸집 재료를 모두 찾으면 단어별로 교사가 그룹을 만듭니다. 각그룹의 학생들은 자신이 찾은 활자 거푸집 재료를 모아 단어를 만듭니다.

4. 각자 자신이 만든 단어를 미니 화이트보드에 적습니다.

5. 정답자가 있는 모둠은 그 단어에 대해 조사하고 간단히 보고서를 작성합니다.

- 거푸집 재료의 3D 도안 만드는 법입니다.

  ① 구글 크롬에서 '팅커캐드'를 찾아 회원가입 후 로그인합니다.

  ② '새 디자인 작성'을 누릅니다.

  ③ '기본 쉐이프'에서 상자를 클릭해 작업 평면으로 가져옵니다. 직육면체를 클릭, 밑면의 가로, 세로, 높이의 값을 입력합니다. 저는 '25×25×6(㎜)'로 했습니다.

밑면의 가로, 세로 값을 확인합니다.   도형의 높이 값을 확인합니다.

  ④ '기본 쉐이프'에서 '텍스트'를 클릭해 작업 평면으로 가져와 원하는 글자로 바꾸어 적습니다. 밑면의 가로와 세로는 먼저 만든 직육면체보다 작은 값으로, 높이는 먼저 만든 직육면체보다 큰 값으로 입력합니다. 저는 '20×20×8(㎜)'로 했습니다.

  ⑤ 해당 글자의 '쉐이프'에서 '솔리드'를 '구멍'으로 바꾸고, 먼저 만든 상자와 겹쳐지도록 이동합니다.

 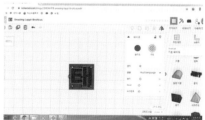

'TEXT'를 원하는 글자로 바꿉니다.   글자를 구멍 형태로 바꾸고 이동합니다.

⑥ 상자와 구멍 형태의 글자를 모두 선택한 후 우측 상단 두 번째의 '그룹화'를 눌러 2개의 도형을 병합합니다.

⑦ 우측 상단의 '내보내기'를 클릭하고 STL 확장자로 저장합니다.

상자와 글자를 병합합니다.

STL(확장자) 파일로 저장합니다.

⑧ 출력 업체에 인쇄를 의뢰하거나 학교에 있는 3D 프린터를 사용해 출력(큐라와 같은 프로그램을 사용해 G코드로 슬라이싱하여 출력, 15분 정도 소요)합니다.

⑨ 다른 글자 거푸집 재료들도 같은 방식으로 도안을 제작합니다.

• 활자 거푸집 재료를 찾을 때에는 펼쳤던 책을 반드시 제자리에 넣도록 합니다. 이를 지키지 않은 모둠은 일정 시간 활동에서 제외시킵니다.

• 일정 시간이 지나도 정답이 나오지 않는 모둠은 학생용『독도 계기 교육 자료집』이나 교실에 있는 독도 관련 도서를 활용할 수 있도록 합니다.

• 아이들에게 생소하지만 꼭 알아야 할 단어를 거푸집 재료로 제시하면 좋습니다. 예를 들면 '태정관문서', '삼국접양지도', '대한제국 칙령 제41호' 등입니다.

14. 우리가 만드는 금속활자

열정의 봉선생

물랑물랑 즐거운 역사 수업!

봉선생의 고민

독도계기교육 시간에 찾은 금속활자 거푸집 재료를 이용한 체험 활동입니다. 앞선 수업에서 양초와 점토를 사용했던 금속활자 따라잡기 활동은 다소 위험하고, 시간도 오래 걸렸습니다. 또 거푸집에서 양초 활자를 분리하는 게 쉽지 않아 양초 활자가 부러지거나 거푸집이 망가지는 경우가 많았습니다.

그래서 생각한 방법이 바로 알지네이트 가루를 사용하는 것입니다. 알지네이트 반죽은 위험하지도 않고, 빨리 굳는 것은 물론 거푸집에서 분리하는 데도 시간이 오래 걸리지 않는다는 점이 매력적입니다.

활동 준비

관련 내용 : 고려 시대   **소요시간** : 15분

준비물 : 금속활자 거푸집 재료(3D 출력물), 알지네이트 가루, 저울, 페트병, 붓(또는 나무막대), 유리테이프

1. 독도계기교육 시간을 활용해 먼저 금속활자 거푸집 재료 찾기 놀이를 진행합니다.

2. 글자를 정방향으로 놓고 작업해야 할지, 좌우를 뒤집어서 작업해야 할지 생각해 보고 자신의 생각을 정리해 적습니다.

3. 페트병은 알지네이트 반죽 통으로 사용할 수 있도록 미리 칼이나 가위로 잘라 둡니다. 반죽을 만들고 따르는 데 불편하지 않을 정도의 깊이로 합니다.

진행 방법

1. 페트병의 무게를 측정합니다. 영점 조절이 가능한 저울이라면 페트병을 놓고 영점 버튼을 누릅니다.

2. 적당량의 알지네이트 가루를 무게를 측정한 후 페트병에 넣습니다.

3. 알지네이트 가루가 담긴 페트병에 물을 따릅니다. 이때 알지네이트 가루와 물의 비율은 1:1 정도가 적당합니다.

4. 나무막대나 붓의 막대 부분으로 잘 저어 반죽을 만듭니다.

5. 활자 거푸집 재료의 밑바닥에 유리테이프를 붙이고, 유리테이프로 벽을 세웁니다.

6. 활자 거푸집에 알지네이트 반죽을 붓습니다.

7. 5~10분 정도 지난 후 유리테이프로 만든 벽면을 모두 제거하고 알지네이트 활자를 플라스틱으로부터 분리합니다.

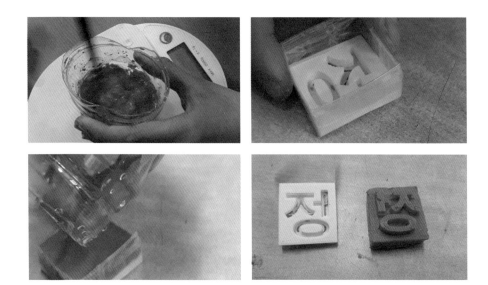

Tip

- 알지네이트 반죽을 젓는 시간이 길어지면 반죽이 굳어버릴 수 있습니다. 알지네이트 가루가 물에 다 섞였다고 판단되는 순간 활자 거푸집에 부어 줍니다.

- 3D 출력물 도안을 제작할 때 벽까지 세우는 것도 어렵지 않습니다. 하지만 그렇게 하면 완성된 알지네이트 활자를 분리할 때 불편합니다. 옆면이 모두 막혀 있어 활자를 꺼내는 과정에서 힘이 고르게 가해지지 않아 활자가 부서질 수도 있거든요. 또 두께가 두꺼워지면 독도계기교육 보물찾기 활동을 할 때 보물을 숨기기가 어려워집니다.

15. 우리도 그리 호락호락하진 않아

곰 잘했어요 곰선생

커피에서 내용으로!

곰선생의 고민

고려는 몽골의 침입에 무려 30년간 저항합니다. 30년간의 전쟁으로 인해 고려는 많은 피해를 입고 큰 변화를 겪게 됩니다. 피해를 말하자면 수많은 고려 사람들의 희생과 황룡사 9층 목탑을 비롯한 많은 문화재의 소실을 들 수 있습니다. 변화는 무신정권의 몰락과 몽골의 정치적 간섭입니다. 굳이 몽골 침입의 긍정적인 측면을 꼽자면 우리가 민족관을 형성하는 계기가 되었다는 점입니다. 이번 수업은 고려 사회에 이토록 많은 피해와 변화를 가져온 몽골 침입의 과정을 학생들이 알 수 있도록 구성했습니다.

활동 준비

관련 내용 : 고려 시대　　**소요시간** : 40분

준비물 : 사회과부도, 고려 왕조 계보, 몽골의 침략과 대응 자료, 한반도 백지도, 스티커(3색), 사인펜(3색)

1. 고려 왕조 계보와 몽골의 침략과 대응 자료를 학생 수만큼 준비합니다.

2. 한반도 백지도와 스티커, 사인펜은 모둠별로 1세트씩 준비합니다.

3. 네이버 블로그 '곰선생의 수업 이야기'의 '2018 몽골 침략'에서 자료를 내려받을 수 있습니다.

몽골의 침략과 대응 자료(정보수집자료)

1. 몽골 침략에 의한 문화재 피해
  - 관련 지역에 '빨간 색 스티커'를 붙이세요.

침략 연도	지역(현 지역)	관련 문화재 피해
1232년	대구	초조대장경 소실
1238년	동경(경주)	황룡사9층목탑 소실

2. 몽골 침략에 대한 고려군과 백성들의 대응
  - 관련 지역에 '파란 색 스티커'를 붙이세요.

승리 연도	지역(현 지역)	관련 내용
1231년	귀주성 (평안북도 구성)	몽골이 고려를 공격하였으나 김경손의 뛰어난 활약으로 막아냄.
1238년	처인성 (경기도 용인)	몽골의 침략 때 김윤후는 백성들을 동원하여 적장을 죽이고 승리함.
1253년	충주성 전투 (충청북도 충주)	김윤후는 몽골군의 침략을 맞아 백성과 노비를 동원하여 승리하고 노비들을 노비신분에서 벗어나게 해줌.

3. 1번과 2번 스티커를 빨간 선으로 연결해 주세요.

4. 몽골 침략에 대한 삼별초의 대응
  - 관련 지역에 '파란 색 스티커'를 붙이고 파란 선으로 연결해 주세요

승리 연도	지역(현 지역)	관련 내용
1270년	강화 (인천 강화도)	배중손이 이끄는 삼별초는 고려의 항복을 거부하고 몽골에 계속 저항함. 고려 또한 반란으로 생각함.
1270년	진도 (전라남도 진도)	삼별초는 진도로 이동하여 몽골에 대한 저항을 계속 이어나감.
1273년	탐라 (제주도)	삼별초는 제주도로 이동하여 몽골에 대한 저항을 이어나가나 결국 몽골-고려 연합군에 의해 진압됨.

5. 몽골 침략에 대한 고려 정부의
  - 관련 지역에 '녹색 스티커'를 붙이고 녹색 선으로 연결해 주세요.

연도	지역(현 지역)	관련 내용
1232년	강화 (인천 강화도)	몽골군의 침략을 피해 고려 정부가 강화도로 천도함.
1270년	개경 (개성직할시)	고려가 몽골에 항복하여 개경으로 다시 천도함.

진행 방법

1. 몽골의 침략과 대응 자료에서 제
시하는 대로 한반도 백지도에 관련
사건을 표시합니다. 이렇게 만들어
진 지도를 '몽골의 침략과 대응 지
도'로 부르겠습니다.

- 몽골의 침략 관련 사건은 빨간
색 스티커를 붙이고 빨간 선으로
이어 줍니다.
- 고려 백성들의 몽골에 대한 저
항과 삼별초의 대응은 파란 스티
커를 붙입니다. 삼별초의 저항에
는 파란선을 그어 삼별초의 이동
경로를 표시해 줍니다.
- 고려 정부의 대응 관련 사건은
초록색 스티커를 붙이고 초록색
선으로 이어 줍니다.

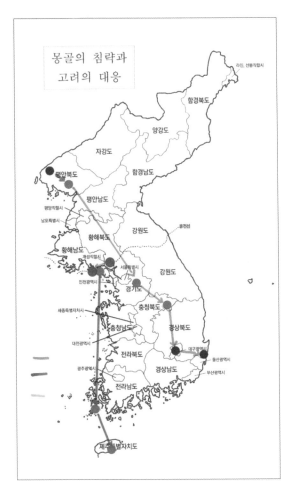

2. 완성한 몽골의 침략과 대응 지도를
분석하여 알게 된 내용을 공책에
적습니다.

- 몽고가 고려의 온 국토를 공격했습니다.
- 김경손, 김윤후 등이 귀주성과 처인성, 충주성에서 저항했습니다.
- 고려 정부는 몽골군을 피해 강화도로 천도했습니다.
- 대구의 초조대장경과 경주의 황룡사 9층 목탑 등 많은 문화재가 파괴되었습니다.
- 삼별초가 강화도→진도→제주도로 이동하며 몽골에 저항했습니다.

고려 왕조 계보 및 외부 침입

1대 태조	2대 혜종	3대 정종	4대 광종	5대 경종	6대 성종
후삼국 통일	-	-	-	-	거란 1차 침입
7대 목종	8대 현종	9대 덕종	10대 정종	11대 문종	12대 순종
-	거란 2.3차 침입	-	-	-	-
13대 선종	14대 헌종	15대 숙종	16대 예종	17대 인종	18대 의종
-	-	-	여진정벌	-	-
19대 명종	20대 신종	21대 희종	22대 강종	23대 고종	24대 원종
-	-	-	-	몽골침입⇒저항⇒항복	
25대 (충렬왕)	26대 (충선왕)	27대 (충숙왕)	28대 (충혜왕)	29대 (충목왕)	30대 (충정왕)
몽골(원나라) 간섭기					
31대 공민왕	32대 우왕	33대 창왕	34대 공양왕	조선	
원나라, 홍건적, 왜구	왜구	왜구			

왕 이름의 '조'와 '종'은 황제를 의미하는 칭호입니다. '왕'은 왕을 의미합니다. 당시에는 황제가 왕보다 더 높다는 인식이 강했습니다.

- 고려 정부는 결국 몽골에 항복했습니다.

3. 고려 왕조 계보를 읽습니다. 그중 비어 있는 왕의 묘호를 사회과부도에서 찾아 적습니다.

4. 왜 다른 왕들은 조와 종으로 끝나는데 이분들은 왕으로 끝나요? 왜 이 왕들에게는 '충'이란 글자가 공통적으로 들어가나요? 이런 질문이 학생들에게서 나오면 좋으나, 그렇지 않다면 선생님이 물어도 좋습니다.

5. 자료에 서술되어 있듯, ○○왕들은 몽골에 항복한 이후 왕들임을 알려 줍니다. 그리고 4번의 질문에 대해 학생들이 생각해 보도록 합니다.

- 몽골은 고려왕의 칭호까지 관여할 정도로 고려 정치에 심하게 간섭했다.
- 고려왕의 칭호에 몽골에 대한 충성을 의미하는 '충'이라는 글자를 넣게 할 만큼 몽골은 고려를 간접적으로 지배했다.

- 고려 시대와 조선 시대 수업을 하다 보면 '조'와 '종'에 대한 질문을 많이 합니다. 태조, 태종, 성종, 인조…. 누구는 '조'를, 누구는 '종'을 쓰는 까닭이 무엇인지 묻는 겁니다. 질문에 답하기 위해 먼저 짚어 둘 것은 태조, 태종, 세종, 세조… 등은 묘호란 겁니다. 묘호란 왕이 죽은 뒤 그의 업적을 바탕으로 지어 주는 이름이지요.

질문으로 돌아가 봅시다. '조'와 '종'은 도대체 무엇이 다른 걸까요? '조'가 붙는 임금들 중에서도 '태조'는 나라를 세운 왕을 말합니다. '종'은 이 태조를 이어 가는 임금, 즉 왕위를 계승한 임금을 말하지요. 고려 계보를 보면 태조를 시작으로 혜종, 정종, 광종…으로 이어짐을 알 수 있습니다.

그런데 조선은 다르죠. 조선은 '태조' 말고도 세조, 인조, 영조, 정조, 순조 등 '조'를 붙인 임금들이 있습니다. 처음에 '조'는 왕위 계승권 밖에 있던 사람이 임금이 된 경우를 의미했습니다. 나라를 세운 것은 아니지만 새로운 계승이 시작되었다는 의미를 담고 있지요. 세조의 '조'가 이에 해당합니다. 왕위 계승권자가 아니었고 앞선 왕인 단종이 세조의 조카였기에 세조가 왕위를 이어 간다고 보기도 어려웠거든요. 그래서 세조는 세'조'가 되었던 겁니다.

이후의 '조' 묘호는 또 다른 의미가 추가됩니다. 새롭게 나라를 계승했다는 의미를 '공이 있다'로 연결했지요. '조'는 공이 있는 임금으로, '종'은 덕이 있는 임금으로 정리되었습니다. 이에 더해 조선의 임금들은 공이 있는 '조'를 '종'보다 높은 격이라고 인식하게 됩니다.

그러다 보니 현재의 임금이 자신의 정치적 위상을 높이기 위해 선대왕을 높이는 수단으로 '조'를 활용합니다. 공이 있는 선대왕을 자신이 이어 간다는 명분을 쌓을 수 있었으니까요. 선조, 인조, 영조, 정조, 순조, 모두 이런 인식이 반영된 묘호입니다.

사실 묘호에 대한 지식이 역사를 이해하는 데 꼭 필요하지는 않습니다. 그러나 이런 소소한 이야기를 학생들과 나눈다면 더 풍성한 역사 수업이 될 것입니다.

16. 팔만대장경 따라잡기

말랑말랑 즐거운 역사 수업!

봉선생의 고민

많은 노력을 기울이고 몸을 움직이는 활동은 기억에 남게 마련입니다. 이런 맥락에서 최소한 고려가 불교의 나라임을, 조선이 유교의 나라임을 학생들이 알았으면 좋겠다는 마음으로 이 활동을 계획했습니다. 처음에는 학생들에게 MDF 판을 하나씩 주고, 학급 전체의 메시지를 여럿이 나누어 조판하는 방식이었습니다. 하지만 조각을 하는 중에 MDF 판이 들떠서 분리되곤 해서 활동을 제대로 마무리할 수 없었습니다. 그러던 중 교실에 방치되어 있던 원목 도마를 발견했습니다. 도마의 크기가 크지 않아서 긴 문장을 새길 수는 없지만, 학급회의를 통해 어떤 메시지를 남길 것인지 의논했습니다. 이 활동 당시에는 '북한의 핵'이 사회적 이슈여서 관련 메시지를 나무판에 새겼습니다. 팔만대장경 따라잡기 활동이었지만, 반드시 불교와 관련된 내용을 담아야 하는 것은 아니라고 생각해서 현재 우리의 바람을 담은 문구를 새기기로 했습니다.

활동 준비

<u>관련 내용</u> : 고려 시대　　<u>소요시간</u> : 180분(방과후에 시간 가능한 학생끼리 짝지어 진행)

<u>준비물</u> : 목공용 끌, 망치, 나무도마, 목장갑, 물감(또는 먹물)

1. 대장경이 무엇인지 알려 줍니다. 대장경이 경(經, 부처님의 설법), 율(律, 부처님이 정

한 교단의 규칙), 논(論, 경과 율을 체계적으로 연구하여 해석한 것)으로 구성된 것임을 설명합니다. 학생들의 흥미를 유발하기 위한 활동으로 팔만대장경을 눕혀서 쌓으면 높이가 얼마나 될지 계산하는 것도 좋습니다.

2. 학급회의를 통해 어떤 메시지를 담을 것인지 결정합니다. 저는 평화, 인권과 관련된 내용으로 유도하는 것이 현재를 살아가는 아이들에게 더 의미가 있을 것이라고 생각합니다.

진행 방법

1. 결정한 메시지를 좌우 반전해 스케치합니다.

2. 1명은 끌과 망치를 이용해 조각하고, 다른 1명은 목판을 잡아 줍니다. 작업 시간을 약속해 번갈아 가며 활동을 진행합니다. 이때 목장갑은 필수입니다.

3. "NO WAЯ"라는 제목 아래 "전쟁, 핵은 모든 생명의 평화와 행복을 깬다."라는 문장을 조각했습니다.

4. 완성된 목판에 물감이나 먹물을 묻혀 인쇄합니다.

Tip

- 무엇인가에 반대한다는 의미를 강조할 때 글자를 반대로 뒤집어 적기도 합니다. 홀로코스트가 자행된 아우슈비츠 제1수용소에 이러한 저항의 흔적이 남아 있습니다. 학생들은 'R' 자를 뒤집어 전쟁에 반대한다는 것을 강조했습니다.

- 팔만대장경은 현재 합천 해인사 장경판전에 보관되어 있습니다. '합천' 하면 보통 팔만대장경만 떠올리기 쉬운데, 사실 '합천'은 전쟁의 아픔을 간직한 지역입니다.

합천은 한국의 히로시마라고 불릴 정도로 원폭 피해자들이 많이 살고 있습니다. 1945년 8월 6일 히로시마, 8월 9일 나가사키에 원자폭탄이 떨어지는 순간, 그곳에는 강제징용으로 끌려간 한국인들도 아주 많이 있었습니다. 실제 원폭 피해자 74만 명 가운데 10%에 해당하는 10만 명이 한국인 원폭 피해자이고, 그중 약 80%가 합천 사람들입니다. 이런 이유로 합천에는 원폭 피해자들을 위한 복지회관과 자료관이 있습니다. 그곳의 앞마당에는 스톤 워크(미국에서 시작한 국제반전평화순례)를 통해 합천 땅까지 오게 된 평화의 돌(전쟁 피해자를 추모하는 비석)이 자리를 지키고 있습니다. 이런 사실을 소개하며 우리만의 '평화대장경'을 만들어 보는 것은 어떨까요?

17. 문화재 목록으로 엿보는 화려한 고려

재미에서 배움으로!

곰선생의 고민

초임교사 시절 영상으로 녹화된 제 수업을 봤습니다. 고려 시대 문화재에 대한 수업이었지요. 학생들이 제각각 고려 시대의 문화재를 선택하고 조사해 발표하는 과정을 거치더군요. 제 수업이지만 정말 부끄러웠습니다. 결정적인 문제점 2가지가 너무나도 분명히 드러났기 때문입니다. 그중 첫 번째는 문화재 수업의 목적이 간과되었다는 점입니다. (두 번째 문제점은 다음 수업에서 소개하겠습니다.) 고려 시대 문화재를 배우는 이유는 무엇일까요? 바로 고려 시대 생활상을 알기 위해서입니다. 예를 들어 팔만대장경, 월정사 9층 석탑, 고려탱화를 배우는 이유는 각각의 문화재에 대해 아는 것보다 고려가 불교 국가였음을 그 문화재들을 근거로 이해하는 것이 목적이지요.

이번 수업은 문화재를 배우는 수업의 목적을 잘 살려 만들었습니다. 즉, 고려 국보 목록을 분석하여 고려가 어떤 사회였는지 유추해 보는 수업입니다.

활동 준비

관련 내용 : 고려 시대   **소요시간** : 40분   **준비물** : 고려 국보 목록, 태블릿 PC

1. 고려 국보 목록을 모둠당 1장씩 준비합니다.

2. 태블릿 PC를 모둠당 1~2대씩 준비합니다. (필수 사항은 아닙니다.)

3. 네이버 블로그 '곰선생의 수업 이야기'의 '2018 고려 사회 알기'에서 자료를 내려받을 수 있습니다.

진행 방법

1. 학생들에게 고려 시대 사회 모습을 알 수 있는 방법을 물어봅니다. 학생들은 대부분 '기록'을 이야기하지만, 간혹 '문화재'를 언급하기도 합니다. 이 학생의 의견을 받아들여 학습목표를 '고려 문화재→고려 사회 알기'로 설정합니다.

2. 나누어 준 고려 국보 목록을 모둠별로 살펴봅니다.

3. 고려 국보의 분류항목은 선생님이 불교, 기록, 공예, 실용으로 설정합니다. 불교는 불교 관련 유물이나 유적, 기록은 활자와 활자로 찍어낸 서적, 공예는 도자기 같은 예술품, 실용은 관공서 건축물이나 생활용품 등을 말합니다.

4. 모둠별로 문화재를 항목에 따라 분류합니다. 막상 분류해 보면 겹치는 항목이 꽤 많습니다. 팔만대장경만 하더라도 활자이긴 하지만 불교 관련이기

연번	종목	번호	명칭	소재지	분류
1	국보	제4호	여주 고달사지 승탑	경기 여주시	유적건조물/종교신앙/불교/탑
2	국보	제7호	천안 봉선홍경사 갈기비	충남 천안시	기록유산/서각류/금석각류/비
3	국보	제14호	영천 은해사 거조암 영산전	경북 영천시	유적건조물/종교신앙/불교/불전
4	국보	제15호	안동 봉정사 극락전	경북 안동시	유적건조물/종교신앙/불교/불전
5	국보	제18호	영주 부석사 무량수전	경북 영주시	유적건조물/종교신앙/불교/불전
6	국보	제19호	영주 부석사 조사당	경북 영주시	유적건조물/종교신앙/불교/불전
7	국보	제32호	합천 해인사 대장경판	경남 합천군	기록유산/서각류/목판각류/판목류
8	국보	제41호	청주 용두사지 철당간	충북 청주시	유적건조물/종교신앙/불교/당간
9	국보	제43호	혜심고신제서	전남 순천시	기록유산///
10	국보	제45호	영주 부석사 소조여래좌상	경북 영주시	유물/불교조각/소조/불상
11	국보	제46호	부석사조사당벽화	경북 영주시	유물/불교회화/벽화/토벽화
12	국보	제48-1호	평창 월정사 팔각 구층석탑	강원 평창군	유적건조물/종교신앙/불교/탑
13	국보	제48-2호	평창 월정사 석조보살좌상	강원 평창군	유물/불교조각/석조/보살상
14	국보	제49호	예산 수덕사 대웅전	충남 예산군	유적건조물/종교신앙/불교/불전
15	국보	제51호	강릉 임영관 삼문	강원 강릉시	유적건조물/정치국방/궁궐·관아/관아
16	국보	제54호	구례 연곡사 북 승탑	전남 구례군	유적건조물/종교신앙/불교/탑
17	국보	제59호	원주 법천사지 지광국사탑비	강원 원주시	기록유산/서각류/금석각류/비
18	국보	제60호	청자 사자형뚜껑 향로	서울 용산구	유물/생활공예/토도자공예/청자
19	국보	제61호	청자 어룡형 주전자	서울 용산구	유물/생활공예/토도자공예/청자
20	국보	제65호	청자 기린형뚜껑 향로	서울 성북구	유물/생활공예/토도자공예/청자
21	국보	제66호	청자 상감연지원앙문 정병	서울 성북구	유물/생활공예/토도자공예/청자
22	국보	제68호	청자 상감운학문 매병	서울 성북구	유물/생활공예/토도자공예/청자
23	국보	제73호	금동삼존불감	서울 성북구	유물/불교공예/장엄구/장엄구
24	국보	제74호	청자 오리모양 연적	서울 성북구	유물/생활공예/토도자공예/청자
25	국보	제75호	표충사 청동 은입사 향완	경남 밀양시	유물/불교공예/의식법구/공양구
26	국보	제86호	개성 경천사지 십층석탑	서울 용산구	유적건조물/종교신앙/불교/탑
27	국보	제92호	청동 은입사 포류수금문 정병	서울 용산구	유물/불교공예/의식법구/공양구
28	국보	제94호	청자 참외모양 병	서울 용산구	유물/생활공예/토도자공예/청자
29	국보	제95호	청자 투각칠보무늬뚜껑 향로	서울 용산구	유물/생활공예/토도자공예/청자
30	국보	제96호	청자 구룡형 주전자	서울 용산구	유물/생활공예/토도자공예/청자
31	국보	제97호	청자 음각연화당초문 매병	서울 용산구	유물/생활공예/토도자공예/청자
32	국보	제98호	청자 상감모란문 항아리	서울 용산구	유물/생활공예/토도자공예/청자
33	국보	제100호	개성 남계원지 칠층석탑	서울 용산구	유적건조물/종교신앙/불교/탑
34	국보	제101호	원주 법천사지 지광국사탑	대전 유성구	유적건조물/종교신앙/불교/탑
35	국보	제102호	충주 정토사지 홍법국사탑	서울 용산구	유적건조물/종교신앙/불교/탑
36	국보	제110호	이제현 초상	서울 용산구	유물/일반회화/인물화/초상화
37	국보	제111호	안향 초상	경북 영주시	유물/일반회화/인물화/초상화
38	국보	제113호	청자 철화양류문 통형 병	서울 용산구	유물/생활공예/토도자공예/청자
39	국보	제114호	청자 상감모란국화문 참외모양 병	서울 용산구	유물/생활공예/토도자공예/청자
40	국보	제115호	청자 상감당초문 완	서울 용산구	유물/생활공예/토도자공예/청자
41	국보	제116호	청자 상감모란문 표주박모양 주전자	서울 용산구	유물/생활공예/토도자공예/청자
42	국보	제120호	용주사 동종	경기 화성시	유물/불교공예/의식법구/의식법구
43	국보	제121호	안동 하회탈 및 병산탈	경북 안동시	유물/생활공예/목공예/가구류
44	국보	제124호	강릉 한송사지 석조보살좌상	강원 춘천시	유물/불교조각/석조/불상
45	국보	제131호	고려말 화령부 호적관련고문서	서울 용산구	기록유산/문서류/관부문서/호적류

	불교	기록(목판/활자)	공예(예술)	실용
1모둠	29	37	38	22
2모둠	26	37	34	12
3모둠	47	32	43	10
4모둠	31	42	33	13
5모둠	30	37	43	5

도 하잖아요? 이런 경우 한쪽에 가치를 더 두어 한 항목에만 넣을지, 두 항목에 동시에 넣을지는 각 모둠에서 판단하도록 합니다. 만약 문화재를 좀 더 알아보려는 학생이 있다면 태블릿 PC를 통해 간단히 조사하도록 합니다.

5. 모둠별로 각 항목에 해당하는 국보의 개수를 적습니다.

6. 학생들이 분류 결과를 보고 고려 사회의 특징을 찾아보도록 합니다.

- 고려는 불교를 중시한 사회였습니다.

- 고려는 활자 기술이 발달했습니다.

- 예술품이 발달한 것으로 보아 화려한 문화를 가졌습니다.

- 예술품이 발달한 것으로 보아 귀족 문화를 가졌습니다.

Tip

- 수업 내용 중 분류항목을 보고 의아해 하는 선생님이 있을 수도 있습니다. 불교, 기록, 공예, 실용이란 항목 중 2가지 항목에 해당되는 문화재가 정말 많거든요. 예를 들어 불상은 불교와 공예, 대장경은 불교와 기록에 해당하지요. 그런데 수업을 해 보면 이렇게 애매한 기준이 더 의미 있는 결과를 가져오는 것을 확인할 수 있습니다. 학생들이 애매한 상태를 만나면 판단을 시작하거든요. 수동적이고 기계적인 분류가 아니라 그 문화재가 어떤 건지 좀 더 알아보고 어떻게 배치할지 고민하는 겁니다. 수업 중에 학생들이 판단할 여지를 확보하는 것은 매우 중요합니다. 판단의 과정은 깊이 있는 사고를 요구하기에 애매한 항목 설정은 결론적으로 학생들의 사고 확장을 가져옵니다. 단, 이 애매함은 교사의 계획된 애매함이 되어야겠지요.

18. 문화재,
방향부터 잡고 살펴보자

곰 질했어요 곰선생

재피에서 배웁으로!

곰선생의 고민

고려 문화재에 대한 수업의 2가지 문제점 중 두 번째는 바로 자기 주도적 조사수업을 빙자한 자유방임적 조사수업입니다. 조사수업은 학생들의 자율성이 중요합니다. 그리고 그것은 교사의 계획적인 자율성이어야 합니다. "자유롭게 조사해 보세요."가 아니라 "이 문화재는 이 부분을 집중적으로 보는 게 좋아요."와 같이 문화재를 조사할 방향성을 교사가 설정해 주어야 한다는 의미입니다. 그래야 제대로 된 조사수업이 됨은 물론이고 학생들의 사고 체계 속에 올바른 조사수업 활동 방법이 남게 됩니다.

활동 준비

관련 내용 : 고려 시대   **소요시간** : 40분

준비물 : 고려 국보 목록, 태블릿 PC, 각종 참고도서

1. 고려 국보 목록과 태블릿 PC, 각종 참고도서를 모둠별로 준비합니다.

2. 네이버 블로그 '곰선생의 수업 이야기'의 '2018 고려 문화재 알기'에서 자료를 내려받을 수 있습니다.

진행 방법

1. 학생들과 알고 있는 고려 국보에 대해 이야기를 나눕니다.

2. 학생들과 함께 고려 문화의 특징인 불교, 활자기술 발전, 공예품 발달을 대표할 만한 문화재를 꼽아 봅니다.

- 불교 : 월정사 9층 석탑, 관촉사 입상, 무량수전
- 활자 : 금속활자, 팔만대장경
- 공예품 : 고려청자

3. 선생님은 각 문화재별로 조사 방향을 설정해 줍니다.

- 금속활자 : 금속활자가 목판보다 좋은 점, 직지심체요절의 가치
- 팔만대장경 : 만들어진 까닭, 목판임에도 지금까지 보존될 수 있었던 이유
- 고려청자 : 다양한 쓰임새, 제작기법
- 월정사 9층 석탑 : 통일신라 석가탑과 형태면에서 다른 점 찾기
- 관촉사 입상 : 석굴암 석불과 형태적으로 다른 점 찾기
- 무량수전 : 기둥의 형태적 특징과 그 이유

4. 학생들은 모둠별로 조사 방향에 맞게 조사하고 보고서를 작성합니다.

5. 모둠의 보고서 결과를 발표하여 공유하고 배운 내용을 공책에 정리합니다.

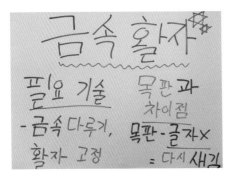

왜 만들었나?

몽골의 침략(침입)을 막기 위해서기 때문이다

불교 경전

장경판전

습기 → 동쪽 ← 습기

모래
소금
횟가루

고려청자

① 다양한 용도

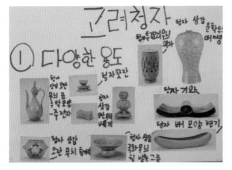

청자 찻잔

② 독창성 ③ 전형필

ㅡ 중국 수입   그는 청자상감운학

ㅡ 상감기법   무늬 매병을
① 표면 무늬 냄   2만원 = 집 20채
② 그곳 다른 흙 매움 → 유약 바름   일제 문화 재손댐

월정사 팔각 구층 석탑

8각, 9층으로 이루어졌다.

국보 제 48호

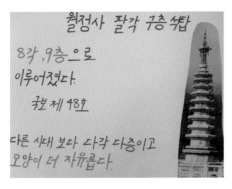

다른 시대 보다 다각 다층이고 모양이 더 자유롭다.

논산 관촉사 석조 미륵보살 입상

비율이 잘 맞지 않고 투박 하다

국보 제 323호

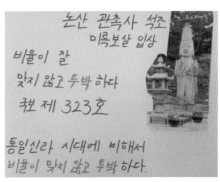

통일신라 시대에 비해서 비율이 맞지 않고 투박 하다.

부석사. 절에 솟답되는 곳

무량수전 = 가장 아름다운 목조 건축물.

무량수 = 긴 목숨

무량수 현판 = 고려 공민왕 "씀.

특징 = 배흘림 기둥 = (1) why?
= "착시현상"

기술 : 배흘림 기둥 수학, 과학 기술↑

대표불상 : 소조 아미타여래 좌상
(고려 대표)

Tip

- 초임교사 시절 저는 역사 수업 방식 중에 조사수업이 쉽다고 생각했습니다. 학생들에게 몇몇 자료와 조사도구만 주면 스스로 그 결과를 가져오니까요. 하지만 당시 학생들의 조사 결과를 10년이 지난 지금 보면 정말 가관입니다. 죄다 네이버 백과사전에서 옮겨 적은 것들인데다, 심지어 읽어도 뭔 뜻인지 모르는 문장들이 심심치 않게 보이거든요. 이건 정말 무책임한 수업이었습니다.

〈대표적 문화재〉
고려 청자. 금속활자/직지. 석탑/석불.
우량수전. 팔만대장경
〈문화재 탐구〉
1. 고려청자 - (쓰임새/기법)
쓰임새 → 다양하다: 먼기, 베게, 의자 등
기법 → 상감기법 [유약을 바른다.]
2. 금속활자. 직지 - (좋은 점/직지실체보정 가치)
좋은 점 → 보관. 부서지지 ×
직지실체 보정 → 금속 활자로 만들어민 글자본을 저장오래되한다.
3. 석탑. 석불 - (양식/형태)
관촉사 석조 미륵보살 입상 → 비례 맞지 않고 둔박하다.
월정사 팔각 구층 석탑 → 사각, 다른모으로 모양이 자유롭다.
4. 우량수전 - (1가지 [기둥])
기둥 → 배흘림 기둥 · 착시현상
5. 팔만대장경 - (만든이유 /
만든이유 → 몽골의 침략을 막아주라는 기도를 드리려고 (부처님)
무엇 · 불교 경전
보존 - 1. 요철을 넉임 (곰팡이 ×) 2. 민물 · 장유 → 꺼리 /소금. 첫가루. 숯

조사수업은 조사할 대상을 정하고 조사 방향을 설정하여 그에 따라 깊이 공부한 뒤 자신의 언어로, 자신이 이해한 것을 공유하는 겁니다. 그렇다면 조사수업에서 가장 중요한 것은 무엇일까요? 조사 방향의 설정입니다. 그러나 이 부분을 학생들이 스스로 정하기는 어렵습니다. 따라서 선생님이 설정해 줘야 합니다. 물론 고려 문화재에 대한 수업을 준비할 때는 학생들이 어떤 문화재를 선택할지 알 수 없습니다. 그러니 교사는 수업 전에 최소한 고려 시대 문화재 중 국보만이라도 그 특징을 미리 파악하고 학생들에게 조사 방향을 제시할 수 있도록 준비해야 합니다. 그렇다면 조사수업은 어쩌면 가장 준비하기 까다로운 수업이 아닐까요?

6장

새 나라
건국에서
임진왜란까지

조선 전기

1. 생각을 주차해요!
   생각을 저장해요!

함행우 나쌤

함께 읽어 행복한 우리!

나선생의 고민

생각을 저장해 두고 싶을 때 메모장에 적어 두곤 하지요? 나중에 다시 보면서 생각을
확장시켜 나가기도 하고요. 메모장에 적은 생각이 씨앗이 되는 셈입니다. 수업 중이
나 수업이 끝난 후 생각 주차장에 주제를 적어 두면, 아이들은 각자 떠오른 생각을 적
어서 붙이고 친구들의 생각을 보면서 생각을 키워 나갈 수 있습니다.

활동 준비

관련 내용 : 모든 시대 ^{언제든 활용할 수 있는 놀이 수업}   **소요시간** : 지속

준비물 : 하드보드지, 4절 스케치북

1. 하드보드지에 각자의 생각을 붙일 수 있도록 생각 주차장을 그립니다.

2. 포스트잇에 내 생각을 정확한 표현으로 쓰는 연습을 합니다.

진행 방법

1. 생각 주차장에 누구의 칸인지 알 수 있도록 아이들의 이름이나 번호를 적습니다.

2. 수업을 하는 도중이나 끝난 후에 아이들은 주제와 관련된 자신의 생각이나 궁금한
   점을 포스트잇에 적어 '생각 주차장'에 붙입니다.

3. 해결 가능한 궁금증은 바로 해결하고, 그렇지 않은 궁금증은 다음 시간에 관련 내용으로 수업할 수도 있습니다.

4. 주제 관련 궁금증, 학습한 핵심 내용 확인 등 생각 주차장을 여러 개 만들어 사용해도 좋습니다.

Tip

• 일정 기간 게시한 후 4절 스케치북으로 만든 '생각 저장소'로 옮깁니다.

• 나중에 필요할 때 '생각 저장소'에서 생각을 꺼내 활용할 수 있습니다.

2. 금지어 퀴즈로 인물 맞히기

함께 읽어 행복한 우리!

나선생의 고민

역사적 인물에 대해 우리 아이들은 얼마나 깊이 있게 알고 있을까요? 혹시 너무 틀에 박힌 내용만 수박 겉 핥기 식으로 공부하고 있는 것은 아닐까요? 보다 더 깊이 있게 공부할 수 있도록 금지어 퀴즈를 도입해 보았습니다.

활동 준비

<u>관련 내용</u> : 모든 시대 _{언제든 활용할 수 있는 놀이 수업}　　<u>소요시간</u> : 10분

<u>준비물</u> : 금지어 퀴즈 문제, 두꺼운 종이

1. 함께 공부할 인물을 미리 정합니다.
2. 문제지에 쓴 정답이 퀴즈를 맞히는 아이에게 보이지 않도록 두꺼운 종이를 사용합니다.

진행 방법

1. 문제지에 인물의 이름을 적고 그를 상징하는 주요 키워드 2~3개를 # 표시와 함께 문제지 아래에 적습니다.
2. 문제의 인물을 설명할 때 이 주요 키워드는 금지어가 됩니다.

3. 주요 키워드를 빼고 설명해야 하기 때문에 인물에 대해 깊이 생각하게 됩니다.

4. 문제를 맞히면 왜 그 키워드를 금지어로 정했는지 이야기 나눕니다.

Tip

• 문제를 맞힌 후 키워드가 무엇이었는지 맞히는 것도 재미있습니다. 문제를 맞혀서 점수를 얻는 대결 형태로 진행하는 경우에 정답은 5점, 키워드는 1점을 얻는 것으로 하면 됩니다.

• 금지어 감점 토론으로 확장해도 좋습니다. 말하면 감점이 되는 핵심어를 팀별로 정하고 토론을 시작합니다. 상대팀이 제시한 핵심어가 무엇일지, 얼마나 감점이 되었을지 등을 추측하면서 재미있게 공부할 수 있습니다.

3. 리포터가 되어
   서로의 생각 알아보기

함행우 나쌤

함께 읽어 행복한 우리!

나선생의 고민

생각을 떠올릴 수밖에 없는 장치, 떠오른 생각을 즐겁게 이야기 나누는 방법이 있을까? 이 고민이 이번 수업의 시작입니다. 반복을 통해 자신의 생각을 정교화하고, 다른 사람의 이야기를 통해 생각을 발전시킬 수 있는 방법을 찾았습니다.

활동 준비

관련 내용 : 모든 시대 ^{언제든 활용할 수 있는 놀이 수업}   **소요시간** : 10분   **준비물** : A4 용지, 필기구

1. 전체 인원수에 맞도록 A4 용지를 접습니다.

2. 16명 이상이면 종이를 3번 접어 8칸을 만듭니다. 16명 이하라면 4~6칸으로 만듭니다.

진행 방법

1. 정해진 시간 동안 여러 친구들을 인터뷰합니다.

2. 각각의 칸에 인터뷰한 친구의 이름과 질문에 대한 답을 적습니다.

3. 인터뷰를 마치고 간단하게 소감을 나눕니다.

4. 시간이 충분하다면 인터뷰한 내용으로 빙고 게임을 합니다. 8칸이면 4칸 또는 5칸

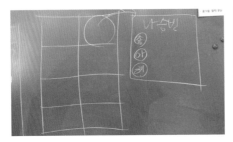

을 먼저 동그라미 한 사람이 빙고를 외치는 것으로 정하고 활동합니다.

Tip

- 친구를 만나 질문하기 전에 수행해야 할 재미있는 미션을 정하면 더 즐거운 활동이 됩니다.
- 각 모둠별로 최소 1명씩은 꼭 만나기로 규칙을 정하면 다양한 친구들을 만날 수 있습니다.
- 남학생과 여학생을 골고루 만날 수 있도록 남학생 4명, 여학생 4명을 인터뷰하기로 규칙을 정할 수도 있습니다.

4. 월드 카페와 갤러리 워크

함행우 나쌤

함께 읽어 행복한 우리!

나선생의 고민

일방적으로 교사만 말하고 아이들은 듣기만 하는 수업에서 벗어나고 싶었습니다. 자유로운 분위기에서 주제에 대해 이야기 나누며 자연스럽게 공부할 수 있다면 그 시간이 더욱 기대될 것 같았습니다. 일단 아이들이 흥미를 느낄 주제를 선정해야 합니다.

활동 준비

<u>관련 내용</u> : 모든 시대 ^{언제든 활용할 수 있는 놀이 수업}　　<u>소요시간</u> : 20분

<u>준비물</u> : 2절지, 색연필과 사인펜, 유성매직, 초시계

1. 흥미로운 주제를 선정해야 합니다. 주제 선정이 이번 수업의 성패를 결정합니다.

2. 잔잔한 분위기의 음악, 간단하게 먹을 수 있는 간식을 준비하면 더 좋습니다.

진행 방법

▶ 월드 카페

1. 교실을 카페와 같은 자유로운 분위기로 만들어 봅니다.

2. 테이블마다 대화를 촉진하고 토론 내용을 기록할 사회자를 정합니다.

3. 참여자들은 테이블을 돌면서 주제에 대해 이야기를 나누고 토론을 진행합니다.

4. 참여자들은 토론 내용을 2절지에 자유롭게 적고, 중요 내용은 강조 표시를 합니다.

5. 일정한 시간 후 참여자들은 다른 테이블로 이동해 토론하고 그 내용을 적습니다.

6. 참여자들이 몇 번 이동한 후 사회자는 자신의 테이블에서 나누었던 내용을 정리해서 모든 참여자와 공유합니다.

▶ 갤러리 워크

1. 갤러리 워크란 미술관이나 박물관의 전문 해설자나 도슨트처럼 코너를 찾은 참여자들에게 설명하는 방식입니다.

2. 각 모둠에서 주제에 대한 토론 내용을 정리한 후 다른 친구들에게 그것을 설명해 줄 모둠의 대표를 뽑습니다.

3. 모둠의 대표는 남고 나머지 모둠원은 다른 모둠으로 이동해 이야기를 듣습니다.

4. 정해진 시간(3~5분)이 되면 종을 울려 다른 모둠으로 이동시킵니다.

5. 활동을 마친 후 소감을 나눕니다.

Tip

• 역사적 사실을 다루는 토론의 경우, 함께 나눈 이야기가 정확한 사실인지 팩트 체크를 하면서 마무리하는 것도 좋습니다.

• 대표를 중간에 바꾸는 것도 괜찮습니다. 다른 대표들이 설명하는 것을 보며 배우는 것도 많습니다.

5. 새 나라를 만든 새 인물들

곰 잘했어요 곰신생

캐리에서 배웠으로!

곰선생의 고민

이성계, 이방원, 정도전, 최영, 정몽주. 이들은 조선 건국 과정을 이끌거나 막고자 했던 역사적 인물입니다. 역사 속 인물들은 역사 탐구의 매개체입니다. 역사 속 인물을 통해 역사의 흐름을 알 수 있으니까요. 이번 수업에서는 역사 속 인물들을 선택해 살펴봄으로써 조선 건국 과정을 알아봅니다.

활동 준비

관련 내용 : 조선 전기   **소요시간** : 40분

준비물 : 조선 건국 과정 포스트잇, 인물 포스트잇, 보드 마커

1. 조선 건국 과정 포스트잇을 순서를 섞어 칠판에 붙입니다. 조선 건국 과정 포스트잇은 신흥무인세력+신진사대부, 위화도 회군, 토지개혁, 이성계+정도전 VS 정몽주+이색, 조선 건국, 5가지입니다.

2. 인물 포스트잇을 준비합니다. 인물 포스트잇은 이성계, 정도전, 이방원, 정몽주, 최영 각각의 인물들의 삶이 담긴 포스트잇입니다.

3. 네이버 블로그 '곰선생의 수업 이야기'의 '2018 조선 건국'에서 자료를 내려받을 수 있습니다.

진행 방법

1. 고려 말기 정치 상황을 교사가 간단히 설명합니다.

- 중국 : 몽골족의 원나라가 약해지고 한족의 명나라가 성장하는 상황입니다.
- 권문세족 : 원나라 덕에 권력을 잡았습니다. 많은 토지를 기반으로 권력을 유지하던 세력입니다. 이인임이 대표적입니다.
- 신진사대부 : 명나라에 우호적입니다. 유교 성리학 이념을 가진 새로운 정치 세력입니다. 이색, 정몽주, 정도전이 대표적입니다.
- 신흥무인세력 : 홍건적, 왜구를 토벌하며 세력이 커진 장군들입니다. 최영, 이성계가 대표적입니다.

2. 모둠별로 이성계, 정도전, 이방원, 최영, 정몽주 포스트잇 세트를 각각 나누어 줍니다.

3. 모둠별로 받은 인물 포스트잇을 읽고 인과관계에 따라 순서를 정해 봅니다.

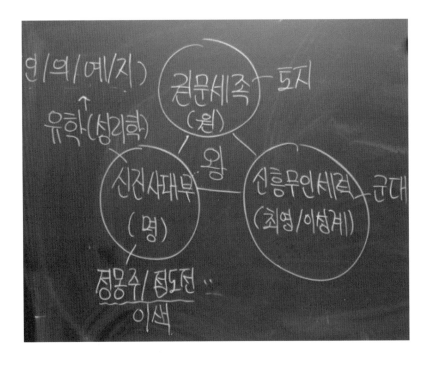

4. 한 명 남고 나가기 활동으로 배운 내용을 공유합니다.

5. 칠판에 조선 건국 과정 포스트잇을 무작위로 붙입니다. 모둠별로 포스트잇에 적힌
   사건들에 대해 이야기하고 그 순서를 정합니다.

6. 배운 내용을 공책에 정리합니다.

6. 조선 시대 과거 시험을 교실에서?

함께 잊어 행복한 우리!

나선생의 고민

역사적 사실을 지금 우리 반의 현실에 맞게 변형해서 아이들과 함께 체험하고 싶습니다. 문과, 무과, 잡과로 치러진 조선 시대의 과거 시험을 지금 우리 반에서 할 수 있는 형태로 변형해 교실에서 치러 보았습니다.

활동 준비

관련 내용 : 조선 시대   **소요시간** : 30분   **준비물** : 과거 시험 종목, 평가 기준

1. 문과, 무과, 잡과의 과거 시험을 어떤 내용으로 치를 것인지 토론합니다.

2. 교육과정에서 직접 체험할 수 있는 것과 연계할 수 있는 것을 찾습니다.

진행 방법

1. 조선 시대 과거 시험의 유형과 문제 등에 대해 알아봅니다.

2. 문과, 무과, 잡과 중에서 교실에서 친구들과 함께 체험하고 싶은 분야를 정합니다.

3. 문과는 우리 교실, 우리 학교의 문제점을 찾고 대안을 제시하는 문제를 출제하여 진행합니다.

4. 무과는 무인에게 필요한 덕목을 정하고 그에 걸맞은 게임으로 대결합니다.

5. 잡과는 역(통역), 율(법률), 의(의학), 음양과(천문)로 분류해서 교육과정과 연계한 게
임으로 진행합니다.

Tip

• 무과는 검술, 풍술, 회피술을 종목으로 정해, 백업스틱으로 컵 쓰러트리기, 풍선
빨리 터트리기, 짐볼 피하기로 대결했습니다.

• 잡과는 각각 암호문 풀기, 학교 규칙 골든벨, 심폐소생술, 별자리 퀴즈로 대결했습
니다.

7. 조선의 신분증 호패 만들기

함께 읽어 행복한 우리!

나선생의 고민

아이들은 과거에도 신분증이 있었다는 사실을 흥미로워합니다. 조선 시대의 신분증 호패를 공부하고 직접 만듭니다. 호패에는 신분에 따라 다른 내용이 적혀 있고, 재료도 달랐다는 것을 아이들이 체험을 통해 알기 바라는 마음으로 준비했습니다.

활동 준비

관련 내용 : 조선 시대　　**소요시간** : 10분　　**준비물** : 두꺼운 도화지, 나무판, 유성매직

1. 호패를 만들 두꺼운 도화지, 나무판 등 재료를 준비합니다.

2. 호패에 들어갈 내용을 적어 두고 호패를 멋지게 꾸밀 다양한 색의 유성매직도 준비합니다.

진행 방법

1. 호패는 조선 시대 16세 이상의 남자가 가지고 다니던 신분증입니다.

2. 신분에 따라 각자 호패를 만듭니다. 뒤에 소개되는 '6장 12. 신분 상승 놀이'로 신분을 결정할 수도 있습니다.

3. 이름, 호, 신분, 직업, 사는 곳 등을 적고 예쁘게 꾸며 봅니다. 신분별로 호패를 꾸

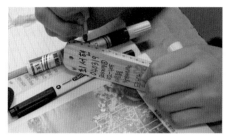 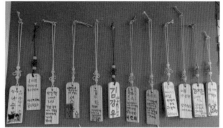

미는 데 사용할 수 있는 색깔을 다르게 하는 것도 좋습니다.

4. 정해진 시간 동안 호패에 적힌 신분에 따라 생활해 봅니다.

5. 시간이 여유가 있다면 신분을 바꿔서 생활해 보고 소감을 나눕니다.

Tip

• 왕부터 차례대로 호패 만들 도구를 선택하게 하면 완성된 호패의 모양에서도 자연 스럽게 신분의 차이를 느낄 수 있을 것입니다.

• 활동을 마무리할 때 호패를 이용한 신분 체험 활동이 이후에 학교생활 속에서 이 어지지 않도록 주의를 줍니다.

8. 현대판 삼강행실도 만들기

물랑물랑 즐거운 역사 수업!

봉선생의 고민

조선은 유교의 나라입니다. 당시 유학자들은 백성들을 유교 이념으로 교화하여 나라다운 나라를 만들어야 한다는 생각에 『삼강행실도』를 편찬했습니다. 세종 때부터 발행한 것으로 알고 있는 이 책을 우리는 '글 모르는 백성들을 위해 그림을 그려 넣은 도덕 교과서' 정도로 설명하곤 합니다.

『삼강행실도』는 유교적 관점에서 본 충신, 효자, 열녀의 미담을 모은 우수 사례집입니다. 하지만 자세히 들여다보면 이해할 수 없는 내용이 꽤 많습니다. 그 안에는 분명 우리가 수용해야 할 가치도, 현재 우리 입장에서는 절대 수용할 수 없는 가치도 들어 있습니다. 수백 년의 세월이 흐르면서 우리의 삶이 성리학적 화이론에서 상당히 벗어났기 때문입니다. 그래서 학생들과 현대판 삼강행실도를 만들었습니다.

활동 준비

관련 내용 : 조선 전기   **소요시간** : 80분   **준비물** : 목판, 끌, 망치, 물감, 붓, 종이

1. 삼강(三綱)에 대해 각자 조사하고 어떤 내용인지 파악합니다.

2. 토의를 거쳐 현재 우리에게 의미 있다고 여겨지는 덕목은 남기고, 시대에 맞지 않는 덕목은 변형하거나 배제합니다.

진행 방법

1. 우리 학급에서는 토의 결과 효를 다한 사례, 나라 사랑을 실천한 사례, 학생과 선생님 사이의 미담 사례를 소개하기로 했습니다.

2. 학급에서 정한 사례 중 어떤 부분을 맡아 목판을 제작할 것인지 역할을 나누고, 자신의 경험 속에서 어떤 내용을 목판에 새길 것인지 생각했습니다.

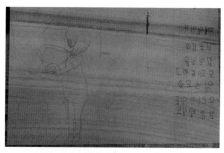

3. 그림과 문구를 좌우대칭으로 스케치합니다.

4. 끌과 망치를 사용해 음각으로 판화를 제작한 후 붓으로 물감을 바르고 인쇄합니다.

Tip

- 학생들이 현재 관점에서 이해할 수 없는 부적절한 내용을 찾아내기 어려워한다면, 「열녀편」에 실린 이야기를 예로 들어 줍니다. 남편을 잃은 아내가 절벽에서 뛰어내리자 아랫마을에선 왜 잔치를 벌였을까요? 또 남편을 잃은 아내가 다른 남성이 자신의 팔을 잡았다고 왜 자신의 팔을 잘라 버렸을까요? 이런 질문을 던져 왜 이러한 내용이 미담으로 소개되고 있는지 고민하도록 합니다. 그 결과 학생들은 「열녀편」이 현대적 관점에서 무척 부적절하다는 것을 인식하게 됩니다.

- 음각으로 판화를 제작한 이유는 '시간' 때문입니다. 실제 『삼강행실도』 이미지는 양각으로 제작됐지만 유물을 비판적인 시각에서 바라보는 힘을 기르고, 미술 2차시 안에 활동을 마치기 위한 선택이었습니다. 목판 대신 그림을 그려도 괜찮습니다.

9. 종을 울려라!
생생지락(生生之樂)

몰랑몰랑 즐거운 역사 수업!

봉선생의 고민

조선 전기를 통틀어 가장 많은 업적을 남긴 임금은 누구일까요? 바로 세종입니다. 초등학교에서도 세종의 업적은 무척 중요하게 다룹니다. 가장 최근 교과서는 세종 대의 업적을 무려 6쪽에 걸쳐 서술하고 있지요. '생생지락(生生之樂)'은 세종의 국가 경영 철학이었는데, 백성들이 생업에 종사하면서 삶의 즐거움을 느낄 수 있는 국가를 만들고 싶던 그의 뜻이 담겨 있지요. 그 뜻은 수많은 업적으로 나타났습니다. 학생들과 '애민'을 키워드로 세종의 업적을 이야기하다 보면 2~3시간이 훌쩍 지나 버립니다. 학생들은 "백성을 위해 이렇게 열심히 일한 왕도 있었구나!"라고 적지 않은 감동을 받기도 하지요.

하지만 세종의 여러 업적은 곧 암기해야 할 내용으로 전환되며 흥미를 떨어뜨립니다. 게다가 많은 용어가 한자어라서 아이들이 정말 어려워합니다. 혼천의, 간의 등은 사교육을 통해 한자 공부를 조금 했거나 독서량이 많은 학생들이 아니고서는 어떤 물건인지 추측조차 할 수 없습니다. 선생님들에게는 너무 쉬운 '측우기'라는 단어도 많은 아이들이 어려워합니다. '어떻게 하면 아이들이 이러한 용어들과 친숙해질 수 있을까?'를 고민했습니다.

수업 전에 종치기 게임을 응용한 보드게임 '생생지락'을 만들어 이를 반복하며 익숙하지 않은 용어들과 친해지도록 했습니다. 이후 수업 시간에 용어들을 한자를 풀어 설명해 주니 학생들이 '아, 그게 그 뜻이었어?' 하며 반가운 반응을 보였습니다. 아마도 게임에 계속 등장하는 용어의 의미가 학생들도 궁금했기 때문이겠지요?

활동 준비

관련 내용 : 조선 전기 　　**소요시간** : 40분 　　**준비물** : 이지커팅카드페이퍼, 보드게임용 종

1. 인터넷에서 '이지커팅카드페이퍼'와 '보드게임용 종'을 구입합니다.
2. 교과서에 언급되거나 교사가 선택한 세종의 업적과 세종 대에 활동했던 인물들을 선정합니다.
3. 선정한 업적과 인물들을 국방, 학문, 과학기술, 의학 등 나름의 기준을 세워 분류합니다.
4. 선정된 업적과 인물을 이지커팅카드페이퍼에 출력한 후, 내용 카드(업적, 인물)와 분류 카드로 구분합니다.
5. 각 분류 항목에 해당되는 개수에 따라 내용 카드의 점수를 정합니다. 예를 들어 과학기술에 해당하는 내용 카드가 많으면 1점, 의학에 해당하는 내용 카드가 적으면 3점이 됩니다.

진행 방법

1. 두 종류의 카드를 각각 잘 섞어 분류 카드는 카드의 내용이 보이게 두고, 내용 카드는 카드의 뒷면이 보이게 둡니다. 두 카드 더미 사이에 보드게임용 종을 놓습니다.
2. 가위바위보를 해서 이긴 순으로 자신이 앉고 싶은 자리에 앉습니다. 종과 가까운 자리가 유리하므로 자리를 선택할 수 있는 기회를 제공합니다.
3. 내용 카드를 게임에 참여한 학생들에게 골고루 나눠 줍니다.
4. 종을 울릴 손은 자신의 한쪽 귀를 잡고 있습니다.

5. 이제 가위바위보에서 이 긴 학생이 먼저 자신이 가 진 내용 카드 하나를 내려 놓습니다. 내용 카드를 내 려놓을 때는 다른 학생들 이 먼저 카드를 볼 수 있도 록 그쪽으로 펼쳐야 합니 다. 뒤집어져 있는 분류 카 드와 일치하는 내용 카드 가 등장할 때까지 계속 돌 아가며 내용 카드를 내려 놓습니다.

6. 분류 카드와 일치하는 내 용 카드가 등장한 순간, 귀 를 잡았던 손으로 가장 먼 저 종을 울리는 학생이 그 때까지 쌓인 내용 카드를 모두 차지합니다. 일치하는 내용 카드가 한 번 등장한 분 류 카드는 가장 뒤로 넘깁니다.

7. 이 게임은 한 학생이 모든 카드를 차지하면 끝납니다. 하지만 놀이 시간이 너무 길 어질 수 있으니 시간을 정해 두고, 놀이 시간이 끝났을 때 내용 카드의 합산 점수 가 가장 큰 학생이 승리하는 것으로 할 수도 있습니다.

Tip

• 교과서의 '세종 대의 업적' 부분을 보고 학생들이 직접 생생지락 게임을 만드는 것 도 좋습니다. 학생들이 게임을 직접 만드는 방법은 다음과 같습니다.

- 먼저 교과서를 살펴보며 핵심 용어에 표시합니다.
- 모둠별로 어떤 용어를 내용 카드에 포함할 것인지 정합니다.
- 학생들 스스로 분류 기준을 정하고 내용 카드를 분류합니다.
- 분류 기준별 카드의 수를 세어 내용 카드의 점수를 정합니다.
- 정해진 내용 카드와 분류 카드를 정리하면 선생님이 이지커팅카드페이퍼에 출력합니다.
- 게임의 원활한 진행을 위해 내용 카드는 2배수로 출력할 것을 권합니다.

• 교사용 USB에 담긴 교과서 사진 파일들을 활용해 다른 게임을 만들 수 있습니다. 분류 카드에 국가 이름을, 내용 카드에 문화유산 이미지를 넣어 이지커팅카드페이퍼에 출력해 게임을 만듭니다. 놀이 방법은 '생생지락'과 동일합니다. '히스토ㄹ Ring'이라고 명명한 이 보드게임은 공모전에서 수상, 시판용 게임으로 제작 예정입니다.

10. 세종대왕의 업적 알기

곰 잘했어요 곰선생

재미에서 배움으로!

곰선생의 고민

우리 역사에서 세종대왕만큼 큰 비중을 차지하는 인물도 드뭅니다. 한글창제와 과학 발전 등 재위기간 쌓은 업적들이 어마어마하지요. 아마 초등학교 학생들 중에도 세종 대왕을 모르는 사람은 없을 것입니다. 그러나 세종대왕이 어떤 분인지 학생들에게 물어보면 '한글을 만드신 분', '과학을 발전시킨 분', '똑똑한 왕' 정도만 알고 있습니다. 폭넓은 인지도에 비하면 학생들이 세종대왕에 대해 실질적으로 아는 건 좀 적어 보입니다. 이번 수업은 세종대왕의 업적을 살펴보며 문화와 과학, 언어, 음악, 인쇄 등 다양한 영역에서 발전해 가는 조선 시대 사회 모습을 알아봅니다.

활동 준비

관련 내용 : 조선 전기   **소요시간** : 40분   **준비물** : 세종대왕 일대기 연표, 포스트잇

1. 학생 수에 맞게 세종대왕 일대기 연표를 준비합니다.

진행 방법

1. 학생들에게 세종대왕 일대기 연표를 나누어 줍니다. 모둠별로 세종대왕이 어떤 업적들을 남겼는지 이야기해 봅니다.

세종대왕의 일대기

연도	세종 나이	사건	관련 인물
1397년	태조6년, 1세	4월10일(양력5월15일) 태조의 셋째아들로 태어나다	-
1418년	태종18년, 22세	6월에 세자로 책봉되고 8월에 왕위에 오르다.	-
1419년	세종1년, 23세	왜구들의 본거지인 일본 대마도를 정벌하다.	이종무
1420년	세종2년, 24세	집현전을 설치하고 경자자(새로 만든 금속활자)를 만들다.	
1421년	세종3년, 25세	갑인자(새로 만든 금속활자)완성하다.	이천, 장영실
		사죄삼복제(사형정도의 죄를 받은 죄인은 세 번 재판을 더 받는 제도) 제도 만들다.	-
1423년	세종5년, 27세	조선통보(화폐)를 만들다.	-
1424년	세종6년, 28세	악기를 제조하고 여러 악보를 편찬케 하다.	박연
1425년	세종7년, 29세	처음으로 동전(화폐)을 사용하다.	
1426년	세종8년, 30세	법전인 속육전을 만들다.	이직, 맹사성
1427년	세종9년, 31세	악기의 일종인 편경을 만들다.	박연
		의약서인 향약구급방을 만들다.	
1429년	세종11년, 33세	농사에 필요한 서적인 농사직설을 만들다.	정초, 변효문
1430년	세종12년, 34세	노비가 아이를 낳으면 쉬게 하는 산아 휴가 제도를 만들다.	
1431년	세종13년, 35세	의약서인 향약채취월령을 만들다.	윤효통, 노중래
1432년	세종14년, 36세	지리책인 신찬팔도지리지를 만들다.	변계량, 맹사성
		유학책인 삼강행실도를 만들다.	정초, 설순
1433년	세종15년, 37세	천문관측도구인 혼천의를 만들다.	이천, 정초
		만주의 여진족 부족을 물리쳐 4군을 설치하다.	최윤덕, 김종서, 이징옥
1434년	세종16년, 38세	여진족을 몰아내고 6진을 설치하다	
		해시계인 앙부일구를 만들다.	이천, 장영실
		물시계인 자격루를 만들다.	
1435년	세종17년, 39세	화약을 만드는 화약고를 만들다.	최해산, 이천
1436년	세종18년, 40세	대형금속활자를 위해 병진자라는 새로운 금속활자를 만들다.	이천
1437년	세종19년, 41세	천문관측기구인 간의를 만들다.	이순지, 장영실
		천문관측기구인 일성정시의를 만들다.	
1438년	세종20년, 42세	물시계의 한 종류인 옥루를 만들다.	이천, 장영실
1441년	세종23년, 45세	측우기를 설치하다.	장영실
		강의 깊이를 재는 수표를 설치하다.	장영실
1442년	세종24년, 46세	고려의 역사를 모은 책, 고려사를 만들다.	정인지
1443년	세종25년, 47세	훈민정음을 창제하다.	-
1444년	세종26년, 48세	세금을 거두는 방법인 전분육등, 연등구등 제도를 만들다.	
1445년	세종27년, 49세	천문학 관련 책인 칠정산내외편을 만들다.	정초, 이순지
		노래인 용비어천가, 의방유취를 만들다.	
1446년	세종29년, 50세	훈민정음을 반포하여 알리다.	
		훈민정음의 설명서인 훈민정음 혜례본을 만들다.	정인지
1447년	세종30년, 51세	불교서적인 석보상절, 음악관련 도서인 동국정운, 노래악보인 월인천강지곡을 만들다.	-
1450년	세종32년, 54세	2월17일(양력4월8일) 돌아가시다.	-

2. 세종대왕 업적 영역(경제, 군사 및 영토 확장, 활자, 음악, 농업, 법과 제도, 의학, 역사, 지리, 종교, 언어, 과학)을 적어 줍니다.

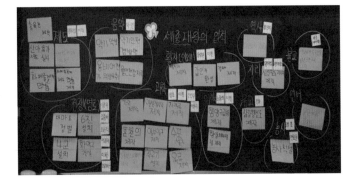

3. 모둠별로 세종대왕 업적표 속 항목을 2~3개씩 맡습니다. 세종대왕 일대기에서 맡은 항목에 해당하는 업적을 찾아 포스트잇에 적습니다.

4. 다른 포스트잇에 세종대왕의 업적에 도움을 준 사람을 적어 업적 옆에 붙입니다.

5. 모둠별로 나와 업적 포스트잇을 칠판에 붙입니다.

6. 세종대왕 업적표를 보고 알게 된 점을 각자 정리합니다.

- 세종대왕은 과학과 한글 외에도 다양한 업적을 남겼습니다.
- 세종대왕은 경제, 군사 및 영토 확장, 활자, 음악, 농업, 법과 제도, 의학, 역사, 지리, 종교, 언어, 과학 등의 발전을 이루었습니다.

경제	군사 및 영토 확장	활자	음악	농업	법과 제도
조선통보, 전분육등·연등구등	대마도정벌, 4군, 6진, 화약고	병진자, 갑인자, 병자자	용비어천가, 월인천강지곡, 악기, 편경	농사직설	산아휴가제, 사죄삼복제

의학	역사	지리	종교	언어	과학
향약구급방, 향약채취월령	고려사	신찬팔도지리지	석보상절, 삼강행실도	훈민정음, 훈민정음해례본	혼천의, 앙부일구, 수표, 자격루, 간의, 옥루, 측우기, 칠정산

7. 세종대왕이 다양한 업적을 남길 수 있었던 까닭에 대해 이야기해 봅니다.

- 세종대왕은 여러 분야의 전문가들과 함께 업적을 이룩했습니다.
- 세종대왕이 전문가들을 믿어 주고 도와주었기에 이러한 업적이 가능했습니다.

Tip

- 수업을 진행하다 보면 학생들에게는 생소한 인물들이 많이 나옵니다. 장영실은 그가 살아온 드라마틱한 인생을 다룬 위인전이나 영화〈천문〉등을 통해 학생들이 많이 알고 있지만 다른 분들은 잘 모릅니다. 제가 이 수업을 할 때 가장 많이 받았던 질문이 세종대왕을 도운 인물에 관한 것이었습니다. 아래와 같이 세종대왕을 도운 인물들을 정리했으니 참고하세요.

  – 정초 : 『농사직설』, 『삼강행실도』의 저자로 유명한 정초는 유학에 정통한 수재였지만 역산, 복서 등에도 해박했습니다. 세종은 이를 알고 독자적인 역법을 만드는 일을 맡깁니다. 그리고 조선의 독자적인 역법서인 『칠정산』을 발간하는 데 이르죠.

  – 이순지 : 이순지도 역법서인 『칠정산』 발간에 결정적 공헌을 합니다. 이순지 역시 문신으로 출사했는데요. 역산에 탁월한 인물이란 점을 세종이 알아보고 독자적인 역법을 만드는 일에 참여시킵니다. 이순지는 이외에도 간의, 규표, 해시계 등의 제작을 이론적으로 지원한 인물입니다.

  – 장영실 : 세종이 과학적 성과를 내는 데 필요한 기술적 지원을 한 이가 장영실입니다. 영화〈천문〉에 나오듯 장영실은 물시계인 자격루를 완성시키며 역사에 등장합니다. 동래의 관노였던 장영실에게 관직을 준다는 것은 성리학이 지배하던 조선에서는 있을 수 없는 일이었지요. 그러나 세종은 장영실을 등용해 종3품까지 승진시킵니다. 이런 세종의 총애에 부응하듯 장영실은 물시계인 옥루, 갑인자를 만들고 박연의 악기 제작을 도왔으며, 이천과 함께 간의, 규표, 혼천의를 만들어 세종의 독자적인 역법 제작에 큰 힘을 보탭니다.

- 이천 : 이천은 장군 출신입니다. 그는 장군으로서의 재능 외에도 과학과 수학적 능력이 뛰어나 규표, 간의, 혼천의 등을 제작하여 세종의 독자적인 역법 만들기에 결정적인 공헌을 합니다. 학문을 사랑하고 백성의 문맹을 안타깝게 여겼던 세종대왕은 수많은 책을 출판했습니다. 당연히 빠른 인쇄술은 세종의 큰 숙제였습니다. 이천은 이를 해결할 수 있는 갑인자라는 인쇄기술을 완성하는데, 갑인자는 기존 인쇄술보다 속도가 20배나 빨랐다고 합니다. 이 정도면 세종 시대 문화발전의 기초는 이천이 닦았다고 할 만합니다.

- 정인지 : 정초가 죽은 후 과학기술에 두각을 나타내는 인물이 정인지입니다. 정인지는 역법과 관련해서 정초를 대신했지요. 학문에도 조예가 깊어 『고려사』, 『세종실록』의 편찬을 맡았고 『훈민정음해례본』을 짓기도 했습니다. 다만 그는 훗날 세조가 단종을 몰아내는 일에 앞장서 세종의 유지를 거스르기도 했습니다.

- 박연 : 세종 시대 음악 발전을 이룬 사람입니다. 세종 초만 해도 조선 궁궐에는 제대로 된 악기가 없었습니다. 그런데 박연이 편경 등 다양한 궁중 악기를 만들지요. 한편 박연이 편경을 만들어 시연을 했는데 세종이 연주를 듣고 한 음이 약간 틀렸다는 것을 알아냈다고 합니다. 이 일화를 통해 세종이 음악에도 깊은 조예가 있었던 것을 알 수 있습니다.

- 김종서 : 김종서는 세종 시대 영토 확장과 사민정책을 뒷받침한 인물입니다. 문무를 겸비했으며 세종대왕이 가장 총애했던 인물들 중 하나이지요. 세종은 왕위를 첫째 아들 문종에게 물려주었고 문종은 아들 단종에게 왕위를 주려 하지만, 세종의 둘째 아들 수양대군이 단종을 몰아내고 왕위를 넘겨 받습니다. 김종서는 끝까지 수양대군과 대립했고 수양대군이 집권하자마자 가장 먼저 죽게 됩니다. 김종서와 수양대군의 대립은 영화 〈관상〉에 잘 표현되어 있습니다.

많은 업적을 남긴 세종 치세에는 뛰어난 인물들이 참 많았습니다. 학생들이 세종 시대 인물들에 대해 물으면 위의 내용을 참고해서 함께 이야기 나눠 보세요.

11. 백성의 눈으로 본 4군 6진 개척

말랑말랑 즐거운 역사 수업!

봉선생의 고민

역사는 같은 사건을 다양한 입장에서, 여러 각도로 바라봐야 하는 학문입니다. 역사는 하나일 수 없기 때문입니다. 성인들은 그런 사고 활동을 스스로 할 수 있지만, 역사를 처음 배우는 학생들에게는 쉽지 않은 일입니다. 고학년 정도 되면 이미 교과서대로만 공부하는 습관이 형성되어 있기 쉽고, 교과서의 내용은 절대적 진리이므로 무조건 외워야 한다고 생각하는 경우가 많기 때문입니다.

잔잔한 아이들의 머릿속에 작은 돌멩이 하나를 던져 주고 싶었습니다. '성군 세종의 업적에 대한 평가도 당시를 살아가던 백성들의 입장에서는 현재 우리와 온도차가 있을 수 있다', '역사는 여러 층위에서 살펴봐야 하는 것이다'라고 생각할 수 있게 도와주고 싶었습니다. 그래서 선택한 주제가 세종의 '4군 6진 개척'입니다. 2015 개정 국정 초등 5-2 사회 교과서의 서술은 군더더기 없이 간단명료합니다.

"북쪽으로는 4군 6진을 개척해 조선의 국경을 압록강과 두만강까지 확대했다."

- 본문

"세종은 여진족이 끊임없이 국경을 넘어오자 장수들을 시켜 4군 6진을 개척하게 했다. 그 후 백성들을 옮겨 살게 해 차지한 땅을 지키도록 했다." - 지도 설명

이러한 교과서 서술만으로는, 아이들이 당시 사람들의 생활 모습을 자연스레 그려 보기 어려울 것 같았습니다. 어떻게 하면 '4군 6진 개척'이라는 사건을 아이들이 당시 일반 백성들의 입장에서 생각하게 할 수 있을까? 이런 고민을 하다 '온작품 읽기'라는 방식을 선택했습니다.

활동 준비

관련 내용 : 조선 전기   **소요시간** : 280분   **준비물** : 『잔트간자 담이』

1. 국어과 교육과정을 편성할 때 독서 단원에 해당 내용을 포함시킵니다.
2. 편성한 교육과정에 근거하여 '1학기 1권 책 읽기'의 일환으로, 학급 문고 주문 시 『잔트간자 담이』를 학생 수에 맞게 신청합니다.

진행 방법

1. 국어 시간, 독서 단원을 운영할 때 『잔트간자 담이』로 온작품 읽기를 진행합니다.
2. 책을 읽기 전 세종의 4군 6진 정책에 대해 간단히 조사하고 그에 대한 생각과 느낌을 적습니다.
3. 표지와 차례를 통해 책에 어떤 내용이 담겨 있을지 상상해 봅니다.
4. 이야기를 읽으며 등장인물에 대해 파악하여 관계도를 그립니다.
5. 선생님은 학생들에게 책의 내용을 확인하는 발문과 학생의 삶과 연결하는 발문을 던집니다.
6. 한 차시 수업이 끝날 즈음, 앞으로 이어질 내용을 추측해 보도록 시간을 제공합니다.
7. 앞서 자신이 적었던 4군 6진 개척에 대한 생각과 느낌을 다시 살펴보고, 책을 다 읽은 후 변화한 자신의 생각과 느낌을 정리합니다.
8. 한 단계 더 나아가 그곳에 거주했던 '여진'의 입장에서는 세종의 4군 6진 정책이 어떤 의미였을지 간단히 상상하는 글쓰기를 해 봅니다.

Tip

- 교내 독서 토론 행사가 있다면, 해당 도서를 사용해 찬반 토론을 진행하는 것도 좋습니다.

- 교과서는 무미건조한 서술일 수밖에 없습니다. 그래서 당시 사람들의 생활 모습을 상상하기 위한 마중물이 필요합니다. 4군 6진의 개척은 현재의 영토학적 관점에서도 의미 있는 내용입니다. 남과 북이 분단된 상태이기는 하나, 현재 영토가 세종 시기에 확정된 것으로 볼 수 있기 때문입니다. 하지만 당시 백성들 가운에 사민(徙民) 정책의 대상이 된 사람들이 조선의 영토가 늘어나 행복하다는 느낌을 받았을까요? 아마도 그렇지 않았을 것입니다.

조선 시대에 삶의 터전을 옮긴다는 것은 쉽지 않은 일이었습니다. 『조선왕조실록』에 보면 지방 관청에서 일하는 아전 가운데, 고향을 떠나 북쪽으로 옮겨가기 싫어 자신의 팔을 자해한 사례가 있습니다. 물론 그는 장형에 처해지고, 그와 그의 가족들은 결국 북쪽으로 옮겨 가게 되었지요. 그 과정은 어땠을까요? 한 번도 가 보지 못한 땅까지 두려움 속에서 무려 800km를 걸어가는 여정은 절대 쉬운 일이 아니었을 것입니다. 거기다 어린 자녀들까지 있었다면…. 가는 내내 잠시 수레라도 탈 수 있었을까요? 잠은 어디서 잤을까요? 먹는 음식은 어떻게 해결했을까요? 이동 중에 아이가 아프기라도 했다면? 생각만 해도 정말 끔찍한 여정입니다.

우여곡절 끝에 목적지에 도착한 후라도 달라지는 것은 없었을 겁니다. 그들은 스스로 집을 짓기까지 또 노숙으로 버텨야 했을 테고, 그 와중에 농토도 개간해야 했겠지요. 각고의 노력으로 낯선 땅에 겨우 정착을 해도 삶이 순탄하지만은 않았을 겁니다. 왜냐고요? 추수할 때가 되면 불청객이 오곤 했으니까요. 땅을 빼앗긴 여진족들이 시시때때로 약탈, 방화 등을 일삼았겠지요. 그곳에 옮겨 간 백성들은 절대 세종의 4군 6진 개척을 긍정적으로만 평가할 수는 없었을 것입니다.

세종의 4군 6진 개척에 관해 교과서에 서술된 한두 문장만으로는 상상하기 어려운 내용을 아이들은 『잔트간자 담이』를 마중물 삼아 상상하고 깨달을 수 있습니다.

12. 신분 상승 놀이

함행우 나쌤

함께 읽어 행복한 우리!

나선생의 고민

조선 신분제를 직접 체험하는 경험을 선물하고 싶었습니다. 신분에 따라 기분이 나쁘고 좋은 것을 넘어서 신분별로 어떤 차이가 있었는지를 알려 주고자 했습니다. 신분을 정하고 재미있는 활동으로 놀면서 공부했습니다.

활동 준비

관련 내용 : 조선 시대   **소요시간** : 10분   **준비물** : 여러 색깔의 팀 조끼

1. 왕은 빨간색 팀 조끼를 입습니다. 양반, 중인, 평민은 각각 다른 색의 팀 조끼를 입습니다. 천민은 흰색 팀 조끼를 입거나 아예 팀 조끼를 입지 않습니다.

진행 방법

1. 처음 신분은 뽑기로 정합니다.

2. 위의 계급에 도전하려면 먼저 도전 미션을 수행해야 합니다.

　1) 양반 → 왕 : 코끼리 코 5바퀴

　2) 중인 → 양반 : 팔 벌려 높이뛰기 10번

　3) 평민 → 중인 : 코끼리 코 3바퀴

   4) 천민 → 평민 : 팔 벌려 높이뛰기 5번

3. 도전 미션을 수행한 후 묵찌빠로 대결합니다. 이기면 신분이 상승합니다.

4. 신분이 상승한 후로 5초간은 대결하지 않을 수 있습니다.

5. 양반이 왕에게 2번 연속 승리하면 새로운 왕이 탄생합니다. 모든 백성은 새로운
   왕에게 큰 절을 올리며 축하합니다.

Tip

- 묵찌빠 대결에서 지면 신분별로 모여 있었던 최초 출발점을 손으로 터치하고 새롭
  게 시작합니다.

13. 반상의 구별이 엄연한데

곰 잘했어요 곰선생

재미에서 배움으로!

곰선생의 고민

저는 주로 사료나 문화재 목록 같은 가공하지 않은 1차 자료를 수업에 활용합니다. 하지만 이번에 소개할 신분제 수업은 가공된 자료, 즉 참고도서나 교과서, 인터넷 자료, 그중에서도 교과서를 많이 활용합니다. 신분제 수업처럼 폭넓은 정보가 필요한 수업에서 1차 자료만 고집한다면 수업 과정에 복잡해지기 때문입니다. 수업의 목표는 학생들이 역사적 사실을 배우는 것이지, 수업 방법을 배우는 게 아니니까요. 따라서 이번 수업은 사회 교과서를 십분 활용하여 조선 전기 신분제의 특징에 대해 알아보도록 구성했습니다.

활동 준비

관련 내용 : 조선 전기　**소요시간** : 40분　**준비물** : 사회 교과서, 포스트잇

1. 학생들이 사용할 포스트잇을 준비합니다.

진행 방법

1. 각 학생에게 포스트잇을 넉넉히 나눠 줍니다.

2. 조선 전기 신분제도에 대해 다음과 같이 선생님이 설명합니다.

- 원래 조선 전기 신분제도는 '양천제'로 신분을 양인과 천인, 둘로 단순화시킨 것입니다.
- 양인은 '무엇에 따라' 양반/중인/상민으로 다시 나뉩니다. 이 내용을 칠판에 위 사진과 같은 표로 정리합니다. '무엇에 따라' 나뉘었는지는 말하지 않습니다.

3. 사회 교과서에서 양반, 중인, 상민, 천인의 대한 내용을 찾아 포스트잇에 적어 칠판에 붙입니다.

양인			천민
양반	중인	상민	
나랏일 참여, 관리, 땅과 노비 소유, 글 공부, 옷차림 좋음	의관, 역관, 전문직 종사, 높은 관리직 어려움	세금, 농업, 어업, 군역, 수공업, 상업	최하층, 백정, 기생, 노비, 개인 재산, 주인의 시중을 듦.

4. 양인이 양반, 중인, 상민으로 나뉜 기준이 무엇인지 이야기 나눕니다.

- 양인은 직업에 따라 양반, 중인, 상민으로 나뉘었습니다.
- 당시에는 아버지의 직업을 대부분 이어받았으므로 양반, 중인, 상민이 신분으로 굳어졌습니다.

14. 임진왜란이 발발하다

곰 잘했어요 곰선생

재미에서 배웁으로!

곰선생의 고민

저는 임진왜란 수업을 할 때 임진왜란의 발발과 극복 과정, 전쟁 종료 세 부분으로 나누어 구성합니다. 각 부분마다 단순 역사 지식을 넘어 나름의 교훈을 얻을 수 있거든요. 임진왜란 발발은 임진왜란 초기 일본군의 침략과 조선 정부의 대응을 집중적으로 살펴봅니다. 임진왜란의 극복 과정은 이순신을 비롯한 관군과 의병들의 활약에 초점을 둡니다. 마지막 임진왜란 종료에서는 정유재란에 대해 다룹니다. 이번에 소개할 수업은 임진왜란의 첫 번째 수업, 임진왜란 발발 부분입니다.

활동 준비

관련 내용 : 조선 전기   **소요시간** : 40분

준비물 : 임진왜란 과정 기록지 1, 한반도 백지도 1, 스티커(3색)

1. 임진왜란 과정 기록지 1과 한반도 백지도 1을 모둠별로 준비합니다.

2. 모둠별로 초록색, 파란색, 빨간색 스티커를 줍니다. 초록색은 조선 조정의 위치를 나타냅니다. 전투 결과 조선군의 승리는 파란색, 일본군 승리는 빨간색으로 표시합니다.

3. 네이버 블로그 '곰선생의 수업 이야기'의 '2018 임진왜란 첫 번째 수업'에서 자료를

내려받을 수 있습니다.

진행 방법

1. 임진왜란 과정 기록지 1을 살펴봅니다.

2. 임진왜란 과정 기록지 1을 통해 한반도 백지도 1에 전투 결과와 조선 조정의 위치를 스티커로 표시하고 '임진왜란 지도 1'이라 이름 짓습니다. 파란색 스티커는 필요 없을 겁니다. 임진왜란 초기에는 일본군이 백전백승이거든요.

3. 학생들이 임진왜란 지도 1을 해석하도록 합니다.

- 일본군이 모두 이겼습니다.

- 조선군은 번번이 패배했으며 조선 조정은 의주까지 피난을 갔습니다.

- 조선은 국제 정세를 제대로 파악하지 못해 전쟁을 준비하지 못했고, 그 결과 임진왜란 초기 거듭 패배했습니다.

임진왜란 과정1 (1592.5.23.~1592.7.21.)

날짜	전투명	장소	전투 내용	승리국가	패배국가(장수)	조선정부
1592.4.14	부산진전투	부산	일본의 조선 침략	일본	조선(정발)	한성에서 지휘
1592.4.13	다대포전투	부산	일본의 조선 침략	일본	조선(윤흥신)	
1592.4.15	동래성전투	부산	일본의 조선 침략	일본	조선(송상현)	
1592.4.25	상주전투	상주	일본, 조선 주력군 격파	일본	조선(이일)	평양으로 도망
1592.4.28	탄금대전투	충주	일본, 조선 정예군 격파	일본	조선(신립)	
1592.5.2.	한강전투	서울	일본, 한성 공격	일본	조선(김명원)	
1592.6.5.	용인전투	용인	일본, 한성 일대 완전 장악	일본	조선(이광)	의주로 도망
1592.6.15	1차 평양전투	평양	일본의 평양 점령	일본	조선(김명원)	

임진왜란 과정 지도 만들기
① 조선의 승리의 경우 파란색 스티커를 해당 장소에 붙이세요.
② 일본의 승리의 경우 빨간색 스티커를 해당 장소에 붙이세요.
③ 조선정부의 이동과정을 녹색 스티커로 해당 장소에 붙이세요.

일본군 진격
조선 조정 이동

임진왜란1
(1592년)

- 우리나라도 국제 정세를 잘 파악하고 준비하는 자세를 가져야겠습니다.

Tip

- 임진왜란 지도 1을 만들고 나면 학생들이 적잖이 당황합니다. 우리 반 학생들은
  '일본의 진격에 조선이 이 정도로 당한 이유가 뭔가요?'라는 질문을 많이 했습니다.
  저는 임진왜란 직전에 있었던 일을 이야기해 주며 답을 대신했습니다. 제가 학생들
  에게 들려준 이야기를 아래와 같이 정리했습니다.

임진왜란이 발발하기 전 일본 관백 도요토미 히데요시는 "명나라를 치려고 하니 길을 비켜 달라."는 외교문서를 조선에 보냅니다. 그러나 당시 조선은 제대로 된 답을 하지 않고, 혹시나 하여 통신사를 보내지요. 황윤길을 정사로 하고, 부사 김성일, 서정관 허성, 황진 등이 동행한 외교사절입니다. 그들은 일본 곳곳을 둘러보고 도요토미 히데요시도 만난 후 귀국합니다.

선조는 황윤길, 김성일을 불러 도요토미 히데요시에 대해 물어봅니다. 황윤길은 "도요토미 히데요시는 지략이 풍부해 보였으며 일본은 조선을 공격할 것입니다."라고 합니다. 하지만 김성일은 전혀 다른 이야기를 합니다. "도요토미 히데요시는 볼품없어 보였으며 일본은 조선을 침범하지 못할 것입니다. 황윤길의 말 때문에 민심만 흉흉해질까 두렵습니다."

왜 그랬을까요? 두 사람은 정치적 입장이 달랐는데, 동인인 김성일이 서인인 황윤길의 말을 듣고 고의적으로 반대로 말했다고 하네요. 정치적 대립이 국가의 중요한 결정에 영향을 미친 거지요. 결국 조선 정부는 김성일의 의견을 채택합니다. 당연히 이후 전쟁 준비는 없었습니다.

여기서 잠시 짚고 넘어가야 할 사실은 함께 통신사로 갔던 허성과 황진은 둘 다 일본이 조선을 침략할 것이라 주장했다는 점입니다. 특히 허성은 김성일과 같은 동인이었지만 의견이 달랐습니다. 그러니까 조선 조정의 결론이 당파싸움의 결과만은 아니란 얘기지요. 당시 선조와 조정 대신들은 그냥 편한 걸 믿고 싶었던 걸지도 모릅니다. 전쟁이 없다고 생각하면 준비할 필요도 없으니까요. 하지만 그 선택은 국토 전체가 유린되는 끔찍한 결과를 낳았습니다. 결국 국제 관계에 대한 안일한 대처가 임진왜란 초기 조선이 존폐의 위기를 맞게 되는 결과를 가져온 것입니다.

15. 임진왜란을 극복하다

재미에서 배웁으로!

곰선생의 고민

임진왜란 당시 활약했던 이순신 장군과 의병을 모르는 학생은 거의 없을 것입니다. 이순신 장군이 전쟁을 준비했고 실제 전쟁에서 전승을 기록했다는 사실과 의병들이 일본군을 물리치기 위해 자발적으로 일어섰다는 점은 학생들도 이미 잘 알고 있는 부분입니다. 다만 이순신 장군과 의병의 승리가 당시 전쟁에서 어떤 의미를 가지는가에 대해서는 잘 알지 못합니다. 이번 수업은 일본의 전쟁 전략을 살펴보고 일본의 전쟁 전략이 이순신 장군과 의병의 전투와 어떤 관련이 있는지 파악함으로써 임진왜란 극복 과정을 알 수 있도록 구성되었습니다.

활동 준비

관련 내용 : 조선 전기   **소요시간** : 40분

준비물 : 임진왜란 과정 기록지 2, 한반도 백지도 2, 스티커(3색)

1. 임진왜란 과정 기록지 2와 한반도 백지도 2를 모둠별로 준비합니다.

2. 모둠별로 초록색, 파란색, 빨간색 스티커를 줍니다. 초록색은 조선 조정의 위치를 나타냅니다. 전투 결과 조선군(혹은 조명연합군)의 승리는 파란색, 일본군 승리는 빨간색으로 표시합니다.

3. 네이버 블로그 '곰선생의 수업 이야기'의 '2018 임진왜란 두 번째 수업'에서 자료를 내려받을 수 있습니다.

진행 방법

1. 일본군이 평양까지 진격하지만 이후로 더 올라가지 못하고 있음을 알려 줍니다.

2. 일본군이 평양 이북으로 올라가지 못한 이유에 대해 학생들이 추측하도록 합니다.

3. 한반도 백지도 2에 정리해 둔 일본군의 전략을 살펴보게 합니다.

　• 일본군 전략 1 : 서해 바다로 올라가 조선의 왕을 잡고 일본군에 식량을 조달한다.

　• 일본군 전략 2 : 전라도 지방을 점령하여 일본군에 식량을 보급한다.

4. 임진왜란 과정 기록지 2를 보고 한반도 백지도 2에 조선 조정의 위치와 전투 결과를 스티커로 표시합니다. 이를 '임진왜란 지도 2'라고 하겠습니다.

5. 학생들이 임진왜란 지도 2를 해석하도록 합니다.

　• 이순신이 바닷길을 막았기에 일본은 바닷길을 따라 진격하지 못했습니다.

　• 의병과 관군이 전라도로 가는 길을 막았기에 일본이 조선에서 식량을 얻지 못했

임진왜란 과정2 (1592.6.16.~1594.11.4.)

날짜	전투명	장소	전투 내용	승리국가 (장수)	패배국가 (장수)	조선 정부
1592. 5.7	옥포해전	거제 앞 바다	조선군 첫 승리	조선 (이순신)	일본	
1592. 5.7.	합포해전	창원 앞 바다		조선 (이순신)	일본	
1592. 5.8.	적진포 해전	고성 앞 바다		조선 (이순신)	일본	
1592. 5.26.	정암진 전투	의병	의병의 첫 승리	조선 (곽재우-의병)	일본	
1592. 5.29.	사천 해전	사천 앞 바다	거북선 첫 등장	조선 (이순신)	일본	
1592. 6.2.	당포 해전	거제		조선 (이순신)	일본	
1592. 6.5.	당항포 해전	고성 앞 바다		조선 (이순신)	일본	
1592. 6.6.	율포해전	거제 앞 바다		조선 (이순신)	일본	
1592. 7.8.	이치 전투	전북 완주	일본의 전라도 진입 막음	조선 (권율)	일본	의주
1592. 7.8.	한산도 해전	거제 앞 바다	결집된 일본 해군을 격파함.	조선 (이순신)	일본	
1592. 7.10.	안골포 해전	창원 앞 바다		조선 (이순신)	일본	
1592. 7.10.	우척현 전투	경남 거창	일본의 전라도 진입 막음	조선 (김면-의병)	일본	
1592. 8.1	청주 전투	충북 청주	의병의 활약	조선 (조헌-의병)	일본	
1592. 8.18.	금산 전투	충남 금산	일본의 전라도 진입 막음	조선 (조헌-의병, 영규-승병)	일본	
1592. 8.29	장림포 해전	부산 앞 바다	일본 수군의 본거지 공략	조선 (이순신)	일본	
1592. 9.1.	부산포 해전	부산 앞 바다	일본 수군의 본거지 공략	조선 (이순신)	일본	
1592. 10.10	1차 진주성전투	경남 진주	일본의 전라도 진입 막음	조선 (김시민)	일본	
1592. 12.11	독성산성	경기 수원		조선 (권율)	일본	
1593. 1.9	평양전투	평양	명나라 참전, 평양 탈환	조선/명나라 (김병권-이여송)	일본	
1593. 1.27.	벽제관 전투	경기 고양	일본이 초명 연합군 저지 일본군 퇴로 확보	일본	조선/명나라 (이여송)	
1593. 2.10	웅포 해전	창원 앞 바다		조선 (이순신)	일본	의주
1593. 2.12	행주산성 전투	경기 고양	일본의 서북 퇴로 차단	조선 (권율)	일본	
1593. 6.29	2차 진주성전투	경남 진주	일본의 전라도 침략길 열었으나 명나라와 일본의 종전협상을 위해 일본이 물러남	일본	조선 (서예원, 황진-관군, 김천일, 고종후-의병)	서울로 돌아옴
1594. 3.4	2차 당항포 해전	경남 고성		조선 (이순신)	일본	
1594. 10.4	장문포 해전	경남 거제		조선 (이순신)	일본	

임진왜란 과정 지도 만들기
① 조선의 승리의 경우 파란색 스티커를 해당 장소에 붙이세요.(의병은 스티커에 '의'라 적어주세요.)
② 일본의 승리의 경우 빨간색 스티커를 해당 장소에 붙이세요.
③ 조선정부의 이동과정을 녹색 스티커로 해당 장소에 붙이세요.

습니다.

- 이순신과 의병은 매우 전략
  적으로 전투를 벌였습니다.
- 이순신과 의병의 승리로 일
  본군은 남쪽으로 내려오기
  시작했습니다.
- 조명연합군은 벽제관 전투
  이후 큰 활약이 없었습니다.
- 이순신이 전투에서 한 번이
  라도 졌다면 조선은 더 큰 어
  려움을 당했을 것입니다.

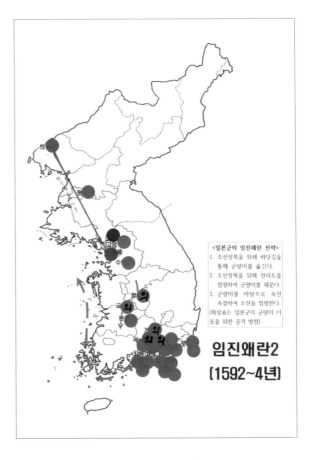

Tip

- 앞의 수업과 이번 수업을 하
  다 보면 학생들에게 의도치 않
  은 오개념을 심어 줄 수 있습니
  다. 예를 들어 옥포 해전은 전쟁

초기의 전투지만 두 번째 수업에서 처음 나옵니다. 왜냐하면 2번의 임진왜란 수업
이 시간 순서로 나눈 것이 아니기 때문입니다. 첫 번째 임진왜란 수업이 육지에서
의 일본 침략 과정과 조선 조정의 대처를 살펴본 수업이라면, 이 수업은 바닷길과
전라도를 보호한 이순신 장군과 의병들의 일본 침략 극복 과정을 알아보는 수업입
니다. 즉, 같은 시기를 주제별로 나눈 것입니다. 따라서 전쟁의 진행 과정이 수업의
순서와 다르다는 점을 반드시 짚어 줘야 합니다.

16. 조선, 다시 일본을 물리치다

곰선생의 고민

지난 수업에서 배웠듯이 조선은 이순신 장군과 의병의 활약으로 바닷길과 전라도를 지켜 냅니다. 하지만 정유재란이 시작되자마자 조선군은 칠천량 해전과 남원 전투의 패배로 바닷길과 전라도 지역을 일본군에 고스란히 내주고 맙니다. 학생들은 앞선 수업 덕분에 바닷길과 전라도 상실이 어떤 의미인지 이해하고 있습니다. 따라서 학생들은 자연스럽게 이후에 어떻게 바닷길과 전라도를 수복하고 종국에는 일본군을 물리치는지에 대해 의문을 제기합니다. 이번 수업은 정유재란 때 조선이 일본군을 물리치는 과정을 살펴볼 수 있도록 구성했습니다.

활동 준비

<u>관련 내용</u> : 조선 전기   <u>소요시간</u> : 40분

<u>준비물</u> : 임진왜란 과정 기록지 3(정유재란), 한반도 백지도 3, 스티커(3색)

1. 임진왜란 과정 기록지 3(정유재란)과 한반도 백지도 3을 모둠별로 준비합니다.

2. 모둠별로 초록색, 파란색, 빨간색 스티커를 줍니다. 초록색은 조선 조정의 위치를 나타냅니다. 전투 결과 조선군(혹은 조명연합군)의 승리는 파란색, 일본군 승리는 빨간색으로 표시합니다.

3. 네이버 블로그 '곰선생의 수업 이야기'의 '2018 임진왜란 세 번째 수업'에서 자료를 내려받을 수 있습니다.

진행 방법

1. 선생님이 임진왜란 후 있었던 명나라와 일본의 협상에 대해 이야기해 줍니다(Tip 참조). 결국 협상은 틀어지고 조선은 정유재란을 맞이합니다.

2. 한반도 백지도 3을 살펴봅니다. 남원과 칠천량에서의 일본군의 승리가 표시되어 있으니(선생님이 먼저 스티커를 붙여 둡니다) 학생들에게 그 의미를 물어봅니다.

- 일본이 바닷길을 장악했습니다.
- 일본이 전라도를 점령했습니다.
- 일본이 조선을 점령할 수 있는 힘을 얻은 셈입니다.

3. 임진왜란 과정 기록지 3(정유재란)을 보고 한반도 백지도 3에 나머지 전투 결과를 스티커로 표시합

임진왜란3
-정유재란-
(1597~8년)

임진왜란 과정3(정유재란) (1597.8.27.~1598.12.16.)

날짜	전투명	장소	전투 내용	승리국가 (장수)	패배국가 (장수)	조선 정부
임진왜란 2 끝 부분에 진주성이 함락 되어 정유재란 때는 일본이 전라도를 침략함.						
1597.7 .16	칠천량 해전	경남 거제	조선 수군 거의 전멸 일본의 바닷길 확보	일본		조선 (원균)
1597.8 .16	남원전투	전남 남원	전라도 내 전투	조선-명 (이복남-양원)		조선 (이복남)
1597.8 .16	황석산성 전투	경남 함양		조선 (곽준)		일본
1597. 8.27.	어란포 해전	전남 해남	이순신 복귀	조선 (이순신)		일본
1597. 9.7	직산전투	충남 천안		조선-명 (권율-양호)		일본
1597. 9.7	벽파진 전투	전남 진도	-	조선 (이순신)		일본
1597. 9.16	명량해전	전남 진도	12척으로 300척 물리침	조선 (이순신)		일본
1598. 9.21	울산성 전투	울산	-	무승부 (노란색 스티커)		서울 (한성)
1598. 10.7	순천전투	전남 순천		무승부 (노란색 스티커)		
1598. 11.19.	노량해전	경남 남해	이순신 전사	조선-명 (이순신-진린)		일본

임진왜란 과정 지도 만들기
① 음영 처리된 곳은 이미 지도에 표시되어 있으므로 그냥 두세요.
① 조선의 승리의 경우 파란색 스티커를 해당 장소에 붙이세요.
② 일본의 승리의 경우 빨간색 스티커를 해당 장소에 붙이세요.
③ 조선정부의 위치를 녹색 스티커로 해당 장소에 붙이세요.

니다. 완성된 자료를 임진왜란 지
도 3이라 부릅니다.

4. 임진왜란 지도 3을 해석합니다.

- 이순신 장군의 활약으로 조선
  이 바닷길을 되찾았습니다.
- 조선 관군과 의병들의 활약으
  로 조선은 전라도를 되찾았습
  니다.
- 정유재란 때 일본군은 남해안
  일대에서 내륙으로 더 올라오
  지 못했습니다.

Tip

- 선생님은 학생들에게 임진왜란과
  정유재란의 개념을 확실히 알려
  줘야 합니다. 임진왜란은 1592년
  에서 1598년까지 일본이 조선을
  침략해서 일어난 전쟁을 말합니
  다. 다만 임진왜란은 일본의 1차
  침략과 강화협상의 실패 이후 일

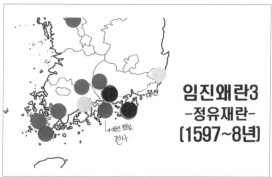

어난 2차 침략으로 나뉩니다. 임진왜란을 1차 침략과 2차 침략으로 나눌 때는 1차
침략을 임진왜란, 2차 침략을 정유재란이라 부릅니다. 즉, 조선과 일본의 전쟁 전
체를 임진왜란이라고도 부르고, 강화협상 전후로 나눌 때 앞의 전쟁을 임진왜란이
라고도 합니다.

- 다음은 임진왜란 후 명나라와 일본의 강화협상에 대한 설명입니다. 여기서 말하는

임진왜란은 1차 침략을 의미합니다.

임진왜란이 끝나고 전후 협상 책임자로 명나라 측에선 심유경, 일본 측에서는 고니시 유키나가가 뽑힙니다. 왜 조선은 전후 협상 책임자가 없을까요? 당시 조선은 군사지휘권을 명나라에 완전히 맡겼기에 강화협상에도 참가할 수 없었지요. 게다가 명나라는 강화의 명분을 만들기 위해 조선에게 강화를 간청하는 상소를 명나라 황제에게 올릴 것을 강요했습니다. 때문에 선조는 명나라에 일본과 강화해 달라고 간청하는 치욕스런 글을 쓰게 되지요.

일본은 강화의 조건으로 명나라 황녀를 일본 왕의 후궁으로 보낼 것, 조선의 반을 일본에 넘길 것, 조선의 왕자와 대신을 일본에 인질로 보낼 것을 주장합니다. 명나라 입장에선 당연히 받아들이기 어려웠겠지요? 심유경은 물론 고니시 유키나가도 강화가 어렵다는 사실을 알았습니다. 그러나 명군과 일본군 모두 전쟁 의욕을 잃고 양국 간 강화가 빨리 성사되기를 기다리고 있는 상황이었던 탓인지 심유경과 고니시 유키나가는 각자 본국을 상대로 사기극을 벌입니다. 먼저 명나라에는 일본이 무조건 전쟁을 멈출 테니 도요토미 히데요시를 일본 왕으로 봉한다는 책봉사를 보내 달라 요청했습니다. 일본에는 조선이 항복 사신을 일본에 보낼 것이며 명나라가 일본이 제시한 조건을 수용할 것이라 했지요. 명나라에서 보내는 책봉사를 조선의 항복 사신으로 꾸미려 한 건데요. 이런 사기극이 잘될 리가 있나요?

조선에서 왔다는 항복 사신이 사실은 명나라의 책봉사라는 것을 알게 된 도요토미 히데요시는 격노하게 됩니다. 이후 심유경과 고니시 유키나가의 사기극은 명나라에도 알려집니다. 명나라 측 강화 책임자 심유경은 처형되었고, 일본 측 강화 책임자 고니시 유키나가는 공을 세워 죄를 씻으라는 도요토미 히데요시의 명을 받고 정유재란의 선봉에 섭니다.

17. 의병장을 선발하라!

함께 있어 행복한 우리!

나선생의 고민

나라가 위기에 처할 때마다 역사책에 등장하는 의병. 제대로 된 무기도, 방어구도 없이 자신의 몸을 아끼지 않고 나라를 위해 싸운 그들이 정말 대단하다고 느꼈습니다. 의병들을 통솔하는 의병장에게는 어떤 능력이 필요할까요? 아이들과 함께 토론으로 정하고 의병장을 뽑아 보았습니다.

활동 준비

관련 내용 : 조선 시대   **소요 시간** : 10분   **준비물** : 긴 줄

1. 의병장에게 필요한 덕목을 정합니다. 예를 들어 상황 판단력, 순발력, 체력, 집중력, 용기 등이겠지요.
2. 각각의 덕목을 확인할 수 있는 놀이(대결)를 정합니다.

진행 방법

1. 상황 판단력과 순발력을 확인하기 위해 줄 씨름으로 대결합니다.
2. 친구와 세 발자국 정도의 거리를 두고 마주 섭니다.
3. 2~3m 정도 길이의 굵은 줄을 허리에 감고 팽팽하게 당깁니다.

4. 서로 줄을 세게 당기거나 놓으면서 상대방의 고정된 앞발을 움직이게 만들면 이기는 게임입니다.

5. 집중력과 체력을 확인할 수 있도록 칠판 양궁으로 대결합니다.

6. 칠판에 그린 과녁을 향해 장난감 활로 화살을 쏘거나 휴지에 물을 묻혀서 던지는 방법입니다.

7. 돌아가면서 3번씩 쏘거나 던져 점수를 계산합니다.

8. 각 대결에서 가장 높은 점수를 얻은 사람이 의병장이 됩니다.

Tip

• 모둠 활동이 많은 경우, 모둠장을 의병장으로 뽑는 것도 좋습니다.

• 의병들을 이끌기 위해서는 다양한 덕목이 필요하므로, 다른 덕목을 확인하기 위한 게임을 좀 더 만들어 대결하는 것도 좋습니다.

18. 학익진 가위바위보

함행우 나쌤

함께 있어 행복한 우리!

나선생의 고민

이순신 장군의 전설적인 전술인 학익진의 위대함을 놀이를 통해 알아보고 싶었습니다. 좁은 전투 공간에서 순서대로 승리해야 하는 상황을 만들고 정해진 시간 동안 체험했습니다.

활동 준비

관련 내용 : 조선 전기   **소요시간** : 1판에 1~2분   **준비물** : 초시계

1. 파도 소리 등 이순신 장군의 해상 전투 장면을 상상할 수 있는 배경음을 준비합니다.

2. 책상으로 좁은 전투 공간을 만듭니다.

진행 방법

1. 모둠별로 돌아가면서 학익진으로 다른 모둠을 방어합니다.

2. 방어 모둠은 4명이 학익진을 만듭니다.

3. 나머지 모둠은 한 줄로 서서 정해진 시간 동안 가위바위보로 공격합니다.

4. 연속해서 4번을 이겨야 학익진을 격파할 수 있습니다.

5. 활동 후 소감을 나눕니다.

![Tip]

- 정해진 시간이 지나면 강한 파도 소리로 공격하는 모둠이 모두 바다에 빠지는 상황을 표현하면 더 실감나는 체험을 할 수 있습니다.
- 방어 모둠이 방어에 성공하지 못하는 경우도 생길 수 있습니다. 그럴 경우에는 방어에 성공한 모둠의 수가 더 많다는 사실을 언급하며 학익진의 위대함을 설명하면 됩니다.

19. 임진왜란의 숨은 주인공들

열정의 봉선생

말랑말랑 즐거운 역사 수업!

봉선생의 고민

페르시아 전쟁 중에 세계 4대 해전이라고 부르는 '살라미스 해전'이 벌어집니다. 이 전쟁에서 승리한 그리스 아테네의 지도자 페리클레스는 하층민에게 참정권을 부여합니다. 왜 그랬을까요? 그들이 전쟁을 승리로 이끄는 데 큰 역할을 했기 때문이라는 주장이 지배적입니다. 당시 해전에서 승리하기 위해서는 배를 빨리 이동시키는 것이 중요했습니다. 당연히 '노잡이'들의 역할이 중요했지요. 손이 터져 피가 나도록 노를 저었던 노잡이들이 전투에서 승리하는 원동력이었음을 인정한 것입니다.

반면에 우리 역사 속 수많은 전쟁 기록에는 오직 장군들만 존재합니다. 때문에 아이들은 임진왜란 중 판옥선이나 거북선 안에서 이순신 장군과 함께 싸웠던 수많은 백성들, 숨은 주역들의 모습을 상상하기 어려워합니다.

저는 한때 무턱대고 다양한 층위의 사람들을 표로 만들어 아이들에게 그들의 입장을 생각해 보라고 했습니다. 하지만 별로 도움이 되지 않더군요. 아이들이 조선 시대를 살았던 다양한 사람들의 모습이나 생각을 상상하기에는 흥미도, 배경지식도 부족했습니다. 흥미를 일으킬 무언가가 필요했습니다. 그래서 생각한 것이 태양광 판옥선 (또는 거북선) 만들기 키트와 드라마였습니다.

활동 준비

관련 내용 : 조선 전기   **소요시간** : 80분

준비물 : 태양광 판옥선(또는 거북선) 조립 키트, 〈임진왜란 1592〉 영상

1. 인터넷에서 태양광 판옥선(또는 거북선) 만들기 키트(아카데미 과학)를 검색해 구입합니다.

2. 만들기 수업 전에 미리 큰 통에 물을 받아 놓습니다.

진행 방법

1. 조립 키트를 개봉하여 태양광 판옥선(또는 거북선)을 만듭니다. 모터를 다른 부품들과 연결할 때 특히 주의를 기울여야 합니다. 만드는 방법은 키트에 동봉된 설명서를 참고합니다.

2. 완성하는 순서대로 볕이 잘 드는 곳에서 모터가 잘 작동하는지 확인합니다. 작동이 잘되지 않으면 선생님과 연결 부분을 꼼꼼히 살펴봅니다.

3. 작동이 제대로 된다면 미리 받아 놓은 물 위에 조립한 배를 띄워 각자 진수식을 합니다.

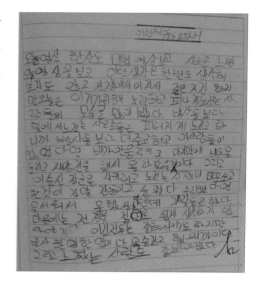

4. 학생들이 만든 태양광 에너지로 작동하는 배와 조선 시대 전쟁에 사용했던 배를 비교, 대조하여 비슷한 부분과 다른 부분을 찾아냅니다.

5. 드라마 〈임진왜란 1592〉의 영상을 함께 감상합니다.

6. 전투가 벌어지는 동안 노잡이의 모습을 상상한 글을 간단히 작성합니다.

Tip

• 태양광 판옥선(또는 거북선) 조립 키트를 완성한 후 조선 시대에 사용한 판옥선(또는 거북선)과 비교했습니다. 학생들은 결정적인 차이점으로 조선 시대에는 사람이 노를 저었지만, 만들기 키트는 자동으로 노가 저어진다는 점을 이야기합니다.

• 설명서를 미리 스캔하여 단계별로 화면에 제시하며 수업을 진행하시길 권장합니다. 학생마다 조립하는 수준이 천차만별이기 때문에 모둠 내에서 도와가며 만들도록 합니다.

• 드라마 〈임진왜란 1592〉 2부 '조선의 바다에는 그가 있었다'를 다운로드해서 미리 편집해 보여 주었습니다.

• 제가 운영하는 네이버 블로그 '사신 프로젝트 두드림'에 접속해 '진수식'으로 검색어를 입력하면 학생들이 물 위에 판옥선(또는 거북선)을 띄워 작동시킨 모습을 영상으로 볼 수 있습니다.

20. 임진왜란 TRPG

물랑말랑 즐거운 역사 수업!

봉선생의 고민

우리나라 역사적 사건 가운데 가장 많은 인물과 흥미진진한 에피소드를 담고 있는 사건을 하나 꼽아 볼까요? 저는 임진왜란이 떠오릅니다. 이 수업을 내러티브식으로 진행하면 아이들은 교사의 이야기에 몰입하여 빠져나올 줄을 모릅니다. 개인적으로는 처음으로 학생 전체에게 박수를 받았던 수업이기 때문에 애정이 남다릅니다. 하지만 학생들이 선생님의 이야기를 전부 기억하지는 못합니다. 결국 모든 이야기는 증발되고, 학생들은 중요내용을 암기하는 것으로 공부를 마칩니다.

사실 임진왜란은 이야기 구조가 무척 복잡합니다. '그래도 이야기를 잘 정리해서 여러 번 들려주면 익숙해지지 않을까?'라고 생각하다 임진왜란 TRPG를 만들게 됐습니다. TRPG란 'Table-talk(Table-top) Role Playing Game'의 약자입니다. 게임 마스터가 스토리텔링 형식으로 게임을 진행하며, 플레이어들은 각자 역할을 부여받아 게임에 참여합니다.

제가 게임을 만들 때 항상 고민되는 지점이 있습니다. 일본군 역할을 누가 하느냐입니다. 아이들에게 일본군의 역할을 부여하는 것은 교사 입장에서도, 학생들 입장에서도 정서적으로 부담이 되는 것이 사실입니다. 그래서 임진왜란 TRPG에서는 일본군 역할을 카드가 하고, 학생들은 의병 역할을 하도록 게임을 구성했습니다.

활동 준비

관련 내용 : 조선 전기   **소요시간** : 60분

준비물 : 실제 크기의 대동여지도, 마이크, 골판지 상자로 만든 주사위, 이지커팅카드페이퍼, 미니 화이트보드, 보드 마커

1. 실제 크기의 대동여지도(티처몰에서 구입 가능)를 준비하고, 게임 카드를 이지커팅 카드페이퍼에 출력하거나 수작업으로 제작합니다. 카드는 전략 카드(18장)와 일본 군 카드(102장)로 나뉘고, 모든 카드의 뒷면에는 지역 이름이 쓰여 있습니다.

2. 주사위는 골판지 상자에 색지를 붙여 만들었습니다. 3면은 파란색 색지, 3면은 빨 간색 색지를 붙이고 각각 점을 1에서 3까지 표시했습니다.

3. 학생들에게 2명씩 짝을 짓고 출신 지역(함경도, 평안도, 함경도, 강원도, 경기도, 경상 도, 충청도, 전라도)을 선택하게 합니다. 경상도, 전라도는 다른 지역보다 게임에 먼 저 참여하게 되므로 더 많은 팀을 배정하는 것이 좋습니다. 혹시 참여하기 어려운 학생이 있다면 주사위를 던지는 '주사위의 신' 역할을 부여합니다.

4. 미니 화이트보드(2인당 1개)에 의병의 이름, 레벨, 병력, 사기, 공격력, 경험치 등을 기록합니다.

5. 학생들은 지역별 카드를 해당 지역의 칸에 배치합니다. 그리고 팀별로 누가 먼저 '의병' 역할을 수행할 것인지 결정하고 지도의 육지 바깥으로 나가서 섭니다. 만약 경기도 의병이라면 경기도 땅 바로 옆에 섭니다.

진행 방법

1. 게임 마스터는 게임의 시작을 알리고, 시나리오를 낭독하며 게임을 진행합니다.

2. 게임 마스터의 명령에 따라 전국에서 최초로 의병을 일으킨 경상도 지역 의병부터 게임에 참여합니다. Tip에서 예시로 제시한 시나리오대로라면 경상도 의병은 세 번째 턴부터 활동을 시작합니다. 전라도 의병은 7턴부터, 그 외 지역의 의병들은 8 턴부터 시작합니다.

3. 세 번째 턴부터 주사위의 신이 주사위를 던지고 그 결과에 따라 활동이 시작된 의
병들이 움직입니다. 예를 들어 미리 정해진 역할 구분에 따라 파랑이 나오면 전라
도, 경상도, 함경도, 평안도 의병이 움직이고, 빨강이 나오면 경기도, 황해도, 강원
도, 충청도의 의병이 움직입니다. 주사위의 신이 주사위를 던졌는데 빨간색 면이
나왔다면 세 번째 턴일지라도 경상도 의병은 이동할 수 없습니다. 주사위 점의 수
는 지도 안에서 이동할 수 있는 칸의 수입니다.

4. 만약 일본군 카드가 놓인 곳으로 이동했다면 가위바위보 전투를 시작합니다. 일
본군의 전략은 카드에 고정되어 있기 때문에, 의병이 처음에는 지더라도 결국에는
일본군의 전술을 기억해 이길 수 있습니다. 계산병이 일본군 카드의 순서대로 가
위바위보를 내며 의병과 전투를 진행합니다.

5. 의병은 이동 중 얻게 된 전략 카드를 게임 마스터에게 가져다줍니다. 게임 마스터

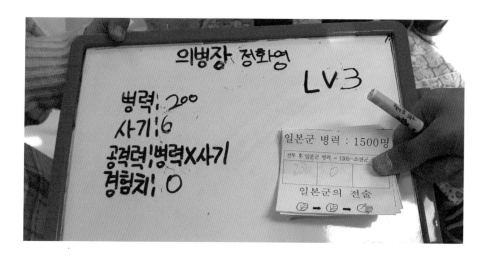

가 그 내용을 낭독하면, 그에 따라 의병들의 상황이 달라집니다.

6. 한 턴에 가위바위보는 일본군 전략 카드에 제시된 3번만 합니다. 한 턴에 일본군을 물리치지 못하면 이동할 수 있는 주사위 색이 나오더라도 움직일 수 없습니다.

7. 가위바위보 전투에서 승리할 때마다 의병의 증가한 공격력만큼 일본군의 병력은 감소합니다. 의병의 공격력은 '병력×사기'로 계산합니다. 의병이 일본군을 물리치면 해당 일본군 카드를 의병이 획득하게 되고, 의병은 경험치 35를 얻게 됩니다. 일본군 카드 3장을 획득하면 경험치가 100이 넘게 되므로, 레벨이 '1' 올라가고 사기(1)와 병력(100)이 각각 상승합니다.

8. 위와 같은 방식으로 일본군을 모두 몰아낼 때까지 게임을 진행합니다. 게임 마스터는 턴을 늘이거나 줄일 수 있으며, 게임 상황을 고려하여 주사위의 신에게 주사위를 추가로 던지게 하는 것도 가능합니다. 또 격려 카드를 별도로 준비해 "이순신 장군께서 의병들을 격려해 사기 '2'가 올랐습니다."와 같은 멘트로 게임의 난이도를 조절할 수 있습니다.

9. 게임의 승패를 가르고자 한다면 일본군을 몇 명 몰아냈는지 획득한 일본군 카드를 세어 결정할 수 있습니다.

Tip

- 게임이 익숙해지면 일본군의 공격력을 산정해 전투를 치르는 과정에서 의병 역시 피해가 생기게 설계하면 더욱 흥미진진한 게임을 진행할 수 있습니다.
- 제가 사용한 시나리오를 첨부합니다.

1) 부산진에서 일본군과 최초의 전투가 있었습니다. 정발 장군은 일본군의 조총에 맞아 쓰러지고, 성 안의 군민들은 끝까지 저항했으나 모두 전사했습니다. 의병들의 사기가 1 내려갔습니다.

2) 동래 부사 송상현은 길을 내어 달라는 일본군에게 "싸워 죽기는 쉬우나, 길을 빌려 주기는 어렵다."고 답하고 항전했으나 동래성은 함락되었습니다. 의병들의 사기가 1 내려갔습니다.

3) 경상도 지역의 의병은 플레이를 시작합니다. 주사위의 신은 지금부터 매턴 주사위를 던져 주세요! 일본군 카드를 만난 학생들은 가위바위보 전투를 합니다.

4) 충주 탄금대와 접해 있는 달천 평야에 배수의 진을 친 신립 장군과 기병들! 일본군 조총 부대에게 무너지고 충주성이 함락되었습니다. 의병들의 사기가 1 내려갔습니다. 조선 조정은 광해군을 세자로 책봉합니다.

5) 선조가 한양을 떠났고, 일본군에게 수도 한양을 빼앗깁니다. 사기가 2 내려갔습니다.

6) 이순신 장군이 옥포 해전에서 첫 승리를 알립니다. 이순신의 등장으로 사기가 2 올라갔습니다. 조정은 평양으로 이동합니다.

7) 전라도 지역의 의병도 플레이를 시작합니다.

8) 이순신 장군의 함대가 사천 해전에서 승리를 거둡니다. 이때 거북선이 처음 등장합니다. 사기가 1 올라갔습니다. 모든 지역의 의병들이 플레이를 시작합니다.

9) 조선 조정은 평양을 포기하고 의주로 이동합니다. 선조는 명나라로 망명을 결심하고 조정을 나눕니다. 사기가 1 내려갔습니다.

10) 평양성이 함락되었습니다. 사기가 1 내려갔습니다.

11) 일본군이 호남을 공략하기 위해 금산을 점령해 진영을 구축했습니다. 그리고 전주성을 향해 부대를 진격시킵니다. 격전을 벌인 웅치 전투에서 일본군의 병력과 장비가 손실을 입었고, 이치 전투에서는 권율이 이끈 조선군이 승리를 거둡니다. 같은 날 이순신 장군도

한산도 대첩에서 승리합니다. 사기가 2 올라갔습니다.

12) 13) 14) 15) 스토리 없이 턴을 넘기며 전투를 이어 갑니다.

16) 의병과 계산병이 역할을 바꿉니다.

17) 조헌과 700의병, 영규와 800승병이 금산에서 격렬한 전투를 벌이나, 전원 전사합니다. 사기가 1 내려갔습니다.

18) 일본의 3만 대군이 호남 지방으로 가는 길목이자 전략적 요충지인 진주성을 포위했습니다. 3,800 대 3만 대군의 싸움이 시작되었습니다. 진주성 관민이 힘을 합쳐 6일간 항전한 끝에 일본군을 막아 냅니다. 바로 진주대첩입니다. 비격진천뢰와 같은 신무기가 쓰인 것으로 보입니다. 사기가 2 올라갔습니다. 전투가 끝날 무렵 김시민은 순국하고 맙니다.

19) 길고 긴 임진년이 지나고, 조명연합군이 평양성을 탈환합니다. 사기가 1 올라갔습니다.

20) 명나라 장수 이여송은 후퇴하는 일본군을 뒤쫓다 벽제관에서 크게 패합니다. 사기가 1 내려갔습니다.

21) 후퇴하던 일본군은 행주산성으로 향합니다. 이치 전투를 승리로 이끌었던 권율과 3,000 관민들이 지키는 행주산성을 일본군 3만이 포위합니다. 화차와 같은 신무기와 관민들의 용기로 일본의 대군을 물리친 행주대첩입니다. 사기가 2 올라갔습니다.

22) 평양성을 빼앗기고 행주산성에서 크게 패한 일본군은 도요토미 히데요시의 명령에 따라 조선 전역 지배를 포기하고 삼남 지방을 점령하기 위해 모든 병력을 동원해 진주성을 다시 공격합니다. 이 전투에 12만 일본군 가운데 9만 3,000의 병력이 동원되었습니다. 당시 진주성을 지키던 관민의 수는 5,800명! 17 대 1의 싸움. 조선군은 25번의 전투 가운데 24번을 승리합니다. 하지만 전투 9일차 폭우가 내려 성벽이 무너지는 바람에 진주성은 함락되고 성을 지키던 관민들은 몰살당합니다. 그러나 이미 병력의 3분의 1을 잃은 일본군은 추가 진격을 포기하고 부산으로 퇴각합니다. 사기가 1 올라갔습니다. 전쟁은 소강 상태에 빠집니다.

23) 조선 조정은 훈련도감을 창설합니다. 훈련도감은 직업군인들로 이루어졌으며 일본 조총 부대에 맞서기 위해 조총을 사용하는 포수들을 양성합니다. 활을 사용하는 사수와 창과 칼로 근접전을 벌이는 살수도 점차 추가 배치하여 삼수병 체제가 됩니다. 사기가 1 올라갔습니다.

24) 명과 일본의 강화 교섭이 결렬됨에 따라 다시 전쟁이 발발합니다. 이를 정유재란이라 합니다.

25) 이순신은 모함으로 지위를 박탈당해 백의종군하게 됩니다. 사기가 1 내려갔습니다.

26) 다시 의병과 계산병이 역할을 바꿉니다.

27) 원균이 칠천량 해전에서 대부분의 병력과 전함을 잃고 생을 마감합니다. 사기가 1 내려갔습니다.

28) 조정에서 이순신을 삼도수군통제사로 임명하고 조선의 수군을 맡깁니다. 칠천량에서의 패배로 궤멸 상태였던 조선 수군을 이끈 이순신은 13척의 배로 133척의 일본 군함을 물리칩니다. 이를 명량 해전이라고 합니다. 모두가 '필사즉생 필생즉사'의 마음으로 전투에 임했습니다. 사기가 2 올라갔습니다.

29) 이제 길고 긴 7년 전쟁도 끝이 보입니다. 퇴각하는 일본군의 전함을 쫓는 이순신. 그는 조선의 백성들을 괴롭히고 조선 땅을 짓밟은 자들이니 그냥 돌려보낼 수 없다는 생각으로 끝까지 전투에 임했고, 승리를 거둡니다. 바로 노량 해전입니다. 하지만 이순신은 노량 해전에서 일본군의 총탄에 맞아 세상을 떠납니다.

30) 일본군이 완전히 철수하고 전쟁이 끝납니다.

- 전략 카드의 내용도 참고용으로 제시합니다.
  - 처음 위치로 카드 : 4장(뒷면 : 함경, 평안, 황해, 경기 각1)
  - 원하는 곳으로 순간이동 카드 : 4장(뒷면 : 전라, 충청, 경상, 강원 각1)
  - 레벨 업(분조를 이끄는 광해군 격려) 카드 : 2장(뒷면 : 경기, 강원 각1)
  - 불국사가 불에 타다(뒷면 : 경상) 1장 : 사기 −1
  - 경복궁과 창덕궁이 불에 타다(뒷면 : 경기) 1장 : 사기 −1
  - 일본군이 조선 백성의 코와 귀를 베어 가다(뒷면 : 충청, 전라, 경상) 3장 : 병력 −100
  - 일본군이 조선의 활자공들을 잡아가다(뒷면 : 경기) 1장 : 병력 −100
  - 일본군이 조선의 도공들을 잡아가다(뒷면 : 경기) 1장 : 병력 −100
  - 관군과 힘을 합쳐 일본군에 대항하다(뒷면 : 경상) 1장 : 병력 +100

미완의
개혁으로
나라를 잃다

조선 후기

1. 토론의 벽과 댓글의 벽

나선생의 고민

교사는 가르치는 존재인가? 교실을 배움이 가득한 환경으로 만드는 존재인가? 교실 환경을 배움이 있는 공간으로 만들고 싶었습니다. 그래서 2가지 방법을 실천해 보았습니다.

활동 준비

관련 내용 : 모든 시대 언제든 활용할 수 있는 놀이 수업   **소요시간** : 지속

준비물 : 토론의 벽, 댓글의 벽 게시판, 포스트잇

1. 교실 한쪽 벽에 토론의 벽과 댓글의 벽을 만듭니다.

2. 게시판 토론은 충분히 시간을 가지고 연습합니다.

진행 방법

▶ **토론의 벽**

1. 게시판에 논제를 붙이고 간단하게 설명하는 글을 적습니다. 논제는 주마다 바꿔줍니다.

2. 찬성 의견과 반대 의견을 각각 색이 다른 포스트잇에 적어서 붙입니다.

3. 중요한 쟁점은 수업의 소재로 활용하는 것도 좋습니다.

▶ 댓글의 벽

1. 노란색 포스트잇에 자신의 이름과 함께 학습에 관해 궁금한 것이나 개인적인 고민을 적어 붙입니다.

2. 노란색 문제 포스트잇 아래 답과 해설, 혹은 고민 해결책을 적은 하늘색 포스트잇을 붙입니다. 물론 자신의 이름도 적습니다.

3. 답과 해설, 혹은 고민 해결책이 이해되지 않으면 글을 적은 친구를 찾아가 좀 더 자세한 설명을 들을 수 있습니다.

4. 주기적으로 '최고 댓글상', '최다 댓글상' 등을 선정하여 명예의 전당에 올립니다.

Tip

• '토론의 벽'을 통해 평소 토론할 수 있는 기회를 제공하면 좋습니다.

• 학급을 넘어 학년이 함께 '댓글의 벽'을 만들어 주요 안건을 정해 함께 이야기를 나누며 좋은 생각을 도출해 낼 수도 있습니다.

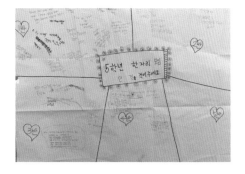

2. 상상력을 키우는 키워드 글쓰기

함행우 나쌤

함께 있어 행복한 우리!

나선생의 고민

역사책에서 쉽게 볼 수 있는 연표는 시간의 흐름에 따라 중요한 사건들을 기록해 놓은 것입니다. 무심코 지나치는 연표를 의미 있게 활용하고 싶었습니다. 연도와 사건만 보고 어떤 일이 있었는지 상상해서 글을 쓰고, 나중에 공부하면서 내가 쓴 글이 실제 역사와 비슷한지 확인하면 재미있겠다는 마음으로 활동을 시작했습니다. 저는 '키워드 글쓰기'를 조선 시대에 활용했으나 사실 어느 시대든 훌륭한 수업 방법이 될 수 있으니 적절히 활용해 보세요.

활동 준비

관련 내용 : 모든 시대 _{언제든 활용할 수 있는 놀이 수업}　　　**소요시간** : 10분

준비물 : 연표, A4 용지, 필기구

1. 미리 연표와 관련 내용을 살펴보지 않은 상태에서 활동을 합니다.

2. 연표에 있는 핵심 사건과 연도를 칠판에 잘 보이도록 써 둡니다.

진행 방법

1. 시대별 도입 부분에 나와 있는 키워드와 연도를 칠판에 적습니다.

2. 본격적인 학습에 들어가기 전에 키워드와 연도를 보고 상상력을 동원해 '키워드 글쓰기'를 합니다.

3. 글쓰기를 마친 후 모둠에서 돌려 읽으며 다른 친구들은 어떤 상상을 글로 썼는지 알아봅니다.

4. 학습 내용을 다 배운 후 키워드와 연도를 이용해서 요약 글쓰기를 합니다.

5. 키워드 글쓰기와 요약 글쓰기의 내용을 비교해서 살펴봅니다.

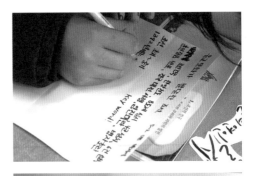

Tip

• 키워드 글쓰기를 할 때 칠판에 적혀 있는 핵심 키워드를 다른 색으로 적으면 이를 넣어서 글을 완성했는지 쉽게 확인할 수 있습니다.

• 관련 내용을 모두 공부한 후 다시 한 번 키워드 글쓰기를 반복하면 복습의 효과가 있습니다.

3. 라운드 로빈

함행우 나쌤

함께 있어 행복한 우리!

나선생의 고민

역사 속에 등장하는 특별한 아이디어를 활용해 보고 싶었습니다. 동학농민운동과 관련해 등장하는 사발통문이 17세기 프랑스에서도 '라운드 로빈'이란 이름으로 사용되었다는 것을 알게 되었습니다. 주동자를 알 수 없도록 선언문에 이름을 돌아가며 쓰는 사발통문을 수업에서 활용해 봤습니다.

활동 준비

관련 내용 : 모든 시대 ^{언제든 활용할 수 있는 놀이 수업}　**소요시간** : 10분

준비물 : 4절 도화지, 유성매직

1. 라운드 로빈과 사발통문에 대해 아이들에게 들려줍니다.

2. 모둠에서 나눈 토론 내용을 발표할 때 누구의 의견인지 알 수 없도록 합니다.

진행 방법

1. 토의할 주제를 정하고 모둠을 구성합니다.

2. 모둠 내에서 번호를 정하고, 모둠도 번호를 정합니다.

3. 4절 도화지를 나누어 주고 모둠 이름, 토의 주제를 한가운데 적습니다.

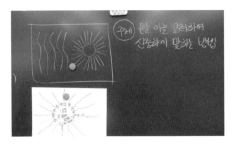

4. 주제에 대해 모둠원들이 번호순으로 발표합니다.

5. 발표한 의견을 주제를 중심으로 종이를 돌려가면서 원으로 기록합니다.

6. 모둠도 번호순으로 돌아가며 발표합니다.

7. 1모둠의 첫 번째 의견, 2모둠의 첫 번째 의견, 3모둠의 첫 번째 의견, …. 이런 순서로 돌아가며 발표하고, 더 이상 의견이 없으면 "○모둠 끝!"이라고 말합니다.

8. 전체의 의견을 정할 때는 다시 라운드 로빈 방식으로 정리합니다.

Tip

• 학급회의에서 전체 의견을 모으기 전 모둠 내에서 생각을 나눌 때 사용합니다.

4. 4장을 모아라!

나선생의 고민

역사적 사실을 세트로 기억하면 어떨까요? 예를 들어 '세종대왕' 하면 '조선의 4대 왕', '훈민정음', '4군 6진 개척' 등 다양한 내용이 나옵니다. 4장의 카드에 핵심 키워드를 하나씩 적어 세트로 만들어 놀이를 통해 기억하면 좋겠다고 생각했습니다.

활동 준비

관련 내용 : 모든 시대 언제든 활용할 수 있는 놀이 수업   **소요시간** : 20분

준비물 : 4명 기준 팀별 64개 종이 카드

1. 관련 내용을 복습할 때 사용하면 좋습니다. 교과서를 보면서 세트로 묶을 수 있는 4가지 키워드를 찾아 적습니다.

2. 먼저 규칙에 대해 합의합니다. 1장당 1점을 받고, 4장 1세트를 모두 모으면 추가 점수를 받는 등 적용할 규칙을 정하고 시작합니다.

진행 방법

1. 개인별로 4장의 카드가 서로 연결되도록 총 4세트, 16장을 만듭니다. 4명이면 총 64장의 카드가 됩니다.

2. 4장이 한 세트가 되도록 문제와 답 또는 답의 다른 표현으로 만듭니다.

3. 개인별로 7장을 갖고 바닥에 6장을 내려놓고, 나머지는 모은 후 뒤집어 쌓아 둡니다.

4. 순서대로 1장을 내려놓고, 뒤집어 놓은 카드 더미에서 1장을 뒤집습니다.

5. 바닥에 있는 것과 같은 것을 내거나 뒤집으면 가져갈 수 있습니다.

6. 점수를 가장 많이 낸 사람이 승리합니다.

Tip

• 만든 사람이 의도한 세트가 아니지만 역사적 의미와 사실로 연계해 설명할 수 있고, 참여한 사람들이 동의하면 가져갈 수 있습니다. 예를 들어 세종대왕 세트에 장영실이 없었지만 세종대왕과 장영실을 연결해서 설명하면 가져갈 수 있습니다.

• 모둠에서 만든 카드를 잘 정리해 다른 모둠의 카드와 바꾸거나 섞어서 다시 놀이를 해도 좋습니다.

5. 이념이 합리를 가린 시대

곰 잘했어요 곰선생

재미에서 배움으로!

곰선생의 고민

병자호란은 중국 명·청 교체기 동아시아 정세 변화에 의해 일어났습니다. 그러나 조선 조정에서 화를 키운 것도 분명한 사실입니다. 청이 득세하는 현실을 제대로 보지 못한 채, 명에 대한 사대주의에 빠져 있던 조선의 외교적 오판이 병자호란을 낳은 것입니다. 고려 시대, 거란과 송나라의 대립 사이에서 실리적인 이익을 취했던 고려와 비교하면 아쉬움이 많습니다. 이 수업에서는 병자호란의 원인 알기를 통해 합리적인 선택의 중요성을 짚어 봤습니다.

활동 준비

관련 내용 : 조선 시대　**소요시간** : 40분

준비물 : 광해군과 인조의 기록, 고려 대외 관계 자료, 사인펜(2색)

1. 광해군과 인조의 기록, 고려 대외 관계 자료를 학생 수만큼 준비합니다.
2. 네이버 블로그 '곰선생의 수업 이야기'의 '병자호란 원인 알기'에서 자료를 내려받을 수 있습니다.

진행 방법

1. 선생님이 명·청 교체기의 동북아시아 정세에 대해 설명합니다. 특히 청나라 입장에서는 명을 공격하기 전 조선의 입장을 확실히 확인해야 하는 상황임을 강조합니다.

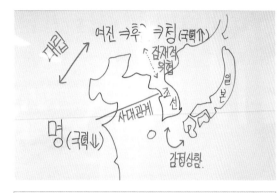

2. 광해군과 인조의 기록은 『조선왕조실록』에서 「광해군 일기」와 「인조실록」 중 여진, 후금, 청이란 키워드로 검색한 결과임을 학생들에게 알려 줍니다. 이때 여진이 세운 나라가 후금이며 이후 후금이 청으로 이름을 고친 것임을 꼭 알려 주어야 합니다.

3. 광해군과 인조의 기록에 등장하는 어려운 단어를 선생님에게 물어 설명을 듣습니다.

4. 학생들에게 광해군과 인조의 기록을 살펴본 뒤 청의 입장에서 그 기록이 우호적이면 파란

병자호란이 일어난 까닭 알기		
연도	실록 기록	우호/대립
1616(광해8년)	누르하치가 전 만주를 통일한 후 후금을 세우다.	
1618(광해10년)	누르하치가 명나라에 선전 포고를 하다.	
1618(광해10년)	명나라 요동 책임자 무원의 군사 지원 요청에 신하들은 찬성하였으나 왕이 반대하고 후금과 싸우지 않으려 하다.	
1618(광해10년)	명나라 요동 책임자 양호의 강요로 강홍립을 장군으로 군사를 파견하나 조명연합군은 심하 전투에서 패하고, 강홍립은 후금에 항복하여 전쟁의사가 없는 왕의 생각을 후금에 전하다.	
1619(광해11년)	후금이 사신을 보내 함께 명을 공격하자고 하자 왕이 누르하치에게 좋은 말로 응답하도록 하다.	
1621(광해13년)	왕이 명나라 몰래 만포 첨사 정충신을 후금에 보내 교류함.	
1622(광해14년)	후금이 강한 나라임을 인정하고 오랑캐라 낮춰 부르던 것을 공식적으로 후금이라 인정하다.	
1623(인조1년)	신하들의 반란으로 인해 광해군이 쫓겨 나고 인조가 왕이 되다.	
1623(인조1년)	왕이 심하전투에서 후금에게 죽은 김응하의 부인에게 상을 하사하다.	
1626(인조4년)	명 사신과 대화에서 후금이 명나라에게 패배한 사실을 왕이 기뻐하다.	
1627(인조5년)	후금이 처들은 정묘호란이 일어나 왕이 피천함. 후금과 교류한다는 협상을 하고 전쟁을 끝냈으나 많은 백성들이 끌려가다.	
1627(인조5년)	안주에 성을 더 높이 쌓으려 하자 후금이 전쟁 준비로 의심하다.	
1627(인조5년)	후금이 정묘호란 때 끌려간 백성을 도망쳐 조선으로 돌아온 자들을 잡아 올 것을 요구하다.	
1632(인조10년)	후금사신 남혁이 정묘호란 때 끌려간 백성 중 도망쳐 조선으로 돌아온 자들을 잡아올 것을 요구하다.	
1632(인조10년)	후금사신 중남이 왕 앞에서 거만한 태도를 보이다.	
1632(인조10년)	평안 감사 민성휘가 후금 사신이 대접을 소홀히 받았다고 투정한다고 왕에게 보고하다.	
1632(인조10년)	후금의 사신이 자신을 명나라 사신과 동등하게 대우해 줄 것을 요구하다.	
1633(인조11년)	후금이 조선의 예물을 거부하다.	
1633(인조11년)	왕이 후금에 격문(화가 담긴 외교문서)을 보내고자 하나 신하들이 자제를 부탁하다.	
1636(인조14년)	후금의 사신이 후금의 왕이 황제가 되고자 한다고 전하다. 왕은 아들 인정하지 않고 사신이 쫓기듯 나가다.	
1636(인조14년)	왕이 청(후금의 왕이 황제가 되고 나라이름을 청으로 바꿈)에 격문을 보내다.	
우호개수	5개 ⇒ 0개	병자호란
대립개수	0개 ⇒ 13개	(1639년)
시기	광해군 ⇒ 인조	

색 사인펜으로, 대립적이면 빨간색 사인펜으로 체크하라고 합니다.

5. 광해군과 인조의 우호적 횟수와 대립적 횟수를 확인하고, 그 결과를 해석합니다.

- 광해군 때는 청나라에 우호적이었으나 인조 때는 적대적인 기록이 많습니다.
- 청나라에 적대적인 외교 때문에 병자호란이 일어난 것 같습니다.

6. 인조의 청나라 외교와 고려 대외 관계 자료를 비교하여 분석하도록 합니다.

- 고려는 송나라와 거란 양쪽 중 한 편을 들지 않았습니다.
- 고려는 송나라로부터 선진문화를, 거란으로부터 강동6주를 얻었습니다.
- 조선의 인조는 명나라만 따르고 여진(청)을 무시했습니다.
- 조선의 태도는 결국 여진(청)의 침략을 불러왔습니다.
- 한 나라의 외교는 실리적이어야 합니다.

Tip

- 수업을 진행하다 보면 학생들이 광해군은 능력 있고 착한 사람인데 당시 사대주의적 사고 때문에 희생된 사람으로 인식하는 경우가 있습니다. 이는 이 또래의 학생들이 대조되는 사람을 이분법적으로 나누어 인식하는 경향 때문입니다. 즉 인조와 달리 중립외교를 펼친 광해군에게 긍정적 인식을 부여하는 것이지요. 또 영화 〈광해〉의 영향도 크다고 볼 수 있겠네요. 그러나 역사적 인물을 이분법적으로 인식하는 것은 바람직하지 않습니다. 따라서 학생들의 광해군에 대한 인식이 한쪽으로 치우치지 않도록 다음과 같은 피드백이 필요합니다.

광해군은 현실적이고 중립적인 외교로 후금이 조선을 침략하지 않도록 노력합니다. 그러나 광해군은 국내 정치에 있어서는 한계를 드러냅니다. 그는 사람에 대한 의심이 심하여 형과 이복동생을 죽음으로 몰고 갑니다. 물론 여기까지는 광해군이 자신의 권력을 다지기 위한 조처였다고 이해할 수도 있겠습니다. 그러나 이후에도 광해군은 자그마한 사건도 역모사건으로 부풀렸습니다. 역모사건 조사는 이이첨이란 신하에게 일임하여 이이첨 일파라는 새로운 부패 권력을 만들어 냈고 나중에는 이이첨과 함께 몰락하게 되지요. 광해군은 실리적인 외교를 펼친 왕이기도 했지만 국내 정치에 한계를 보인 왕이기도 했습니다.

6. 신분제 체험으로 시작하는
조선 후기 문제 해결

곰 질했어요 곰선생

재미에서 배움으로!

곰선생의 고민

조선 후기는 서민 문화가 발달하고 실학이 대두되었던 시기입니다. 서민 문화의 발달과 실학의 대두는 조선 후기 사람들의 문화적 역량과 사회 인식의 성숙으로 해석할수 있습니다. 하지만 거꾸로 생각하면 그만큼 사대부의 문화가 서민들과 유리되어 있었고 사회 문제가 개혁이 필요할 만큼 가시적으로 드러났다는 것을 의미하기도 하죠. 저는 조선 후기 사회 문제와 개혁 노력과 관련된 수업을 신분제 문제에서 출발했습니다. 이번 수업에는 조선 후기 신분사회를 간접적으로 체험해 보고, 그에 따른 사회 문제를 기반으로 개혁을 위한 노력을 가설로 설정해 보도록 구성했습니다.

활동 준비

관련 내용 : 조선 후기   **소요시간** : 40분   **준비물** : 신분이 적힌 쪽지

1. 신분이 적힌 쪽지를 학급 인원수만큼 준비합니다. 양반, 상민, 천민으로 나누어 쓰되 상민을 가장 많게 합니다.

진행 방법

1. 당시 조선 후기 사회에 대해 설명합니다. 성리학적 사고의 한계와 붕당, 삼정문란

등 제도적 한계를 꼭 설명해야 합니다.

2. 학생들에게 하루 동안 조선 시대 신분제 체험을 하겠다고 미리 예고합니다. 그리고 신분을 정하기 전에 각 신분이 할 일을 알려 줍니다.

양반	상민(농업, 상업, 수공업)	천민
· 천민에게 심부름을 시킨다. · 수업 중 모둠 활동을 지휘한다. · 청소를 비롯한 학급 일에 동원되지 않는다.	· 청소를 비롯한 학급 일을 한다. · 수업 중 모둠 보고서를 제작한다. · 양반을 보면 먼저 인사한다. · 양반의 말에 반론하지 않는다.	· 양반이나 상민을 보면 먼저 인사한다. · 양반의 심부름을 수행한다. · 양반의 말에 반론하지 않는다.

3. 학생들에게 양반, 상민, 천민이 적힌 신분 쪽지를 무작위로 나누어 줍니다. 쪽지에 적힌 신분이 오늘 하루 자신의 신분이 됩니다.

4. 신분제 체험 활동을 통해 알게 된 것을 정리해 봅니다.

• 조선 시대 신분은 노력과 상관없이 얻어지는 것이기 때문에 쪽지로 신분을 정한 것입니다.

• 양반은 특권을 누리고 천민에게 심부름을 시킬 수도 있습니다.

• 상민은 학급 일을 했는데, 조선 시대의 상민은 세금이나 군역 등 나라에서 부여한 의무를 다해야 했습니다.

- 양반에 비해 상민과 천민이 너무 고생했습니다.

- 당시 조선 사회는 성리학적 사고와 붕당 문제로 인해 신분제 문제를 해결하는 데 한계가 있었을 것 같습니다.

5. 신분제 체험 활동 후 선조들은 어떻게 신분제의 문제를 해결했을지 포스트잇에 적습니다. 칠판에 포스트잇을 비슷한 내용끼리 모아 붙인 후 정리합니다.

- 반란을 일으킨다. (→ 농민봉기)

- 새로운 문화를 만든다. (→ 서민 문화)

- 붕당을 없애고 나라를 개혁한다. (→ 탕평책)

- 새로운 학문을 만든다. (→ 실학)

Tip

- 아이들의 신분제 문제 해결 방법을 주제로 이후 수업을 구성해 봅니다. 이 책에서는 실학(7장 10. 실생활에 도움이 되는 학문, 실학), 농민봉기(7장 12. 차별과 수탈은 이제 그만!) 관련 수업을 소개합니다.

- 학생들은 조선 시대 사람들이 신분제 타파를 쉽게 주장했으리라 생각하곤 합니다. 그래서인지 "선조들이 어떻게 문제를 해결했을까?"라는 질문에 많은 학생들이 망설임 없이 "신분제 타파요!"라고 대답합니다. 정말 그럴까요?

  선생님은 당시 백성들이 원하던 것이 신분제 자체를 없애는 것이 아님을 알려 주어야 합니다. 백성들이 처음으로 신분제 타파를 외치며 나선 것은 동학농민운동 때입니다. 그 이전까지는 백성들 역시 성리학적 사고에서 벗어나기 힘들었습니다. 그래서 신분제 자체를 거부한 것이 아니라 그 안에서 벌어지던 심각한 수탈을 완화해 달라고 요구했을 뿐입니다. 이 사실을 선생님이 꼭 지적해 주어야 농민봉기 이외의 다양한 가설이 나올 수 있고 오개념도 막을 수 있습니다.

7. Cook史로 살펴보는 탕평책

봉선생의 고민

조선 후기의 사회 상황에 대해 흔히 경제는 자본주의의 싹이, 사회는 평등사회의 싹이, 문화는 근대사회를 향한 싹이 트고 있었다고 평가하곤 합니다. 하지만 정치만큼은 붕당정치의 변질과 세도정치의 폐단으로 후한 점수를 받지 못합니다. 그래서인지 조선 후기의 정치에 대해 교과서에서 강조하는 내용은 '붕당정치의 변질을 바로잡기 위한 노력'입니다. 바로 '영조와 정조의 탕평책'이지요. 붕당을 가리지 않고 인재를 고르게 등용한다는 탕평책! 영조가 신하들에게 하사했다는 탕평채에 대한 기록도 흥미롭습니다. 탕평채의 재료는 청포묵(흰색, 서쪽), 볶은 고기(붉은색, 남쪽), 미나리(푸른색, 동쪽), 김(검은색, 북쪽)으로 이는 각각 서인, 남인, 동인, 북인을 대표하는 색입니다. 탕평채가 처음 등장할 무렵은 서인이 집권 중이었기에 주재료로 청포묵을 쓴 것이라네요.

아이들과 탕평의 정신을 되새기면서 실과 시간에 탕평채를 만들어 보자고 제안하려다가, 아이들의 기호를 고려하여 '면'으로 색을 표현한 '탕평면'을 만들기로 했습니다. 우리 학생들은 흰색은 사리곰탕, 붉은색은 불닭볶음면, 검은색은 짜장라면으로 정했습니다. 후보가 넘쳐나는 다른 색들에 비해 푸른색을 결정하기 힘들었습니다. 그 결과 일반적인 라면 사리에 얼린 푸른색 이온음료를 토핑처럼 올렸습니다. 마지막으로 중앙에 왕을 의미하는 노란색 치즈볶이를 추가했습니다. 사색당파는 물론 왕까지 어우러져 백성들을 위한 정치를 고민했으면 하는 마음을 담은 결정이었지요.

활동 준비

관련 내용 : 조선 후기　　**소요시간** : 80분

준비물 : 컵라면(종류는 토의로 결정), 전기주전자, 이온음료, 접시, 젓가락

1. 과제로 조사해 온 탕평채에 대한 이야기를 나누며, 탕평책이 무엇인지 정리합니다.

2. 학급에서 토의를 통해 탕평면 만들기에 사용할 라면 종류를 결정합니다.

3. 푸른색 이온 음료는 하루 전에 미리 학교 냉장고 냉동실에 넣어 둡니다.

진행 방법

1. 전기 주전자를 사용해 물을 끓이고, 끓인 물을 적정선까지 부어 컵라면을 조리합니다.

2. 조리된 컵라면을 접시에 옮겨 담습니다. 접시 왼쪽에는 흰색, 오른쪽에는 푸른색, 아래쪽에는 붉은색, 위쪽에는 검은색, 가운데는 노란색의 면을 담습니다.

3. 탕평의 정신을 떠올리며 탕평면을 맛있게 먹습니다.

Tip

- 전기 주전자로 뜨거운 물을 부을 때 화상을 입지 않도록 주의합니다.
- 푸른색 이온 음료로 만든 얼음을 얼음틀에서 꺼낼 때 바닥에 떨어지지 않도록 주의합니다.

8. 나만의 역사 인물 화폐 만들기

열정의 봉선생

물랑물랑 즐거운 역사 수업!

봉선생의 고민

2015 개정 국정 사회 교과서 역사 부분에는 '여성'과 '어린이'라는 주제를 서술하는 별도의 박스가 있습니다. 하지만 그것만으로는 부족하다고 느꼈습니다. 특히 조선 후기 정치 부분을 가르칠 때 1차시 분량으로 영조와 정조 두 인물의 업적을 다뤄야 하는데 그 와중에 '김만덕'이라는 인물까지 다루려 하니 무리가 따랐습니다.

김만덕은 진정한 의미의 나눔을 실천한 인물이기 때문에 현대 사회에도 시사하는 점이 큽니다. 때문에 자세히 다루지 않고 넘어갈 수는 없었습니다. 수년 전, 5만 원권 지폐에 들어갈 인물을 결정할 때 신사임당과 김만덕이 경합을 벌이기도 했지요. 당시 기억을 떠올리며 미술 수업과 연계해 역사 인물 화폐 만들기 활동을 구상했습니다.

활동 준비

<u>관련 내용</u> : 조선 후기   <u>소요시간</u> : 40분

<u>준비물</u> : 가상 화폐 만들기 도안, 김만덕 국가지정 표준영정 이미지, 도화지, 가위, 풀

1. 가상 화폐 만들기 도안을 다운로드하여 미리 컬러로 출력합니다.

2. 김만덕의 국가지정 표준영정 이미지를 화폐 만들기 도안 크기에 맞게 출력합니다.

3. 김만덕에 대해 미리 조사하도록 과제를 제시합니다.

진행 방법

1. 역사적 사실을 바탕으로 김만덕이 어떤 인물인지 소개합니다.

2. 김만덕의 이미지를 나눠 줍니다.

3. 김만덕의 이미지를 도화지 위에 올리고, 이미지의 테두리 선을 따라 꾹꾹 누르며 그림을 그립니다.

4. 연필에 눌린 자국을 따라 도화지에 선을 그려 김만덕 그림을 완성합니다.

5. 자신이 그린 김만덕 그림을 오려 가상 화폐 도안에 붙입니다.

6. 자신이 조사한 내용과 선생님의 설명을 종합하여 보고서를 작성합니다.

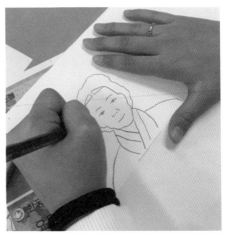

Tip

- 테두리 선을 누를 때 이미지와 도화지 사이에 먹지를 넣고 작업하면 보다 쉽고 빠르게 작업할 수 있습니다.

9. 병풍책 『장날』로 조선 후기 경제를 엿보다

봉선생의 고민

조선 후기 사람들의 생활 모습은 분명 조선 전기의 그것과는 달랐을 것입니다. 변화의 원인은 경제에 있었고, '모내기법의 전국적인 확산'이 자급자족의 경제 구조를 변화시켰습니다. 하지만 사회 교과서 속 역사 분량이 줄면서 조선 후기의 경제 변화를 독립적으로 설명하는 차시가 사라졌습니다. 경제성장이 서민 문화의 발달을 가져왔다는 단 몇 줄의 서술만으로는 조선 후기 경제의 역동적인 변화를 읽어 낼 수 없다고 생각했습니다. 그래서 당시 사람들이 경제 활동하는 모습을 상상할 수 있게 도와줄, 조선 후기 장시의 모습을 그린 『장날』이라는 병풍책을 수업 시간에 사용했습니다.

활동 준비

관련 내용 : 조선 후기   **소요시간** : 10분

준비물 : 병풍책 『장날』, 상평통보 모조품, 공책

1. 병풍책 『장날』과 상평통보 모조품을 구입합니다.

2. 수업 하루 전 예습 과제로 『장날』의 그림 속에서 가장 기억에 남는 장면 두 곳을 공책에 스케치해 오도록 합니다.

진행 방법

1. 병풍책 『장날』을 소개합니다. 학생들에게 확대한 이미지를 제시할 수 있으면 더욱 좋습니다.

2. 각자 스케치한 그림을 모둠원에게 보여 주며 그 장면을 선택한 까닭을 간단히 설명합니다.

3. 선생님에게 가장 인상 깊었을 것 같은 인물 3명을 추측해 발표하고, 그 이유도 설명해 봅니다.

4. 선생님이 주목한 장면을 공개합니다. 요지경을 보기 위해 주머니에서 돈을 꺼내려는 아이, 사주풀이를 하며 복채를 요구하는 남성, 참빗을 구입하기 위해 돈을 주머니에서 꺼내려고 하는 여성을 언급하며 세 인물의 공통점을 찾게 합니다. 아이들이 어려워하면 경제 활동에 꼭 필요한 것이지만 그림에서는 절대 볼 수 없는 것이

무엇인지 묻습니다. 바로 돈이지요. 세 인물의 공통점은 모두 '돈'과 관련된 행동을 하고 있다는 점이었습니다.

5. 세 인물의 공통점을 설명하며 상평통보 모조품을 보여 줍니다.

6. 조선 후기에 상평통보 등의 화폐가 널리 쓰이게 된 계기를 설명하며, 자연스럽게 모내기법에 대한 이야기를 꺼냅니다. 그리고 경제적으로 여유가 생긴 서민들을 중심으로 서민 문화가 발달했음도 설명해 줍니다.

Tip

- 도서를 구하기 어렵다면 김홍도의 〈씨름〉과 같은 풍속화를 제시하여 조선 후기 사람들의 생활 모습을 탐색할 것을 권합니다.

10. 실생활에 도움이 되는 학문, 실학

곰 잘했어요 곰선생

커피에서 배웠음료!

곰선생의 고민

역사적으로 새롭게 건국되는 나라는 새로운 이념이나 학문을 토대로 한 경우가 많습니다. 나라가 발전하면 그 나라의 근간이 되는 이념이나 학문도 역시 발전을 거듭하지요. 그러다 이념이나 학문이 보수화되고 정체되기 시작하면 나라 역시 도태되기 시작합니다. 만약 나라에 새로운 이념이나 학문이 등장해서 나라가 개혁된다면 다시 부흥의 길로 들어서겠지만 그렇지 못하다면 나라는 역사에서 퇴장하는 수순을 밟게 됩니다.

조선은 고려 시대 불교를 부정하고 성리학으로 나라를 건국했습니다. 초기 성리학은 실용적이고 유연한 태도로 조선 발전에 토대가 되어 줍니다. 그러나 시대가 지나 성리학이 현실의 문제를 외면하고 철학적 원리에만 집중하자 조선은 현실을 개혁할 새로운 학문인 실학을 등장시킵니다. 새로운 학문 실학은 어떤 주장을 하는지 이번 수업을 통해 학생들이 알 수 있도록 했습니다. 이 수업은 '7장 6. 신분제 체험으로 시작하는 조선 후기 문제 해결' 수업과 연결되는 내용입니다.

활동 준비

관련 내용 : 조선 후기　　소요시간 : 80분

준비물 : 역사도서 자료, 태블릿 PC, 포스트잇, 사인펜

1. 2~3명의 실학자 알아 오기를 숙제로 내줍니다. 단, 실학자들에 대해 더 조사할 필요는 없습니다. 이름만 아는 정도면 충분합니다.
2. 선생님은 예상되는 실학자에 대한 내용을 역사도서에서 찾아 모둠 숫자대로 복사합니다. 제 수업에서 언급되었던 실학자들은 유형원, 홍대용, 이익, 정약용, 유득공, 김정호, 안정복, 박지원, 이중환, 박제가, 유희, 정약전입니다.
3. 역사도서 자료의 복사본과 태블릿 PC 2대씩을 각 모둠에 나눠 줍니다.

진행 방법

1. 숙제를 확인합니다. 우리 반 아이들은 정약용, 이익, 홍대용, 유형원, 박지원, 김정호, 박제가를 조사해 왔습니다. 먼저 이들의 이름을 칠판에 적은 후 아이들이 조사하지 못한 유득공, 안정복, 이중환, 유희, 정약전은 선생님이 추가로 적습니다.
2. 실학자 분류표를 칠판에 그립니다.

토지개혁 · 농업발전	상공업 발전	우리 것에 대한 탐구	청나라를 배우자	과학 발전	바른 정치 · 제도개혁

3. 모둠별로 나눠 준 실학자 역사도서 자료와 태블릿 PC를 활용해 제시된 12명의 실학자들에 대해 조사합니다. 조사 항목은 각 실학자의 저서와 주장입니다. 주장은 칠판의 분류표에 적어 넣을 수 있도록 조사합니다.

4. 모둠원들이 각자 2~3명의 실학자를 맡아 조사해도 됩니다. 다만 이때는 반드시 모둠 내에서 서로 조사한 바를 알려 주는 과정을 거치도록 합니다.

5. 조사가 끝나면 공책에 실학자 12명의 이름, 저서, 주장을 정리합니다.

6. 모둠에서 조사한 실학자의 이름을 포스트잇에 적고 칠판 분류표의 적절한 위치에 붙입니다. 칠판의 분류표를 정리하면 다음과 같습니다.

토지개혁 · 농업발전	상공업 발전	우리 것에 대한 탐구	청나라를 배우자	과학 발전	바른 정치 · 제도개혁
유형원, 이익, 정약용	박지원, 박제가	유득공, 안정복, 이중환, 유희, 정약전, 김정호	박지원, 박제가	홍대용, 정약전, 정약용	정약용, 박지원

7. 학생들과 함께 실학자들의 공통 목표를 생각해 봅니다.
   - 나라와 백성에게 실질적인 도움을 주려 했습니다.
   - 실학은 토지개혁, 상공업 발전, 우리 것 탐구 등의 방향으로 전개되었습니다.
   - 조선 후기 사회 문제를 해결하기 위해 실학이 일어났습니다.

• 실학자에 대한 자료를 찾은 역사도서는 『용선생의 시끌벅적 한국사』입니다. 이 책은 내용이 쉽고 구체적이어서 수업 시간에 자주 활용합니다. 저는 역사 수업을 할 때 학생들이 책을 많이 읽게 합니다. 어떤 책을 읽히는 것이 좋을까요?

초등학교에서 본격적인 역사 수업은 5학년 때 시작합니다. 하지만 학생들이 읽을 첫 역사도서는 6~7세용이 좋습니다. 개인적으로는 『아우라 한국사』를 추천합니다. 5학년이 6~7세용 도서를 읽는다는 게 우스울지도 모르지만 기초부터 차근차근 닦아야 합니다. 학생들의 대부분은 역사에 대해 잘 모르기 때문에 아주 쉬운 책으로 기초 지식을 쌓는 것이 중요합니다.

6~7세용 역사도서를 읽은 학생에게는 역사만화를 권합니다. 만화는 학생들에게 역사에 대한 흥미를 불러일으키기도 하지만 역사적 상황이나 인물을 이미지화 하여 기억하게 함으로써 배움이 오래 지속되도록 합니다. 역사만화 정도까지만 읽어도 학생들이 수업에 참여하는 데 큰 도움이 될 것입니다.

이후에 『용선생의 시끌벅적 한국사』같이 글로 된 도서를 읽게 하거나 내용 중 일부를 수업에 활용합니다. 앞서 학생들이 역사만화 정도까지만 읽어도 수업에 필요한 역사적 지식은 충분하다고 했는데 왜 글로 된 책까지 읽기를 권할까요? 역사를 탐구하는 데 있어 독해력은 필수이기 때문입니다. 솔직히 역사뿐 아니라 모든 과목의 탐구는 독해력이 바탕이 되어야 하지요. 6~7세용 역사도서나 역사만화는 독해력을 기르기엔 부족합니다. 학생들이 글로 된 역사도서를 읽어야 하는 이유는 역사적 독해력을 기르기 위함입니다.

11. 우리가 만드는 현대판 대동여지도

열정의 봉선생

울랑울랑 즐거운 역사 수업!

봉선생의 고민

조선 후기 양반 사족들에 의해 절대화, 교조화된 성리학은 더 이상 조선에서 일어나는 다양한 사회 문제를 해결할 수 없게 됩니다. 그 무렵 실학이 등장하지요. 실제 생활에 도움이 되는 학문을 지향한 유학의 한 갈래인 실학은 보통 세 갈래로 분류됩니다. 토지제도의 개혁을 그 무엇보다 중요하게 생각한 중농학파, 상공업의 진흥을 중요하게 생각한 중상학파, 우리 것을 집중적으로 연구한 국학이 바로 그것입니다. 국학을 다룰 때 빠지지 않고 등장하는 것이 김정호의 '대동여지도'입니다.

2016년 1학기 한 학생이 대동여지도를 실제 크기로 만들어 보자는 제안을 했습니다. 하지만 그때는 수업 시간이 절대적으로 부족해서 그 제안을 거절할 수밖에 없었지요. 그 후 정말 흥미로운 제안을 뿌리쳤다는 생각을 떨칠 수 없었던 저는 2017년 실제 크기의 현대판 대동여지도를 학생들과 함께 만들기로 결심합니다. 하지만 막상 만들기 시작했더니 시간이 생각보다 너무 많이 걸렸습니다. 활동하는 내내 '이것이 가능할까?' '이렇게 긴 시간을 투자한 활동이 아이들에게 의미는 있는 걸까?' 하는 의문이 들었습니다. 저 역시 처음이라 확신이 없었던 것이죠.

마침내 지도를 완성해 강당의 현수막 게시봉에 걸고 끌어올리는 순간, 터져 나온 아이들의 함성을 지금도 잊을 수 없습니다. 혼자서 하기 어려운 일을 '함께' 이루어 냈음을 확인한 아이들은 그때의 느낌을 오랫동안 간직한 듯 보였습니다. 그 후부터는 실제 크기의 현대판 대동여지도 만들기 활동을 소개하거나 진행하는 데 한 치의 망설임도 없습니다. 가장 기억에 남는 활동 1위는 이렇게 만들어졌습니다.

활동 준비

관련 내용 : 조선 후기   **소요시간** : 240분

준비물 : 이면지(A4), 테이프, 사회과부도, 검정 사인펜, 색연필, 가위, 줄자

1. 대동여지도의 특징과 실제 크기를 알아보고 A4 용지가 얼마나 필요한지 계산합니다. 약 500장 정도면 충분합니다. 교무실에 있는 A4 용지 이면지를 활용합니다.

2. 교실에 있는 학생용 책상과 의자를 모두 복도로 옮깁니다.

3. 학생들을 2~3명씩 팀을 만듭니다.

진행 방법

1. 이면지를 사용한 면이 보이도록 세로로 세운 후, 옆으로 18장을 테이프를 사용해 연결합니다.

2. 1의 작업을 반복해 기다란 종이를 22장 만듭니다. 팀에서 기다란 종이가 완성되면 그때그때 하나로 연결합니다.

3. 하나로 연결한 종이의 가로, 세로 길이를 줄자로 잽니다. 3.8×6.7(m) 크기의 종이

를 만들려면 가로와 세로에 얼마나 더 많은 종이를 붙여야 하는지 알아보고, 종이를 추가로 붙입니다.

4. 사회과부도에서 대한민국 전도를 찾아 가로와 세로로 여러 개의 선을 그어 사용한 종이의 수(414장)만큼 칸을 나눕니다. 이제 각 칸에 1번부터 414번까지 번호를 매기고 이를 복사해 모든 학생에게 나누어 줍니다.

5. 완성된 커다란 종이를 흰 면이 보이게 뒤집은 후, 사회과부도에 기록한 것과 동일한 위치에 1번부터 414번까지 번호를 매깁니다.

6. 역할을 나누어 각자 그려야 할 구역을 정합니다.

7. 복사한 종이를 참고해 자신이 맡은 구역의 지도를 그리되 위, 아래, 양옆의 구역을 맡은 친구들과 수시로 의사소통하며 그립니다. 채색도 함께 합니다.

8. 주요 행정구역을 표시하고, 학생들이 살고 있는 지역을 지도에 표시합니다.

9. 우리가 만든 대동여지도와 김정호의 대동여지도를 비교, 대조하여 공통점과 차이점을 기록합니다.

Tip

- 하나의 지도를 완성하기 위해서는 친구들과의 협업이 필수적입니다. 활발한 의사 소통으로 지도를 제 시간에 완성합니다.
- 활동을 마친 후 다른 학급 학생들이나 선생님들께 격려의 댓글을 부탁하면 이를 읽으며 학생들이 큰 성취감을 느낄 수 있습니다.
- 학년이 끝날 즈음 지도를 22개의 줄로 잘라 표지까지 있는 접이식 책으로 만들어 학생들에게 나눠 줍니다.
- 활동 시간이 너무 길다는 선생님들의 의견을 받아들여 실제 사이즈 대동여지도 교구를 개발했습니다(티처몰에서 구입 가능). 본래 대동여지도의 모습을 상상할 수 있게 22첩으로 나누었습니다. 이 교구로 진행할 수 있는 활동은 다음과 같습니다.
  - 팀을 나누어 22첩을 하나의 지도로 만드는 시간을 측정해 우승자를 정하는 시합을 합니다.
  - 각 모둠원에게 지도 조각을 하나씩 나누어 주고 모둠별로 가위바위보를 해서 지도를 획득해 완성하는 놀이를 합니다.
  - 대동여지도는 지명이 모두 한자로 표기되어 있지만, 교구 지도에는 중요한 한글 지명들이 적혀 있기 때문에 지도를 완성한 후 지명 찾기 놀이를 할 수 있습니다.
  - 완성한 대동여지도에서 '독도'를 찾아볼까요? 교구에는 독도가 표기되어 있지 않습니다. 김정호가 만든 대동여지도도 마찬가지고요. 그 이유를 조사해 보고,

독도를 그려 보는 것은 어떨까요? 독도를 그릴 때 대동여지도에 적용된 축척의 개념을 학습해 어디에 독도를 표기할지 의논해 보는 것도 좋습니다.

– 실제 사이즈 대동여지도 교구를 활용해, TRPG 활동을 해 보는 것은 어떨까요? 이 책의 '6장 20. 임진왜란 TRPG'를 참고하세요!

12. 차별과 수탈은 이제 그만!

곰 잘했어요 곰선생

캐릭에서 배움으로!

곰선생의 고민

'7장 6. 신분제 체험으로 시작하는 조선 후기 문제 해결' 수업에서 학생들은 조선 후기의 사회 문제를 해결하는 방안으로 반란(농민봉기), 새로운 학문(실학), 새로운 문화(서민 문화), 정치개혁(탕평책)을 가설로 설정했습니다. 이번 수업은 그중 하나인 반란(농민봉기)에 대해 다룹니다. 조선 후기에 일어났던 농민봉기인 홍경래의 난과 임술농민봉기의 과정을 지도에 표시하고 이를 해석함으로써 가설을 입증하는 수업을 구성했습니다.

활동 준비

<u>**관련 내용**</u> : 조선 후기　　<u>**소요시간**</u> : 40분

<u>**준비물**</u> : 사회과부도, 홍경래의 난 사건표, 임술농민봉기 사건표, 한반도 전도, 스티커(2색)

1. 홍경래의 난 사건표와 임술농민봉기 사건표를 학생 수만큼 준비합니다.

2. 칠판에 한반도 전도를 붙여 둡니다.

3. 네이버 블로그 '곰선생의 수업 이야기'의 '세도정치'에서 자료를 내려받을 수 있습니다.

진행 방법

1. 선생님이 농민봉기의 정의를 원래 가설이었던 '반란'과 비교하여 설명합니다.
   - 반란 : 그 주체에 지배층까지 포함되는 포괄적인 개념
   - 농민봉기 : 농민이 주체가 된 항거

2. 학생들과 가설에 담긴 반란의 진짜 의미를 되새기며 용어를 확정 짓습니다. 우리 학급은 가설로 세웠던 '반란'을 '농민봉기'로 바꿨습니다.

3. 홍경래의 난 사건표와 임술 농민봉기 사건표에서 각 학생이 어떤 사건을 맡을지를 정합니다. 저는 사건에 번호를 매기고 학생들이 자신의 학급번호와 같은 사건을 맡게 했습니다.

민란	날짜	전투 일지
홍경래의 난	1811년(순조11년)12월 18일	평안도 가산 점령
	1811년(순조11년)12월 18일	평안도 곽산 점령
	1811년(순조11년)12월 20일	평안도 박천 점령
	1811년(순조11년)12월 24일	평안도 선천 점령
	1811년(순조11년)12월 28일	평안도 철산, 용천 점령
	1811년(순조11년)12월 29일	평안도 송림리에서 첫 패배
	1812년(순조12년)1월 8일	박천에서 관군에게 패배
	1812년(순조12년)1월 17일	평안도 정주성으로 농민군 집결 관군에 저항
	1812년(순조12년)4월 19일	평안도 정주성에서 농민군 패배, 농민군 전원 학살
임술 농민 봉기	1962년(철종13년)2월 4일~	경상도 단성(하동부근)에서 농민들 읍성 장악
	1962년(철종13년)2월 14일~	경상도 진주에서 농민들의 봉기
	1962년(철종13년)4월 9일~	경상도 인동(구미)에서 농민들의 관아 공격
	1962년(철종13년)5월 15일~	경상도 상주에서 농민들의 양반, 관군 공격
	1963년(철종14년)5월 12일~	경상도 거창에서 농민들의 항의 관아 공격
	1963년(철종14년)12월 21일~	경상도 남해에서 농민들의 환곡창고 탈취, 관아 공격
	1963년(철종14년) ?	경상도 창원 농민들의 봉기
	1962년(철종13년)5월 13일~	전라도 장흥 농민들의 관아 습격
	1962년(철종13년)5월 15일~	전라도 순천 농민들의 관아 습격
	1963년(철종14년)3월 27일~	전라도 익산 농민들의 군수 축출
	1963년(철종14년)5월 12일~	전라도 강진 농민들이 전라병사 습격
	1963년(철종14년) ?	전라도 고창 농민들의 감영 습격
	1963년(철종14년) ?	전라도 무안 농민들이 동헌 습격
	1962년(철종13년)5월 10일	충청도 회덕(대전) 농민들이 관아 습격
	1962년(철종13년)5월 14일	충청도 회인(보은) 농민들이 관아 습격
	1962년(철종13년)5월 17일	충청도 임천(부여) 농민들이 양반 습격
	1962년(철종13년)5월 중순	충청도 진천 농민들의 항의
	1962년(철종13년)12월	제주도 농민 수만명 봉기
	1962년(철종13년)10월	함경도 함흥 농민의 봉기
	1962년(철종13년) ?	함경도 고원 농민의 봉기
	1962년(철종13년)10월	경기도 광주 농민의 봉기

4. 각자 맡은 사건의 지역을 조사하고 칠판의 한반도 전도에 스티커를 붙여 농민봉기 지도를 만듭니다. 홍경래의 난은 초록색, 임술농민봉기는 빨간색 스티커입니다.

5. 완성된 농민봉기 지도를 보고 함께 해석해 봅니다.
   - 평안도에서 홍경래의 난이 일어났습니다.
   - 전라도, 충청도 지방에서 임술농민봉기가 많이 일어났습니다.
   - 조선 후기의 사회 문제를 해결하기 위해 농민들이 봉기했습니다.

- 수업 중 사건의 위치를 지도에서 찾아 스티커로 표시할 때 모든 학생이 한꺼번에 지도로 몰려 수업이 어수선해지곤 합니다. 학생들에게 자신이 표시할 장소를 미리 확인한 뒤 지도에 가서 빨리 표시하고 자리로 돌아올 수 있도록 지도해야 합니다.

- 조선 후기 홍경래의 난과 임술농민봉기 수업을 하다 보면 학생들이 다음과 같은 질문을 던집니다. "왜 홍경래의 난은 평안도, 임술농민봉기는 삼남 지방(전라도, 충청도, 경상도)에 집중해서 일어났나요?"

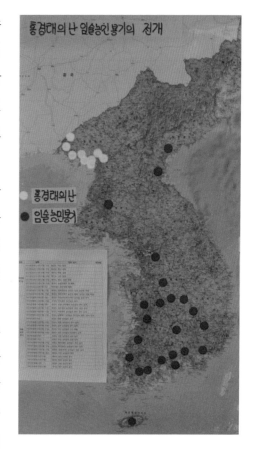

사실 평안도, 전라도, 충청도, 경상도는 조선 시대는 물론 지금도 우리나라에서 농사가 잘되는 지역입니다. 그래서 사람들이 많이 모여들어 인구밀도가 높은 곳이지요. 농사가 잘되는 만큼 지배층의 수탈도 많았겠지요. 그래서 평안도 전라도, 충청도, 경상도에서 농민봉기가 집중되어 일어난 것입니다. 한 가지 덧붙이자면 평안도의 경우 중국 사신 대접 때문에 수탈이 더 많았고 차별도 심했다고 합니다.

13. 다 가져야 속이 후련했냐?

곰 잘했어요 곰선생

곰선생의 고민

세도정치는 한 가문이 국구(왕의 장인) 자리를 독점하면서 주요 관직을 차지한 정치형
태를 말합니다. 이는 붕당정치보다 더 많은 문제점을 양산합니다. 한 나라가 한 가문
에 의해 좌지우지되니 당연한 결과겠지요. 이번 수업은 세도정치의 정의를 학생들이
이해하는 것이 학습목표입니다.

활동 준비

관련 내용 : 조선 시대   **소요시간** : 40분

준비물 : 시대별 안동 김씨 항렬자 표, 철종 8년 판서 관직 표, 색연필

1. 철종 8년 판서 관직 표를 학생 수만큼 준비합니다.

2. 네이버 블로그 '곰선생의 수업 이야기'의 '세도정치'에서 자료를 내려받을 수 있습
니다.

진행 방법

1. 조선 후기 붕당정치가 세도정치로 변화되었음을 알려 줍니다.

2. 시대별 안동 김씨 항렬자 표를 나눠 주고 안동 김씨 항렬자를 확인합니다.

시대별 안동김씨 항렬자							
시대	…	순조	헌종~철종		고종	일제강점기		…
항렬세대	…	22세	23세	24세	25세	26세	27세	…
항렬자	…	김○순	김○근	김병○	김○균	김○진	김○한	…

3. 철종 8년 판서 관직 표를 학생들에게 나눠 주고 어려운 단어를 설명합니다. 그리고 한 관직에 두 사람 이상 적혀 있는 경우는 철종 8년 1년 동안 그 관직을 맡은 사람이 바뀌었음을 나타낸다는 것을 알려 줍니다.

4. 시대별 안동 김씨 항렬자를 참고하여 철종 8년 판서 관직 표에서 안동 김씨를 찾아 색연필로 표시합니다.

철종 8년 판서급 이상 관직 별 인물						
관직	현 관직	철종 8년 관직 별 인물				
영의정	총리	김좌근				
좌의정	부총리	김흥근				
우의정	부총리	조두순				
이조판서	장관	김보근			윤치수	
호조판서		김병기				
예조판서		오취선	서대순		김병국	김병교
형조판서		김병교	김학성	남병철	이돈형	김영근
병조판서		김병기		김병국		
공조판서		김영근		박장복	김보근	
총 20명 중 ( )명						

5. 철종 8년 판서 관직 표를 통해 세도정치가 무엇인지, 세도정치의 문제가 무엇인지 추측해 봅니다.

철종 8년 판서급 이상 관직 별 인물		
관직	현 관직	철종 8년 관직 별 인물
영의정	총리	김좌근
좌의정	부총리	김흥근
우의정	부총리	조두순
이조판서	장관	김보근 윤치수
호조판서		김병기
예조판서		오취선 서대순 김병국 김병교
형조판서		김병교 김학성 남병철 이돈형 김영근
병조판서		김병기 김병국
공조판서		김영근 박장복 김보근

총 20명 중 (12)명

시대별 안동김씨 항렬자						
시대	...	순조	헌종~철종	고종	일제강점기	...
항렬세대	...	22세	23세 24세	25세	26세 27세	...
항렬자	...	김○순	김○근 김병○	김○균	김○진 김○한	...

- 조선의 중요한 관직을 한 가문에서 차지하는 것을 세도정치라 합니다.
- 조선의 국구 자리를 차지한 가문이 세도정치를 했습니다.
- 세도정치 때문에 왕권은 더 약화되었을 것입니다.
- 세도정치 때문에 나라가 더 혼란스러웠을 것입니다.
- 세도정치 때문에 사회 문제가 해결되기 어려웠을 것입니다.

6. 정약용의 시 「애절양」을 통해 당시 사회의 문제를 확인합니다.

갈밭 마을 젊은 여인 울음도 서러워라 / 현문 향해 울부짖다 하늘 보고 호소하네 / 군인 남편 못 돌아옴은 있을 법도 한 일이나 / 예부터 남절양은 들어 보지 못했노라 / 시아버지 죽어서 이미 상복 입었고 / 갓난아인 배내 물로 안 말랐는데 / 3대의 이름이 군적에 실리다니 / 달려가서 억울함을 호소하려도 / 범 같은 문지기 버티어 있고 / 이정이 호통하여 단벌 소만 끌려갔네. / 남편 문득 칼을 갈아 방 안으로 뛰어들자 / 붉은 피 자리에 낭자하구나. / 스스로 한탄하네. '아이 낳은 죄로구나!'

Tip

- 관찰력이 있는 학생이라면 왜 하필 철종 8년인지에 대한 의문을 품습니다. 그 이유는 철종 8년이 세도정치를 전형적으로 보여 주는 시절이기 때문입니다. 순조 때 시작된 세도정치는 철종 때 그 정점을 찍습니다.

8장

대한 독립 만세!

개항기, 독립운동기

1. 생선뼈 아이디어

함행우 나쌤

함께 있어 행복한 우리!

나선생의 고민

일제강점기, 독립운동을 한 사람이 생각보다 적었다는 이야기를 듣고 그 원인이 무엇인지 궁금했습니다. 내가 그 시대를 살았다면 독립운동을 할 수 있었을까? 생선뼈 아이디어라는 방법을 이용해서 다양한 시각으로 원인을 찾아보는 수업을 했습니다. 독립운동기에 활용한 '생선뼈 아이디어' 수업은 다른 시대에도 얼마든지 활용할 수 있습니다.

활동 준비

<u>관련 내용</u> : 모든 시대 ^{언제든 활용할 수 있는 놀이 수업} <u>소요시간</u> : 10분

<u>준비물</u> : 여러 색의 포스트잇, 유성매직

1. 생선뼈 아이디어를 가벼운 주제로 연습하고 시작하면 좋습니다.

2. 생선뼈 아이디어를 하기 전에 다양한 시각에서 문제를 바라보고 원인을 찾습니다.

진행 방법

1. 칠판이나 학습 게시판에 생선 등뼈를 그립니다.

2. 생선의 머리 부분에 원인을 생각해 볼 최종 결과를 적습니다.

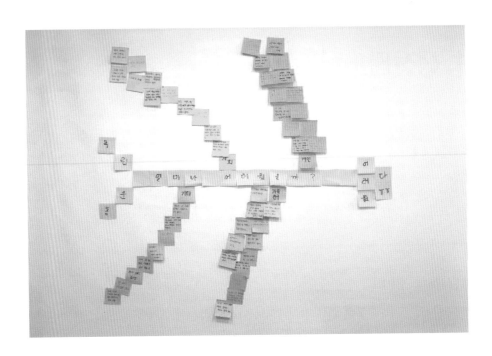

3. 등뼈를 중심으로 양쪽으로 사선의 가시들을 그립니다.

4. 최종 결과가 나올 수밖에 없는 원인을 생각해 포스트잇에 적고 가시 부분에 붙입니다.

5. 친구들의 의견을 모아 생선뼈 그림을 정리합니다.

Tip

- 개인적 측면, 친구 · 가족적 측면, 사회적 측면 등 다양한 시각을 가지고 원인을 찾습니다.
- 어떤 시각에서 발견한 원인인지를 구별해 가시마다 다른 색으로 표현하면 원인을 시각적으로 구분할 수 있습니다.
- 찾은 원인 중 하나를 선택해서 말하기, 글쓰기 등 수업으로 이어 갈 수 있습니다.

2. 진짜 이유를 찾는 5WHY

함께 있어 행복한 우리!

나선생의 고민

독립운동이 너무나 어려운 길이라는 것을 생선뼈 아이디어를 통해 알게 되었습니다. 그 어려움을 딛고 독립운동에 헌신한 분들은 어떤 신념을 가지고 계셨는지 궁금했습니다. 부모님이나 가장 친한 친구를 설득하기 위해 정말 중요한 이유를 찾는 것으로 상황을 설정했습니다.

활동 준비

관련 내용 : 모든 시대 ^{언제든 활용할 수 있는 놀이 수업}   **소요시간** : 10분

준비물 : 여러 색의 포스트잇 5장, A4 용지

1. 여러 색의 포스트잇을 준비하면 가장 좋습니다. A4 용지를 접어서 5칸을 만들어 사용해도 됩니다.

2. 찾은 이유에 대한 이유를 찾는 연습을 하고 시작하면 좋습니다.

진행 방법

1. 5WHY 기법이란 어떤 문제에 대한 근본적인 원인을 찾아내기 위해 '왜?'라는 질문을 5번 던지는 것을 말합니다.

2. 원인을 찾고 싶은 문제를 문장으로 적습니다.

3. 그리고 그 문제가 왜 일어났는지(A)를 바로 아래 칸에 적습니다.

4. 그런 다음 A가 왜 일어났는지(B)를 그 아래에 적습니다.

5. 이처럼 B, C, D가 왜 일어났는지를 계속 적어 봅니다.

6. 5번 '왜?'를 반복하면 처음의 문제를 해결할 수 있는 근본적인 대안이 나올 수도 있습니다.

7. 돌아가며 읽거나 발표하면서 아이디어를 얻습니다.

Tip

- 5번이라는 질문의 수는 고정된 것이 아닙니다. 3번에 핵심적인 이유를 찾았다면 멈출 수 있습니다. 또 5번에도 찾지 못했다면 6번, 7번 계속할 수도 있습니다.
- 5가지 이유를 다시 살펴보고 최종적으로 자신의 생각을 정리해서 말하거나 글쓰기를 하면 좋습니다.

3. 문제 폭탄을 해체하라

함께 잊어 행복한 우리!

나선생의 고민

아이들이 문제를 내고, 그 문제를 푼 친구들의 답을 확인해 주면서 공부하는 방법은 어떨까요? 문제를 내기 위해 공부해야 하고, 정답과 오답을 설명해 주기 위해서는 정확하게 알아야 합니다. 또 친구들의 문제를 풀기 위해서도 공부해야 합니다. 더 많이 공부한 사람이 더 많이 풀 수 있는 활동을 준비했습니다. '문제 폭탄을 해체하라'는 사실 언제든 활용할 수 있는 수업입니다.

활동 준비

관련 내용 : 모든 시대 ^{언제든 활용할 수 있는 놀이 수업}   **소요시간** : 한 판에 3분

준비물 : 문제 카드 개인당 2장

1. 관련 교과 내용을 공부하고 한 사람당 2문제씩 만듭니다.

2. 문제를 다 만들었으면 관련 내용을 모둠 친구들과 함께 공부합니다.

진행 방법

1. 정해진 시간 동안 모둠별로 모여서 공부합니다.

2. 개인별로 문제 폭탄을 만듭니다. 종이에는 출제자와 문제만 적습니다.

3. 칠판에 모둠별 폭탄 해체 판을 그립니다.

4. 문제를 종이 눈 뭉치로 만들어서 한가운데 던집니다.

5. 문제를 풀어서 출제자에게 확인 받은 후 통과하면 칠판에 나와서 모둠별 폭탄 해체 판에 붙입니다.

6. 먼저 모든 폭탄을 해체한 모둠이 승리합니다.

Tip

• 문제 폭탄을 해체하는 동안 배경 음악을 들려주면 더 재미있게 활동할 수 있습니다. 'Time Bomb Sound'는 어떤가요?

• 학생 수가 25명이라면 총 50문제가 나옵니다. 50문제 중 40문제 폭탄을 모두 해결하는 데 걸리는 시간을 측정하고, 이를 조금씩 줄여 나가는 것을 학급의 목표로 해도 좋습니다.

• 해체하지 못한 문제 폭탄은 다 함께 읽은 후 해결합니다.

4. 언제까지 오랑캐 떡이라고 부를래?

열정의 봉선생

봉선생의 고민

학생들의 학습 부담을 줄여 주기 위한 분량 적정화로 인해 2015 개정 교과서에는 이전에 비해 빠진 내용이 많습니다. 하지만 역사는 사건과 사건이 꼬리를 물고 전개되는 특성 때문에, 사건들 사이의 연결 부분이 빠지면 이해하기 어려울 때가 많습니다. 강화도 조약과 갑신정변 사이에 있었던 임오군란이 그렇습니다. 임오군란은 강화도 조약 이후 고종의 개화 정책에 대한 반작용으로 일어난 사건으로 보는 견해가 다수이며, 이는 2년 뒤 갑신정변에 큰 영향을 주는 사건입니다. 임오군란을 모르면 왜 조선 땅에 급진개화파가 의지했던 일본군이 주둔하게 되었는지를 이해할 수 없습니다. 그래서 '임오군란'이라는 사건에 어떤 흥미로운 매개체를 통해 접근할 것인가를 고민했고, 겨울 별미 '호떡'을 마중물로 사용했습니다.

활동 준비

관련 내용 : 개항기   **소요시간** : 60분

준비물 : 호떡 믹스, 믹싱 볼, 프라이팬, 식용유, 뒤집개, 신문지, 종이컵, 포스트잇

1. 호떡 믹스 등 조리 실습 재료들을 준비합니다.

2. 왜 '호떡'이라는 명칭을 사용하게 됐는지 생각해 봅니다. 과제로 내도 좋습니다.

진행 방법

1. 각자 생각해 온 호떡이라고 부르는 이유를 발표합니다.

2. 선생님이 임오군란과 관련된 호떡의 의미와 유래에 대해 설명합니다.

3. 호떡 믹스 포장 상자에 설명된 방법대로 호떡을 만듭니다.

4. 호떡을 맛있게 먹고 주변 선생님들께도 나누어 드립니다.

5. 교실을 깨끗이 정돈합니다.

6. 호떡이라는 용어에 들어 있는 관점을 배제하고, 각자 새로운 이름을 고민해 포스트잇에 적어 봅니다.

7. 각자 호떡의 새 이름을 적은 포스트잇을 칠판에 붙이고 다른 친구들의 생각을 살펴봅니다.

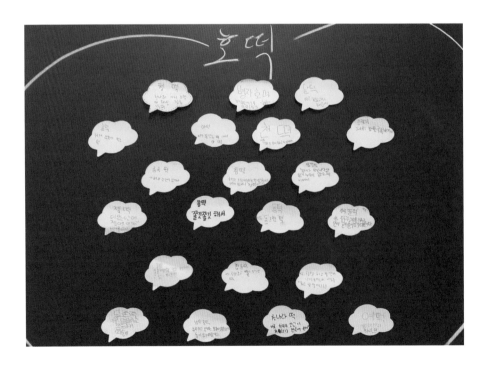

8. 친구들과 소감을 나누고 활동을 마칩니다.

Tip

- 호떡의 '호'는 오랑캐를 의미하는 '胡'를 사용합니다. 호떡은 오랑캐 떡이라는 뜻으로, 오랑캐는 청나라를 의미합니다. 호떡은 '임오군란'과 관련이 있습니다. 1882년 구식 군인에 의해 임오군란이 일어나자 조선 조정은 청나라에 도움을 요청했고, 이에 청나라가 조선에 3,000명 규모의 군대를 파견합니다. 이때 함께 들어온 수십 명의 청나라 상인 중에는 청이 망하자 돌아가지 않은 이들이 있습니다. 바로 그 상인들이 생계를 유지하기 위해 호떡과 같은 음식을 만들어 팔기 시작했다고 하네요.
  호주머니의 유래 역시 비슷한 맥락입니다. 원래 우리 전통 의복에는 주머니가 없었습니다. 보통 옷과 분리된 '주머니'를 가지고 다녔지요. 호주머니 역시 중국의 영향을 받은 결과입니다. 이처럼 사소한 먹을거리, 입을 거리에도 역사가 담겨 있습니다.
- 강화도 조약과 갑신정변 사이에 실습할 것을 추천합니다.
- 조리경연대회 형식으로 진행하면 학생들이 음식을 함께 나눠 먹는 데 인색하지 않으며, 청결이나 뒷정리 부분까지 신경 쓰며 활동에 참여합니다.

5. 우리 반 최고의 전보사

열정의 봉선생

물랑물랑 즐거운 역사 수업!

봉선생의 고민

개항기에 이르면 많은 근대 문물들이 조선(또는 대한제국)으로 쏟아져 들어옵니다. 그 중 전화, 전등, 기차, 전차, 커피, 홍차 등은 현재에도 존재합니다. 그럼 근대 문물 가운데 지금의 학생들에게 가장 낯선 것은 무엇일까요? 바로 '전신'입니다. 전신은 학생들 입장에서는 한 번도 본 적 없는 신기한 통신수단일 것입니다. 지금은 사람들이 일반적으로 사용하지 않는 데다, 영화나 사극에서나 가끔 등장하기 때문이지요.

그래서 '전신'을 주제로 활동을 계획했습니다. 처음에는 모스부호 신호기 사진을 출력해 책상 위에 놓고 소리가 난다는 가정 하에 활동했습니다. 그리고 실제 소리가 나는 모스부호 신호기를 구입해 활용하기도 했지요. 최근에는 실과 시간에 학생들이 직접 브레드보드 모스부호 신호기 조립 키트를 조립해 사용하는 활동을 했습니다.

활동 준비

관련 내용 : 개항기   소요시간 : 40분

준비물 : 브레드보드 모스부호 신호기 조립 키트, 코인 건전지

1. 브레드보드 모스부호 신호기 조립 키트를 미리 구입합니다.

2. 사회 시간에 전신을 근대 문물로 소개하며 작동 원리를 간단히 알려 줍니다.

진행 방법

1. 설명서를 꼼꼼히 읽고 스스로 조립합
니다.

2. 조립 후 건전지를 삽입해 소리가 나
는지 확인하고, 소리가 나지 않는 경
우 조립이 제대로 됐는지 서로 점검
해 줍니다.

3. 먼저 선생님이 모둠별로 당시 사용했
을 법한 키워드(급전필요, 부친위독 등)
들을 제시해 줍니다. 학생들이 돌아
가며 전보사가 되어 키워드를 전보로
보내고 다른 학생들은 그 소리를 듣
고 어떤 단어인지 해독합니다.

4. 자유롭게 학생들이 원하는 단어를 전보로 보내고, 해독하는 활동을 진행합니다.

5. 교사가 모스부호 신호기를 사용해 퀴즈를 내고 모둠별로 맞히는 활동으로 수업을
마무리합니다.

Tip

• 코인 건전지를 끼울 때 +극이 보이도록 끼울 것을 지도합니다. 거꾸로 끼우면 꺼
내기가 어려워서 손가락을 다치는 경우가 있습니다.

• 가정으로 가져갈 때는 건전지를 꺼낸 후 가방에 넣도록 지도합니다. 건전지를 끼
운 상태로 가방에 넣으면 가방 속에서 저절로 작동해 소리가 날 수도 있습니다.

6. 조선의 근대화를 위하여

곰 잘했어요 곰선생

재미에서 배움으로!

곰선생의 고민

역사를 가르칠 때 개항기만큼 가르치기 어려운 시기가 또 있을까요? 개항기에는 수많은 사건들이 동시다발적으로 일어났고 그 기록도 구체적이어서 짧은 기간이지만 많은 지식을 알아야 하는 시기입니다. 그래서일까요? 개항기 수업에서는 많은 선생님들이 교사 설명 중심 수업을 선택합니다. 학생 중심 수업으로 학생들의 역량을 기르는 것도 중요하지만 사건에 대한 지식과 사건의 순서 정도라도 알고 넘어가야 하니까 어쩔 수 없겠지요.

저는 여기서 생각을 좀 바꿔 봤습니다. 역사란 인과관계로 연결된 사건들의 총합입니다. 그렇다면 학생들이 사건의 원인과 결과를 조사하고, 그 결과를 공유하면서 개항기 사건의 순서를 정리하는 수업은 어떨까요? 학생들은 연대기적 사고 역량을 기르면서도 개항기에 대한 지식을 쌓을 수 있을 것입니다.

활동 준비

관련 내용 : 개항기　　**소요시간** : 80분

준비물 : 개항기 사건 포스트잇, 역사도서 자료, 교과서, 태블릿 PC

1. 개항기 사건 포스트잇을 출력합니다.

2. 역사도서에서 개항기 사건과 관련된 부분을 복사합니다.

3. 태블릿 PC를 모둠별로 준비합니다. (반드시 필요한 것은 아닙니다.)

진행 방법

1. 개항기 사건 포스트잇을 잘 섞어 칠판에 붙인 뒤 모둠별로 2개씩 맡습니다.

2. 각 모둠은 맡은 개항기 사건에 대해 교과서, 역사도서 자료, 태블릿 PC를 활용해 조사합니다.

3. 조사한 내용을 보고서로 만듭니다. 단, 보고서는 사건의 원인과 결과만 쓰도록 하고, 절대로 연도는 쓰지 않습니다.

4. 미리 학생들에게 원인과 결과에 따라 개항기 사건의 순서를 찾는 활동을 할 것이라고 이야기해 줍니다.

5. 한 명 남고 나가기 활동으로 개항기 사건에 대해 학생들끼리 가르치고 배웁니다.

6. 각 모둠에서 2명씩 나와서 자기 모둠이 맡은 개항기 사건 포스트잇을 듭니다. 학

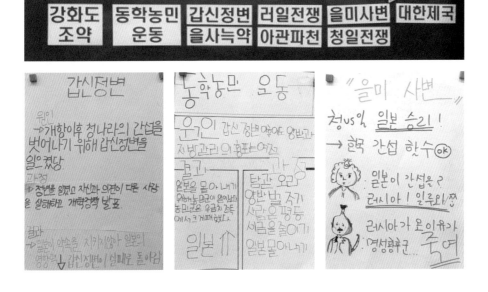

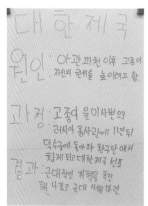
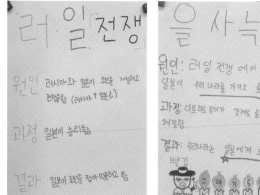
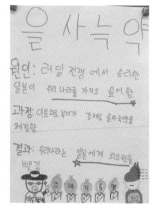

생들이 자유롭게 이동해 사건의 순서가 섞이도록 합니다.

7. 앞에 나와 개항기 사건 포스트잇을 든 학생들은 지금부터 게임 말입니다. 앉아 있는 친구들이 이야기하는대로 이동합니다.

8. 앉아 있는 학생들은 개항기 사건 내용을 인과적으로 파악해 개항기 사건 포스트잇을 든 학생들을 이동시켜 사건의 순서대로 서게 만듭니다. 학생들은 연도에 대해 전혀 모르는 상태이므로, 보고서에서 본 원인과 결과를 기억해 사건의 순서를 맞춤

니다.

9. 학생들이 맞춘 개항기 사건 순서에 따라 개항기 사건 포스트잇을 칠판에 붙입니다.

10. 개항기 사건의 내용과 순서를 공책에 정리합니다.

Tip

- 역사는 한 사건이 원인이 되어 새로운 사건이 일어나고 이것이 원인이 되어 다시 새로운 사건이 만들어지는 원인과 결과로 이어진 사건의 연속입니다. 따라서 역사를 공부할 때는 사건을 인과관계로 인식하고 해석하는 연대기적 사고가 중요합니다. 이 수업에서 개항기 사건에 대한 보고서를 쓸 때 연도를 쓰지 않게 한 것도 이와 같은 맥락입니다. 보고서에 연도를 쓰면 학생들이 사건의 순서를 조합하는 활동에서 연도만 보게 되어 사건을 인과관계로 해석할 기회를 잃게 됩니다.

- 진행 방법 4에서 교사가 다음 활동(개항기 사건을 인과관계로 연결하는 활동)을 미리 예고하는 까닭은 학생들이 서로를 가르칠 때 사건의 인과관계를 고려하며 가르치고 배우도록 유도하기 위함입니다.

7. 나라를 지켜라

곰 잘했어요 곰선생

커피에서 배웠어요!

곰선생의 고민

개항기 선조들은 근대화에만 역량을 쏟았던 것이 아닙니다. 청나라, 일본, 러시아 등 주변의 많은 나라들이 조선을 침략하려 했기 때문에 외세 침략에도 대응해야 했습니다. 즉, 조선의 개항기에는 근대화와 외세 극복 두 과제가 동시에 수행되어야 했지요. 이번 수업은 개항기 외세 침략과 그 극복 방법에 대해 알 수 있도록 구성했습니다.

활동 준비

관련 내용 : 개항기　**소요시간** : 80~120분

준비물 : 개항기 사건 포스트잇, 외세 이름 포스트잇, 대응 방법 포스트잇, 역사도서 자료, 교과서, 태블릿 PC

1. '조선의 근대화를 위하여' 수업 시간에 붙인 개항기 사건 포스트잇을 그대로 둡니다.

2. 외세의 이름과 대응 방법을 포스트잇에 출력합니다. 외세 이름 포스트잇은 청나라, 일본, 러시아이고, 대응 방법 포스트잇은 광무개혁, 의병, 안중근, 헤이그 특사, 갑오개혁, 독립협회입니다.

3. 역사도서에서 포스트잇에 출력한 대응 방법과 관련된 부분을 복사합니다.

4. 태블릿 PC를 모둠별로 준비합니다. (반드시 필요한 것은 아닙니다.)

진행 방법

1. 칠판에 붙어 있는 개항기 사건 포스트잇과 관련 있는 외세에 대해 이야기하고 외세 이름 포스트잇을 붙입니다.

2. 개항기에는 근대화를 위한 노력은 물론이고 외세 침략을 막기 위한 노력도 계속됐음을 강조합니다. 조상들이 어떤 방법으로 외세의 침략을 막으려 했을지 가설을 설정합니다. 우리 학급 학생들은 4가지 가설을 세웠습니다.

가설 1 : 외국 문물을 배워 힘을 기름

가설 2 : 당장 힘으로 물리침

가설 3 : 외교적으로 물리침

가설 4 : 나라의 체계를 바꿈

3. 가설의 입증을 위해 준비해 둔 대응 방법 포스트잇을 모둠별로 하나씩 맡아 조사합니다.

4. 광무개혁, 의병, 안중근, 헤이그 특사, 갑오개혁, 독립협회에 대한 조사 내용을 보

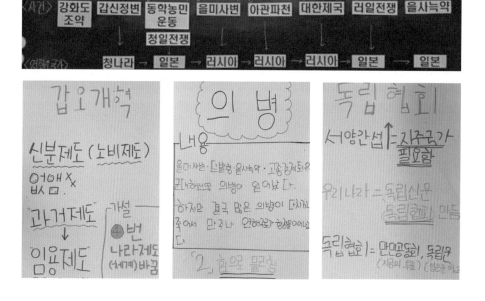

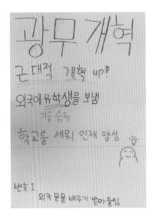

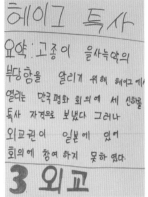

고서로 만듭니다.

5. 한 명 남고 나가기 활동으로 모둠 간에 조사 내용을 서로 가르치고 배웁니다.

6. 각 대응 방법 포스트잇이 어느 가설을 입증하는지 발표합니다.

7. 칠판에 붙어 있는 개항기 사건 포스트잇, 외세 포스트잇 아래에 대응 방법 포스트잇의 위치를 찾아 붙입니다. 단, 의병은 을미사변 이후 쭉 이어진다는 점을 선생님

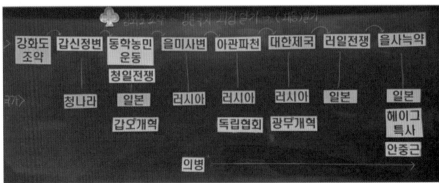

이 짚어 줍니다.

8. 학생들에게 칠판에 붙은 개항기 사건들을 포함한 설명글을 공책에 쓰도록 합니다.

Tip

- 저는 두 차례의 개항기 수업이 끝 나면 학생들에게 배운 내용을 공책 에 정리하도록 합니다. 개항기 관 련 사건들은 상당히 많고 복잡하기 때문에 차분히 정리하는 시간을 갖 지 않으면 활동만 머리에 남기 때 문입니다.

개항기 수업 내용을 정리하는 방법으로 저는 학생들에게 칠판에 있는 모든 단어를 사용해서 우리나라 개항기에 대한 설명글을 적도록 합니다. 배운 내용을 정리하는 데 핵심단어까지 알려 주니 쉽게 설명글을 쓸 수 있으리라 생각할 수도 있습니다. 하지만 학생들은 생각보다 어려워합니다. 제가 1명씩 쓴 내용을 점검해 보니, 25명의 학생들 중 16명만이 한 번에 통과했습니다. 나머지 9명은 배운 내용이 머릿속에서 정리되지 않았거나 글쓰기 자체를 어려워하는 경우였습니다. 저는 통과하지 못한 학생들이 무엇을 빠뜨리거나 잘못 정리했는지를 일일이 첨삭했습니다.

- 수업 컨설팅을 하다 보면 과정중심평가에 대해 묻는 선생님들이 많습니다. 과정중심평가를 어떻게 실현하느냐에 대해선 선생님들마다 이견이 있을 수 있습니다. 그러나 과정중심평가가 과정을 평가하고 피드백을 강조하며 교육과정과 수업을 변화시키는 평가라는 데는 이견이 있을 수 없습니다.

과정중심평가는 모든 학생들을 성취기준에 도달하도록 만들되, 학생들이 성장해

가는 과정을 평가해야 합니다. 즉, 성취기준에 도달하는 과정에서 더욱 심화된 내용까지 이해한다면 A, 성취기준 자체까지만 도달한다면 B, 스스로 성취기준에 도달하기 어려워 교사의 피드백을 받아 도달한다면 C와 같이 말입니다. 물론 이 기준은 학생들의 역량 수준에 따라 바뀔 수 있습니다. 특히 미도달 학생은 A, B, C 어디에도 들 수 없으니 집중적으로 피드백할 수밖에 없지요. 또한 어려운 내용은 더욱 많은 피드백이 필요하므로 피드백 시간을 확보하려는 교육과정 재구성이 반드시 필요합니다. 개항기 수업에 대한 설명문 쓰기와 교사가 학생들의 설명문을 하나하나 읽고 첨삭해 주는 그 자체가 과정중심평가의 적절한 예가 될 것입니다.

8. 수업을 바꾸는 시간 10분, 오늘의 사초

물랑말랑 즐거운 역사 수업!

봉선생의 고민

선생님들은 매시간 역사 수업을 어떻게 시작하나요? 저는 '오늘의 사초(史草)'라는 활동으로 시작합니다. 해당 차시 내용과 직간접적으로 관련 있는 이미지(유물 사진, 지역사 관련 그림, 교과서 삽화, 사료 등을 다양하게 제시)를 제공하고 어떤 내용인지 상상하거나 분석하는 활동을 진행한 후 준비한 수업을 시작합니다. 이때 제공하는 이미지는 사회(역사) 복습공책에 붙이고 교사의 발문에 대한 자신의 생각을 적도록 합니다.

저의 역사 수업의 강점이 스토리텔링과 당시 모습을 상상할 수 있도록 디딤 영상을 적시에 제공하는 것인데, 한편으로는 그런 수업 방식이 아이들의 역사적 상상력을 가로막는 것은 아닐까 고민하다가 도입한 것이 바로 '오늘의 사초'입니다. 실제로 진행했던 사료를 분석하는 활동들을 소개합니다.

활동 준비

<u>관련 내용</u> : 개항기, 독립운동기   <u>소요시간</u> : 차시별 10분

<u>준비물</u> : 을사늑약 관련 문건 출력물, 조선총독부 발행 초등국사 교과서(또는 이미지 파일), 해당 차시와 관련된 역사 노래 음원

1. 미리 사료를 인쇄합니다. 또는 화면에 띄울 이미지 파일을 준비해도 좋습니다.

2. 스마트 기기를 준비합니다.

3. 해당 차시와 관련된 음원을 들려주며 수
업 분위기를 조성합니다. 저는 주로 랩통
한국사 음원을 들려줍니다.

진행 방법

▶ 을사늑약

1. 을사늑약 관련 문건 출력물을 나눠 줍니
다. 저는 첫 장과 마지막 장을 선택했습니
다.

2. 먼저 문건의 제목을 찾아봅니다. 사실 을
사늑약 관련 문건은 제목이 없습니다. 다
음으로 문건의 마지막 부분에 있는 날짜
인 광무 9년 11월 17일이 서기 몇 년인지
알아보고, 날인은 누구의 것인지 네이버
한자필기인식 기능을 사용해 찾아봅니다.
날인은 을사오적 중 하나인 외부대신 박
제순의 것입니다.

▶ 옛 교과서

1. 민족말살통치기에 조선총독부가 발행한
초등국사 교과서를 보여 줍니다. 옛 교과
서를 구하기 힘든 경우 이미지를 교실 TV
나 전자칠판 화면에 띄워 놓으면 됩니다.

2. 이 역사 교과서를 어느 기관에서 편찬했
는지 한자어를 찾아 음을 읽습니다.

3. 선생님은 1938년 조선총독부에서 발행한 초등국사 교과서에 어느 나라의 문자로, 어느 나라의 역사가 서술되어 있을지 학생들에게 물어봅니다. 대답을 들은 후 실제 책 내부를 살펴봅니다.

Tip

- 요즘 학생들은 대부분 한자를 잘 모릅니다. 한자를 읽어야 하거나 한자어의 뜻을 자세히 알고 싶을 때, 직접 찾아볼 수 있도록 웹 기반 한자 사전에서 한자필기기능을 사용하는 방법을 익힙니다.
- 을사늑약의 날인이 누구 것인지 물었을 때 눈치가 빠른 몇몇 학생들은 '이완용'이라고 대답합니다. 이 활동을 계기로 대한제국의 '외부'가 어떤 일을 하는 곳인지, 현재 외부와 비슷한 기능을 하는 곳이 어느 기관인지 살펴보는 것도 좋습니다.

9. 헤이그 특사에게 비밀 편지 쓰기

알콩달콩 즐거운 역사 수업!

봉선생의 고민

을사늑약은 대한제국이 일본에게 외교권을 강제로 빼앗긴 사건입니다. 당시에는 외교권을 빼앗긴 것을 곧 나라를 빼앗긴 것으로 보는 시각도 많았습니다. 대외적으로 '국가로서의 지위'를 잃은 것이나 마찬가지니까요. 이런 상황에서 고종은 마지막 승부수를 띄웁니다. 네덜란드 헤이그에서 열리는 만국평화회의에 특사를 파견한 것이지요. 그렇게 전 세계에 일제의 강압으로 체결한 을사늑약의 부당성을 알림으로써 그것이 무효임을 밝히고 싶었던 것입니다. 학생들이 고종의 입장이 되어 이준, 이상설, 이위종 세 사람에게 이런 뜻을 알리는 편지를 쓰기로 했습니다.

그런데 일반적인 방식으로는 일제의 삼엄한 감시 속에서 전달조차 쉽지 않았을 텐데, 고종은 어떻게 편지를 전달했을까 하는 궁금증이 떠올랐습니다. 당시 대한제국에는 황제 직속의 비밀정보기관 제국익문사가 존재했습니다. 『제국익문사 비보장정』에 따르면 요원들은 고종에게 보고할 때 '묵사법(墨寫法)'을 피하고 '화학비사법(化學秘寫法)'을 사용했습니다. 즉, 먹으로 쓰는 글씨는 일제에게 들키기 쉬우니 일반적인 방식으로는 내용을 볼 수 없도록, 즉 불에 가까이 가져가거나 화학약품을 발랐을 때 글씨가 드러나는 방식으로만 내용을 확인할 수 있도록 한 것입니다.

여기에서 힌트를 얻은 저는 과학 교과의 '산과 염기' 단원과 연계하기로 하고, 화학비

사법을 사용해 편지를 쓰는 활동을 진행했습니다.

활동 준비

관련 내용 : 개항기   **소요시간** : 40분

준비물 : 비밀 편지와 비밀 펜 만들기 키트, 실험용 장갑, 종이

1. 인터넷에서 비밀 편지와 비밀 펜 만들기 키트를 구입합니다.

2. 헤이그 특사의 여정을 설명하며 각 인물들의 삶에 대해서도 이야기합니다.

진행 방법

1. 선생님의 시범을 자세히 관찰한 후 비밀 펜을 조립합니다. 우선 심지를 지시약(티몰프탈레인 용액 또는 페놀프탈레인 용액)에 담그고 일정 시간이 지나면 젖은 심지에 펜촉을 꼽습니다. 심지를 펜통에 넣고 뒷마개와 펜 뚜껑을 끼우면 비밀 펜 완성입니다.

2. 학생이 약병에 물을 담으면, 선생님은 실험용 장갑을 끼고 수산화나트륨을 물이 든 약병에 넣어 줍니다.

3. 헤이그 특사 3인의 특징 등을 정리해 교실 TV나 전자칠판 화면에 띄웁니다.

4. 학생들은 고종의 입장이 되어 세 인물 가운데 하나를 선택하고, 그 인물의 특징을 고려하여 비밀 펜으로 편지를 씁니다.

5. 편지를 완성한 학생은 면봉에 수산화나트륨 용액을 묻혀 편지에 살살 발라 줍니다.

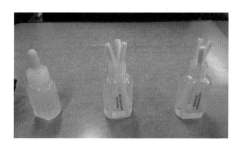

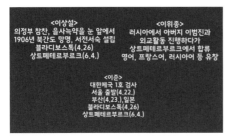
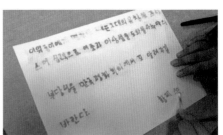

<이상설>
의정부 참찬, 을사늑약을 눈 앞에서
1906년 북간도 망명, 서전서숙 설립
블라디보스톡(4.26)
상트페테르부르크(6.4.)

<이위종>
러시아에서 아버지 이범진과
외교활동 진행하다가
상트페테르부르크에서 합류
영어, 프랑스어, 러시아어 등 유창

<이준>
대한제국 1호 검사
서울 출발(4.22.)
부산(4.23.),일본
블라디보스톡(4.26)
상트페테르부르크(6.4.)

Tip

- 비밀 펜 만들기 키트가 생각보다 가격이 비쌉니다. 꼭 '펜'을 만들어 쓰지 않아도 됩니다. 티몰프탈레인 용액과 페놀프탈레인 용액, 수산화나트륨만 준비되어 있다면 펜 대신 면봉으로 글씨를 써도 괜찮습니다.

- 편지를 쓸 때 줄을 그어놓고 쓰는 것이 좋습니다. 학생들이 사용하는 펜은 무색이기 때문에 그냥 무턱대고 쓰다 보면 글줄이 겹칠 수 있기 때문입니다.

- 수산화나트륨이나 수산화나트륨 용액을 다룰 때는 반드시 실험용 장갑을 껴야 합니다. 수산화나트륨은 강염기이기 때문에 피부에 닿으면 몹시 아픕니다.

- 대한제국이 만국평화회의에 초대받지 못했다고 알고 있는 학생들이 꽤 많습니다. 하지만 이는 사실이 아닙니다. 당시 초청국 명단을 보면 12번째에서 대한제국을 확인할 수 있습니다.

- 헤이그 특사 3명이 함께 출발한 것으로 오해하는 학생들도 많은데, 이 또한 사실이 아닙니다. 이준의 경우 국내에서 출발했고, 이상설과 이위종은 해외에서 따로 합류합니다.

10. Letter Picture로 독립운동가 기억하기

봉선생의 고민

어느 날 책을 읽다가 우연히 고려 시대의 '법화경 보탑도'라는 유물을 접하게 됐습니다. 점을 찍어 그림을 그렸나 싶었는데, 자세히 살펴보니 깨알 같은 글자로 그림을 그린 것이었습니다. 곧 '아! 조상들의 이 아이디어를 독립운동가에 대해 알아보는 활동에 접목시켜야겠다!'라는 생각이 들었고, 미술 시간을 통해 수업을 진행했습니다.

활동 준비

<u>관련 내용</u> : 독립운동기   <u>소요시간</u> : 80분

<u>준비물</u> : 독립운동가 얼굴 도안, 커팅매트, 칼, 종이, 테이프, 목장갑

1. '쌤동네'에서 독립운동가 얼굴 도안을 내려받습니다.

2. 도안에 제시된 인물 가운데 어떤 인물을 공부할 것인지 학생들이 선택하게 하고, 교사는 미리 필요한 도안의 수량을 파악해 출력합니다.

진행 방법

1. 스마트 기기를 사용해 유튜브에 접속하여 선택한 인물에 대해 학습합니다.

2. 학습한 내용을 자신의 언어로 정리합니다.

3. 정리한 내용을 바탕으로 해당 인물의 업적이 드러나게 감사의 편지를 씁니다.

4. 커팅매트를 깔고 자신이 받은 도안(첫번째 윤동주)의 검정색 부분을 칼로 오립니다. 커팅매트가 없다면 신문지를 깔아도 됩니다.

5. 도화지 위에 구멍이 뚫린 종이를 올리고 테이프로 고정합니다.

6. 구멍이 뚫린 부분에 자신의 편지를 옮겨 적어 작품을 완성(나머지 유관순과 안중근) 합니다.

Tip

• 칼을 사용하는 활동이니 안전에 특히 유의해야 합니다. 종이를 누르는 손은 장갑을 착용하는 것이 안전합니다.

• 글씨를 작게 쓸수록 정교한 그림이 완성됩니다. 편지를 모두 썼는데도 칸이 남는다면, 같은 내용을 반복해 적어도 무방합니다.

11. 독립군에게 군자금을 전달하라

물랑물랑 즐거운 역사 수업!

봉선생의 고민

최근 안중근 의사의 의거를 지원한 것으로 알려진, 대한민국임시정부 초대 재무총장 최재형이 재조명되고 있습니다. 그는 자신이 이룬 부(富)를 의미 있는 곳에 사용할 줄 알았던 러시아 연해주 독립운동의 대부입니다. 최재형이라는 인물에 대해 공부하다 가 자금 없는 독립운동이 불가능하다는 당연한 사실을 놀이와 연결하면 어떨까 하 는 생각이 들었습니다. 곧 탁구공을 사용한 놀이가 생각났고 이를 체육 시간에 실행 해 보았습니다.

임시정부의 비밀 행정조직 교통국에 독립운동 자금을 전달하면, 교통국에서 해외에 있는 대한민국임시정부에 자금을 보내고, 임시정부는 독립군에게 자금을 지원해 주 는 형식의 놀이를 만들었습니다.

활동 준비

<u>관련 내용</u> : 독립운동기   <u>소요시간</u> : 40분

<u>준비물</u> : 탁구공, 바구니, 체육 교과서, 의자

1. 탁구공을 50개입 2통(색깔 다르게)을 준비합니다.

2. 학생들을 북로군정서 팀과 대한독립군 팀, 두 팀으로 나눕니다. 팀에서 2명은 1단

계 미션을, 2명은 2단계 미션을, 나머지 팀원들은 3단계 미션을 수행하기로 역할을 정합니다.

3. 복도나 강당에 15~20보 간격으로 의자를 2개씩 3곳에 배치합니다.

출발선	⇨ 1단계 미션	백산상회 대한국민회	⇨ 2단계 미션	대한민국 임시정부 대한국민의회	⇨ 3단계 미션	북로군정서 (김좌진) 대한독립군 (홍범도)

진행 방법

1. 탁구공 이동 미션을 잘할 수 있도록 충분한 연습 시간을 제공합니다. 1단계 미션은 한 손으로 탁구공 튕기기, 2단계 미션은 체육 교과서를 하트 모양으로 오므려 탁구공 이동시키기, 3단계 미션은 여러 학생이 하트 모양으로 오므린 체육 교과서를 기차처럼 연결시켜 탁구공 이동시키기입니다.

2. 출발선에 대기하고 있는 각 팀의 두 학생은 10초 간격으로 출발해 손바닥으로 탁구공(독립운동자금)을 튕기며 백산상회 또는 대한국민회로 이동해 대기하고 있는 학생들에게 탁구공을 전달합니다.

3. 백산상회, 대한국민회라고 쓰인 의자에  대기하고 있던 각 팀의 두 학생은 하트 모양으로 오므린 교과서에 공을 전달받은 후 이동합니다. 이들은 대한민국임시정부 또는 대한국민의회로 탁구공을 운반합니다.

4. 대한민국임시정부, 대한국민의회 의자에서 기다리고 있던 나머지 학생들은 자신들의 교과서를 하트 모양으로 오므린 채 교과서를 서로 연결해 탁구공을 운반합니다. 만약 3명의 학생이 탁구공을 운반한다면 우선 1번부터 3번 학생까지 교과서를 연결하여 공을 굴려 이동시킵니다. 이때 1번 학생은 공이 2번 학생에게 넘어가자마자 3번 학생 옆으로 이동합니다. 2번 학생도 공을 보내자마자 1번 학생 옆으로 이동합니다. 이런 식으로 공을 김좌진 장군 또는 홍범도 장군에게 전달합니다. 이 단계에 인원이 많이 배치된다면 3~4명 정도의 소그룹으로 나누어 활동합니다.

5. 마지막 의자에 놓인 바구니에 탁구공을 넣습니다.

6. 제한된 시간 안에 탁구공을 바구니에 많이 넣는 팀이 승리합니다.

Tip

- 탁구공은 시합용이 아니라면 무척 저렴합니다. 탁구 경기를 위한 것이 아니니 저렴한 것으로 구입해 활동하는 것이 좋습니다.
- 백산상회의 '백산'은 독립운동가 안희제 선생님의 호입니다.
- 대한국민의회는 연해주 블라디보스토크에 설립된 최초의 임시정부 또는 임시정부 성격의 단체입니다. 대한국민회는 대한국민의회의 산하 단체입니다.
- 복도에서 수업을 진행할 경우 다른 학급에 충분히 양해를 구하고 수업을 진행해야 합니다.

12. 그래서 사과는
언제 할 거야?

재미에서 배움으로!

곰선생의 고민

많은 선생님들이 일본과 관련된 수업은 감성적으로 접근합니다. 일본이 과거 우리에게 저지른 잘못과 관련된 영상이나 사진을 학생들에게 보여 주고, 지금까지 고통 받고 있는 위안부 할머니들과 독립운동가들에 대해 이야기해 주는 방식이지요. 학생들은 이내 격정적인 감정에 휘말리고 독립운동가들에게 찬사를 보냄과 동시에 그들이 겪은 어려움에 눈물짓습니다. 이런 수업도 좋습니다. 배움에 감성과 의미를 담는 것도 나름의 가치가 있으니까요.

그러나 저는 이성적으로 접근하고 싶었습니다. 학생들이 일본이 어떤 통치 방식으로 선조들을 억압했는지 정확히 알았으면 했습니다. 그리고 일본의 통치에 대해 어떻게 대응하면 좋았을지 추측하고 독립운동가들의 다양한 활동을 탐색했습니다. 최종적으로는 독립운동의 다양한 방법이 일제의 통치 방식에 대응하기 위한 전략적인 선택임을 알게 하고 싶었습니다. 분노와 연민, 슬픔은 일본의 통치 방식과 이에 따른 독립운동의 방법을 안 뒤에 느껴도 충분합니다.

따라서 이번 수업은 일본의 통치 방식을, 다음 수업은 일본의 통치를 극복하기 위한 독립운동 방법에 대해 알아봅니다.

활동 준비

관련 내용 : 일제강점기   **소요시간** : 40분

준비물 : 일제 통치 학습지, 사인펜, 포스트잇

1. 일제 통치 학습지를 모둠 수만큼 준비합니다.

2. 학생 1명당 2~3장 정도의 포스트잇을 준비합니다.

3. 네이버 블로그 '곰선생의 수업 이야기'의 '2019 일제강점기 통치와 대응 알기'에서
자료를 내려받을 수 있습니다.

진행 방법

1. 모둠별로 일제 통치 학습지의 사건 내용을 살펴보고 인과관계에 따라 사건의 순서
대로 숫자를 적습니다.

일제의 강압적 통치 알기		단원명	사회1. 사회의 새로운 변화와 오늘날의 우리
		소주제	일제의 침략과 광복을 위한 노력
		참구문헌	교과서

	사건 내용	순서 쓰기
일제의 강압적 통치 과정	일제는 대한제국(조선에서 바뀐 국호)의 **국권**을 강제로 **빼앗았다**. 일제는 조선총독부를 설치하여 **우리나라**를 통치했다.	**1**
	세계대전이 시작되자 일제는 우리나라에 대한 **수탈**을 더욱 강화한다. 많은 물자들이 빼앗긴 것은 물론 **강제노역과 위안부**, 전쟁군인으로 사람들이 끌려갔다.	8
	국권을 빼앗은 다음 일제는 **한국인들을 탄압**하고 특히 독립운동을 사전에 막기 위해 군대의 경찰인 헌병들에게 경찰의 임무를 주어 **강압적인 통치**를 했다. 사람들은 물론 독립운동가들도 나라 안에 있기 어려웠다.	2
	토지 조사 사업의 결과, 백성들이 농사 지을 **땅을 잃었고** 땅이 오히려 늘어난 지주(땅의 주인)들은 일제를 도왔다.	4
	중·일 전쟁에서 승리한 일제는 동남아시아 까지 진출했고 이를 막으려던 미국과의 갈등으로 **2차 세계대전**에 참여했다.	7
	헌병들의 통치가 자리 잡기 시작하자, **토지 조사 사업**을 시작했다. 전국의 토지를 조사하여 주인이 누구인지를 등록하되, 백성들에게는 알리지 않고 절차도 복잡하게 했다.	3
	3·1운동이 일어나고 이를 **무력으로 진압**한 일제는 독립운동가나 명망 있는 사람들을 **친일파**로 만드는데 힘을 기울었다.	**5**
	우리나라 사람들이 수탈에 저항하자, 일제는 '내선일체'론을 내세웠다. **역사를 왜곡했고 우리나라 말을 쓰지 못하게 했으며**, 이름도 **일본식으로 고쳤다**. 신사에 참배하게 하여 우리나라 문화를 말살하고자 했다.	9
	일제는 우리나라를 넘어 중국을 차지하기 위해 만주로 진출했다. 중·일 **전쟁이 시작되었다**.	6

2. 사건 내용과 국내외 상황을 연결하여 일제강점기 통치 방식을 세 부분으로 나눠 정리합니다.

- 1기 : 조선총독부 설치, 토지조사사업, 헌병통치

  국내 상황 : 3·1 운동이 일어나 우리 민족의 단합된 저력을 보여 줌

- 2기 : 독립운동가 → 친일파, 독립운동가들 간 이간질, 민족분열유도

  국외 상황 : 중일전쟁이 터지고 일본은 물적 인적 자원이 많이 필요해짐

- 3기 : 내선일체 → 수탈강압, 위안부(성노예), 강제노역, 우리문화말살정책

3. 학생들에게 일제 강점기 통치 방식이 바뀐 까닭이 무엇인지 물어봅니다.

- 일본이 우리나라를 더 많이 수탈하기 위해서입니다.

- 일본이 우리 민족의 단합된 힘이 두려웠기 때문입니다.

- 일본이 적은 노력으로 우리나라를 더 억압하기 위해서입니다.

- 일본이 자신들의 이익을 더 늘리기 위해 통치 방식을 바꾸었습니다.

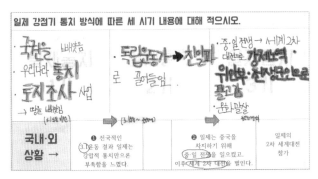

4. 일제 통치 방식에 대해 독립운동가들은 어떻게 대응했을지 포스트잇에 적고 칠판에 붙입니다.

- 외국으로 가서 독립운동을 지속합니다.
- 일본의 이간질에 속지 말고 독립운동가들이 힘을 합치고 단합합니다.
- 우리 문화와 역사에 대해 연구합니다.

Tip

- 선생님들은 위안부 피해 할머니들에 대한 이야기가 나오면 어떻게 하나요? 초등학생의 수준에서 설명하기 어렵다는 이유로 은근슬쩍 넘어가나요? 저는 학생들에게 진실에 직면하도록 합니다. 물론 학생들이 위안부 피해 할머니들의 이야기를 만나는 건 심적으로 어려운 일이 맞습니다. 그러나 그렇기 때문에 더욱더 처음부터 올바른 진실을 알려 줘야 한다고 생각합니다.

  저는 위안부 피해 할머니와 관련된 수업을 할 때 국어 수업과 연계하여 감상문 쓰기를 주로 했습니다. 〈아이 캔 스피크〉나 〈김복동〉, 〈귀향〉 같은 영화를 활용했지요. 영화는 영화 속 소재를 감성적으로 이해할 수 있다는 장점이 있습니다. 그러나 함께 몇 시간을 봐야 하고 영화에 따라 삭제해야 할 장면들이 있다는 점은 문제였습니다. (만약 영화 〈귀향〉을 활용하신다면 반드시 선생님이 먼저 영화를 봐야 합니다.)

  최근엔 책으로 위안부 피해 할머니들에 대한 수업을 합니다. 제가 주로 활용하는 책은 김금숙의 『풀』입니다. 두껍긴 하지만 만화책이고 글이 많지 않아 하루 이틀이면 다 읽을 수 있어 온작품 읽기 단원을 활용합니다. 실제 위안부 피해 할머니의 증언을 토대로 만든 책이라 그분들의 감정을 고스란히 느낄 수 있습니다.

  영화나 책이 아니더라도 선생님들 나름의 방식으로 위안부 피해자 관련 수업을 해 보기 바랍니다. 학생들도 위안부 피해자에 대해 알아야 합니다. 그분들의 고통을 선조들이 막지 못했기에 위안부 피해의 역사는 슬픈 과거입니다. 만약 학생들에게 올바르게 알려 주지 않고 기억하지 않는다면 부끄러운 지금이 될 것입니다.

13. 피와 뼈가 있다면 조선을 위하라

곰선생의 고민

지난 시간 독립운동 방법에 대한 가설을 세운 데 이어 이번 수업은 독립운동가와 독립운동단체에 대한 조사를 통해 실제 독립운동의 방법이 어떠했는지 알아가는 수업입니다.

활동 준비

관련 내용 : 일제강점기 　　**소요시간** : 40분

준비물 : 독립운동가와 독립운동단체 조사 활동지, 역사도서, 교과서, 태블릿 PC, 사인펜, 포스트잇

1. 지난 시간 정리한 독립운동 방법에 대한 가설을 칠판에 다시 적습니다.

2. 독립운동가와 독립운동단체 조사 활동지를 준비합니다. 활동지 속 독립운동가와 독립운동단체는 다음과 같습니다. 윤봉길, 홍범도, 김좌진, 이회영, 이승만, 이봉창, 김구, 안창호, 김원봉, 이육사, 신채호, 여운형, 신간회, 조선어학회.

3. 선생님은 독립운동가와 독립운동단체에 대한 내용이 교과서와 역사도서 어느 부분에 있는지 미리 파악합니다.

진행 방법

1. 칠판을 보고 독립운동 방법
에 대한 가설을 확인합니다.

가설 1 : 외국으로 가서 독립
운동을 지속한다.

가설 2 : 독립운동가들이 힘
을 합치고 단합한다.

가설 3 : 우리의 문화와 역사
에 대해 연구한다.

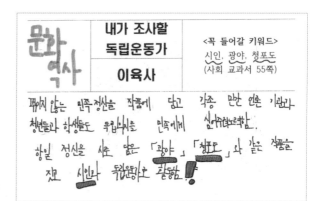

2. 독립운동가와 독립운동단체
조사 활동지를 학생들에게 나
눠 줍니다.

3. 각자 받은 독립운동가나 독
립운동단체를 조사합니다. 선
생님은 학생들 사이를 순회하
면서 교과서와 역사도서의 어

느 부분을 참고하면 좋을지 알려 줍니다.

4. 인사하기 놀이 활동을 활용해 조사 결과를 공유합니다.

5. 포스트잇에 조사한 독립운동가나 독립운동단체를 적어 관련 있는 가설 아래에 붙
입니다.

외국으로 가서 독립운동을 지속한다	독립운동가들이 힘을 합치고 단합한다	우리의 역사와 문화에 대해 연구한다
윤봉길, 홍범도, 김좌진, 이회영, 이승만, 이봉창, 김구, 안창호, 김원봉	신간회	이육사, 신채호, 조선어학회, 여운형

- 인사하기 놀이 활동은 모든 학생들이 자유롭게 돌아다니면서 서로 인사를 나누고 스티커를 얼굴에 붙이는 놀이입니다. 대개 학기 초 서먹서먹한 학급 분위기를 푸는 데 활용하지요. 이번 수업에는 자신이 조사한 내용을 친구에게 소개하고 상대의 조사결과를 들은 후 스티커를 얼굴에 붙이도록 변형했습니다. 인사하기 놀이 활동은 얼굴에 붙은 스티커 개수를 통해 학생들이 모든 인물과 단체에 대해 설명을 들었는 지 확인할 수 있습니다.

14. 우리 학교에 평화의 소녀상 세우기

열정의 봉선생

봉선생의 고민

2015년 겨울에 있었던 한일 위안부 합의 이후부터 매년 꾸준히 평화의 소녀상 세우기 활동을 진행하고 있습니다. 처음 합의가 이루어졌다는 뉴스를 보고 잘됐다는 생각을 했으나, 이후 추가 보도를 통해 할머니들께서 바라시는 방향으로 진행된 것이 아니라는 걸 알게 됐지요. 과거에는 초등학교에서 정서적 부담감이 큰 일본군 '위안부' 피해자 할머니들에 대한 내용을 다루는 것 자체가 무척 큰 용기가 필요한 모험(?)이었습니다. 교과서에도 서술되어 있지 않았으니까요. 하지만 최근에는 교과서에서도 실리고, 언론에도 자주 나오다 보니 학생들이 더 궁금해 합니다. 학생들과 서울로 여행을 간다면 주한일본대사관 앞에 있는 평화의 소녀상을 만나러 가서, 그곳을 지키고 있는 대학생들과 이야기를 나눠 보기를 추천합니다.

저는 학생들과 함께 평화의 소녀상을 만나고 온 후 학생들의 제안으로 평화의 소녀상을 만들기 시작했습니다. 동상을 제작하는 것은 비용 문제로 불가능한 일이라 스크래치 페이퍼로 협동화를 만들어 이젤에 세우기로 했습니다. 어떤 해에는 마을에 있는 항일 관련 장소에서 진행하기도 했지요. 다만 1회성 활동으로 끝나지 않도록 사전, 사후 작업을 고민했습니다. 사전에는 학생들의 공감대 형성이 중요해 클래스팅에 관련 기사들을 올리거나 조사 활동을 진행했습니다. 활동 후에는 사회과 단위차시 수업에서 『제대로 한국사』에 실린 할머니들의 구술을 바탕으로 쓴 이야기를 활용해 할머니들에게 공감할 수 있는 기회를 제공했습니다.

활동 준비

관련 내용 : 독립운동기   **소요시간** : 40분

준비물 : 평화의 소녀상 도안, 스크래치 페이퍼, 나무막대(또는 스크래치 펜), 테이프, 우드락 보드, 이젤, 의자

1. '쌤동네'에서 도안(서동운 선생님 作)을 다운받아 출력합니다.

2. 한글 파일 그대로 나눠찍기로 출력하면 A4 20장으로 이루어진 도안을 얻을 수 있습니다.

3. 출력물에서 인쇄되지 않은 영역을 가위로 자릅니다. 여백을 0'으로 하더라도 인쇄되지 않는 영역이 발생하거든요.

진행 방법

1. 20장의 종이를 배열한 후, 학생들이 각자 어떤 부분을 맡을지 정합니다. 그림 그

리기를 맡지 않은 학생들은 작품에 넣을 문구를 만드는 역할을 합니다.

2. 도안을 자신의 스크래치 페이퍼에 테이프로 고정합니다.

3. 도안의 스케치 선을 따라 연필로 눌러 줍니다.

4. 도안을 떼어 낸 후 스크래치 페이퍼의 눌린 자국을 따라 나무막대로 긁어내며 그림을 그립니다.

5. 스크래치 페이퍼를 모아 우드락에 작품을 붙입니다.

6. 평화의 소녀상에 담을 메시지를 씁니다.

Tip

• 그림을 새길 때 자신이 맡은 그림의 주변 부분을 작업하는 친구들과 의사소통을 하며 연결 지점의 선을 맞추는 과정이 꼭 필요합니다.

• 평화의 소녀상에 담긴 의미를 적은 종이를 작품 주변에 붙여 놓고 『꽃할머니』(권윤덕 글, 그림), 『평화의 소녀상』(윤문영 글, 그림) 등 관련 책자를 비치합니다. 다른 학급의 학생들에게도 위안부 피해자 할머니들의 이야기를 알릴 수 있습니다.

• 영화 〈아이 캔 스피크〉를 학생들에게 권하는 것도 할머니들의 삶에 대한 이해를 높이는 데 도움이 됩니다.

15. 빼앗긴 들에도 봄은 오는가

열정의 봉선생

말랑말랑 즐거운 역사 수업!

봉선생의 고민

독립운동기는 '이 정도는 우리 아이들이 알아야 할 것 같은데…' 하는 생각에 선생님의 욕심이 앞서는 시기입니다. 게다가 정말 많은 인물들과 다양한 사건이 등장하는 시기이지요. 그러다 보니 학생들이 부담감을 느끼는 방식으로 학습을 진행할 경우, 우리가 정말 존경해야 하고 기억해야 할 인물들이 단순 암기의 대상이 될 우려가 있습니다.

저는 학습한 내용을 확인할 때도 '독립운동기'는 조금 더 조심스럽게, 분량이 많지 않게, 간단하게 확인하곤 합니다. 바로 과거에 제자들과 함께 녹음한 랩(Rap)을 활용한 수업입니다. 학생들과 랩을 녹음하게 된 까닭은 내용이 방대한 독립운동기를 한번에 정리해 줄 만한 도구로 이보다 좋은 것이 없었기 때문입니다. 단 한 곡으로 경술국치부터 광복까지의 내용을 빠짐없이 살펴볼 수 있게 랩을 직접 썼습니다. 그리고 한 제자가 유튜브에서 찾은 무료 비트를 배경음 삼아 연습해 학생들이 녹음을 진행했습니다.

활동 준비

<u>**관련 내용** : 독립운동기</u>　　**소요시간** : 30분　　**준비물** : 음원, 랩 가사, 스마트폰용 소형 <u>마이크</u>

1. 녹음된 음원을 다운받습니다. 녹음은 스마트폰에 작은 마이크를 연결하고 'Sing Play'라는 애플리케이션을 사용했습니다.

2. 랩 가사를 살펴보고 교사가 중요하다고 판단한 단어들을 괄호로 바꾸어 출력합니다.

진행 방법

1. 교실 화면에 이미지를 띄워 랩으로 하는 수업임을 알립니다.

2. 일단 랩의 분위기를 익히며 들어 봅니다.

3. 가사를 살펴보며 랩을 들어 봅니다.

4. 가사의 빈 칸을 채우며 듣습니다.

5. 10분 정도 개인적으로 랩을 연습합니다.

6. 부를 수 있는 부분을 따라하며 활동을 마칩니다.

Tip

• 일제강점기 관련 수업 시작과 끝에 이 랩을 반복적으로 들려주면 학습 효과를 극대화할 수 있습니다.

• 음원에 사용한 비트가 랩을 녹음할 때는 무료였지만 지금은 유료로 전환되었습니다. 따라서 교실 수업에서만 활용하시길 부탁드립니다.

• 학급 학생들이 랩에 관심이 많다면 간단한 콘테스트를 진행하는 것도 괜찮습니다.

• 제가 쓴 랩을 소개합니다.

빼앗긴 들에도 봄은 오는가

1910년 8월 29일 미리 예고됐던 그들이 왔어

우리 민족은 무단통치라는 이름으로 군홧발에 짓밟히고 유린당했지

무소불위 총독부는 한국인과 명태는 때려야 말을 듣는다고 했지

그들은 즉결처분권으로 한국인을 재판 없이 처벌하기도 했어

한국인에겐 아주 특별히 태형이라는 형벌도 부활시켰지

교실에선 교사들이 칼을 차고 학생들을 위협했고

아이들은 교실에서 벌벌 떨어야만 했어

10년대 일본은 동양척식주식회사를 세워 한국인의 토지를 수탈하고**✱**

20년대 산미증식계획이란 정책 아래 늘어난 양보다 더 많은 쌀을 약탈해 갔지

한국인은 공장에서 같은 일을 하고도 일본인 임금의 절반밖에 받지 못했어

그뿐인가? 하루 12시간 이상의 노동을 강요당하기도 했지

무단통치에 저항하며 횃불을 든 우리는 이를 역사에서는 3·1 운동이라고 하지

탑골공원에서 민족지도자들이 오지 않자

용기 내어 팔각정에서 독립선언서를 낭독했던 정재용 학생을 잊지 마**✱✱**

3·1 운동에 참여한 유관순과 같은 영웅만 200만 명

그들의 노력으로 일제는 통치 방식을 바꿀 수밖에 없었고

대한민국임시정부가 독립운동을 이끌게 됐지

인간 세상은 적자생존 약육강식

우리가 아는 게 없고, 힘이 약해 나라를 뺏겼다고 생각하신 분들은

우리의 실력을 양성해야 한다고 주장했어

우리가 만든 것은 우리가 쓰자

민족 기업의 상품을 애용하자는 물산장려운동을 주도하기도 했지

우리 민족 1천만이 1원씩 모아 우릴 위한 대학을 세우자는 민립대학 설립 운동도 있었어

✱ 동양척식회사가 세워진 것은 1908년입니다. 본격적인 토지 수탈 사업인 토지조사사업을 염두에 두고 쓴 가사입니다.
✱✱ 학생 대표로 불렸던 정재용 선생이 학생이 아니라는 이야기도 있고, 한위건 학생이 독립선언서를 낭독했다는 설도 있습니다.

민족주의와 사회주의가 힘을 합쳐

독립운동의 새로운 줄기를 만들어 내자는 신간회 운동

박준채의 분노의 주먹으로 시작된 광주학생독립운동

홍범도의 봉오동 전투, 김좌진과 홍범도의 청산리 대첩

김원봉의 의열단이 왕성히 활동했던 때가 1920년대야

30년대 위기에 빠진 임시정부를 구원해 준

김구의 한인애국단 봉봉브라더스

이봉창, 윤봉길 의거는 광복군 형성에도 영향을 끼쳤어

전쟁광 일제는 중국과 미국을 공격, 2차 세계대전을 일으켰어

한국인은 국가총동원령으로 원치 않는 전쟁에 끌려가야만 했고,

신사참배, 창씨개명을 강요당하고 황국신민서사를 암송해야만 했지

강제 징용으로 끌려가 한국인들이 고통 받은 지옥도, 군함도,

하시마의 유네스코 등재도 잊지 마

전쟁 범죄자를 합사한 야스쿠니 신사, 일본군 위안부 문제도 현재진행형이야

16. 3·1 운동 ✕ 독수리 작전, 보드게임으로 다시 태어나다

물랑물랑 즐거운 역사 수업!

봉선생의 고민

선생님은 우리 역사에서 가장 안타까운 순간이 언제라고 생각하나요? 저는 한국전쟁의 발발, 반민특위의 해산 등이 그렇습니다. 그중에서도 특히 독수리 작전의 무산이 가장 안타까웠습니다. 온전히 우리의 힘으로 나라를 되찾은 것이 아니기 때문에 발생할 수밖에 없었던 분단, 제대로 해결하지 못한 친일민족반역자 문제…, 이후 이로 인해 파생된 문제가 우리의 삶에 끼친 영향이 지대하기 때문입니다.

역사에 만약은 없지만 '그 만약을 게임으로 만들 수 있지 않을까?' 하는 생각으로, 전통놀이 중 하나인 '땅따먹기'를 접목시켜 보드게임을 구상했습니다. 처음에는 대표적인 독립운동 장소들을 사회과부도, 스마트 기기 등을 사용해 찾아 지도에 표기했습니다. 그리고 해외에서 국내로, 다시 서울로 광복군이 진공하는 형태로 보드판을 제작했지만 시간도 오래 걸리고 그 과정이 쉽지만은 않았습니다. 그래서 학생들이 조금 더 접근하기 용이한 지금의 형태로 바꾸었습니다.

활동 준비

관련 내용 : 독립운동기   **소요시간** : 80분

준비물 : 4절지, 아스테이지, 색연필, 바둑알, 보드 마커, 우드락 보드, 3·1 운동 관련 자

1. 3 · 1 운동 관련 비조작 자료를 '쌤동네'에서 출력합니다.

2. 〈역사채널e 작전명 독수리〉 영상을 시청하고 선생님이 관련 내용을 설명합니다.

진행 방법

1. 4절지 4장을 붙여 하나로 만듭니다.

2. 붙인 종이에 우리나라 지도를 간략한 형태로 그립니다.

3. 3 · 1 운동 관련 비조작 자료를 나눠 줍니다.

4. 교과서를 참고하여 각 도의 이름을 적고, 도별로 몇 개의 군이 3 · 1 만세 운동에 참여했는지 사인펜으로 점을 찍습니다. 전체 218개의 군 가운데 얼마나 많은 곳에서 참여했는지 확인하는 것이 목적이므로 세부 지명을 찾아 점을 찍지는 않습니다.

5. 자료에 제시된 지역별 운동 기간을 참고하여 3월 1일부터 언제까지 만세 운

3·1운동 관련 자료

구분	참가한 군의 수	시위 횟수	참가 인원수	운동기간
강원도	20	57	99,510	3.2. ~ 4.21.
경기도	22	297	665,900	3.1. ~ 4.23.
경상도	41	223	154,498	3.3. ~ 4.29.
전라도	32	222	294,800	3.3. ~ 4.18.
충청도	22	156	120,850	3.3. ~ 4.19.
평안도	33	315	514,670	3.1. ~ 4.16.
함경도	25	101	59,850	3.1. ~ 4.19.
황해도	17	115	92,670	3.1. ~ 4.22.
계(국내)	212	1,486	2,002,748	3.1. ~ 4.29.
국외	·	51	48,700	·
계(국외 포함)	·	1,537	2,051,448	·

* 해외의 경우 사회 & 사회과부도 교과서(또는 태블릿을 활용한 검색)에 제시된 지도를 참고하여 표기합니다.

※ 시위 횟수와 참가 인원수는 독립운동가 박은식 선생님의 『한국독립운동지혈사』를, 참가한 군의 수와 운동 기간은 조선 총독부의 데이터를 참고하여 자료를 제작했습니다.

동이 지속된 것인지 지도에 써 봅니다. 이
로써 3 · 1 운동이 그날 하루에 그친 만세
운동이 아니라는 것을 알려 줍니다.

6. 교과서에 소개된 해외 만세 운동 사례도
적어 봅니다. 이때 한반도 주변 여백에 작
은 상자를 그리고 그 안에 지명을 적는 방
법을 추천합니다. 세계 지도를 따로 제작
해도 무방합니다.

7. 지도의 네 모서리에 출발 지점을 표시하고 아스테이지로 지도를 덮습니다.

8. 놀이 순서를 정하고 시작합니다. 바둑돌을 3번 튕겨 자신의 기지로 되돌아오는 데
성공하면, 그 지역을 우리 손으로 독립시켰다는 의미입니다. 바둑돌이 이동한 경
로는 그때그때 보드 마커로 표시합니다. 바둑돌이 자신의 기지로 돌아오는 데 성
공하면 표시한 선들을 그대로 두고, 성공하지 못하면 그었던 선들을 지웁니다.

9. 한반도와 부속 도서 전체를 독립시키면 놀이가 끝납니다.

Tip

- 놀이에 참여하는 모든 학생이 광복군의 일원이기 때문에 승패를 논하지는 않습니
다. 우리 땅을 독립시키는 과정에서 학생들은 큰 기쁨을 느낄 수 있을 것입니다. 또
같은 광복군이므로 서로 영역이 겹쳐도 무방합니다.

- 이 활동이 단순한 땅따먹기 놀이가 되어서는 안 됩니다. 광복군이 된 학생들이 최
선을 다해 한반도의 독립을 스스로 쟁취할 수 있도록 만드는 것이 중요합니다.

9장

민주공화국의 탄생

대한민국

1. 아이디어 배틀!

함께 있어 행복한 우리!

나선생의 고민

많은 생각이 모여 새로운 생각을 탄생시키고, 전혀 다른 방향으로 생각이 흘러가는 경험을 갖게 하고 싶습니다. 또 아이들이 어떤 상황에 몰입하는 시간을 통해 놀면서 많은 아이디어를 찾았다고 느끼면 좋겠습니다.

활동 준비

관련 내용 : 모든 시대 ^{언제든 활용할 수 있는 놀이 수업}   **소요시간** : 10분

준비물 : 4절 도화지, 유성매직

1. 모둠 활동지에 적은 내용만 발표할 수 있으므로, 모둠원들이 돌아가며 중복되지 않게 적는 연습을 합니다.
2. 주제가 제시되면 눈을 감고 1분 동안 다양한 시각에서 아이디어를 떠올립니다.

진행 방법

1. 개인별로 주제와 관련된 아이디어를 찾아 이야기하며 메모합니다.
2. 모둠 간 발표 배틀에 사용할 수 있도록 아이디어를 정리해 모둠 활동지에 적습니다.

3. 모둠별로 순서대로 돌아가면서 아이디어를 말하되, 모둠 활동지에 적은 내용만 발표할 수 있습니다.

4. 더 이상 발표할 아이디어가 없거나 다른 모둠에서 발표한 것을 다시 이야기하면 패배입니다.

5. 최후의 모둠이 되면 축하해 주고 비법을 배웁니다.

Tip

• 다른 모둠에서 적었을 것 같은 것을 먼저 말하는 방법, 다른 모둠에서 발표한 것이 우리 모둠 활동지에 있으면 다시 말하지 않도록 표시하는 방법 등이 승리할 수 있는 비법입니다.

• 교사는 아이들이 발표한 내용을 정리하여 이후 수업에 활용하면 좋습니다. 찾은 아이디어에 대한 평가, 더 발전시키기 등을 통해 아이디어에 가치를 부여할 수 있습니다.

2. 너도나도 공감 BEST

나선생의 고민

수업 시간에 교사가 중요하다고 강조한 것들을 아이들도 중요하게 여길까요? 궁금했습니다. 수업 만족도 조사를 아이들이 수업을 모두 마친 후 매일 1년 동안 해 보았습니다. '나는 가르쳤다고 생각하지만 아이들은 배우지 않았을 수도 있겠구나'라고 그때 깨달았습니다.

활동 준비

관련 내용 : 모든 시대 _{언제든 활용할 수 있는 놀이 수업}   **소요시간** : 10분

준비물 : 메모지, 필기도구

1. 먼저 '좋아하는 음식 5가지', '좋아하는 만화' 등 가벼운 주제로 연습합니다. 이를 통해 활동 방법과 점수 계산하는 방법을 익힙니다.

2. 학습한 내용 중 많은 친구들이 쓸 내용을 써야 높은 공감 점수를 받는다고 살짝 힌트를 줘도 좋습니다.

진행 방법

1. 주제를 정하고, 그 주제와 관련하여 연상되는 낱말을 3~5개 적습니다.

2. 순서대로 돌아가면서 자신이 쓴 낱말을 읽습니다.

3. 똑같은 낱말을 쓴 사람이 5명이면 5점을 받습니다. 2명이 같은 내용을 썼다면 2점을 받고, 나만 썼다면 0점을 받습니다.

4. 말할 낱말이 없으면 최종 점수를 말하고, 다음 사람으로 넘어갑니다.

5. 최종 점수를 확인해 최종 승자를 발표하고 소감을 나눕니다.

Tip

• 칠판이나 생각 저장소 등에 이야기한 생각들을 공감 점수와 함께 모두 적어 두면 나중에 활용할 수 있습니다.

• 점수가 낮은 친구는 공감 점수가 낮다고 볼 수 있지만, 창의적인 생각을 많이 했다고 볼 수도 있으니 이 점을 격려해 주면 좋습니다.

3. 역사 스트림스

함께 읽어 행복한 우리!

나선생의 고민

역사의 흐름을 이해하는 것이 역사의 순서를 기계적으로 외우는 것보다 바람직합니다. 스트림스 보드게임이 떠올랐습니다. 오름차순으로 숫자를 배열해서 점수를 얻는 게임인데, 이 방법을 활용해 역사적 사실을 순서대로 나열해 보면 좋겠다고 생각했습니다.

활동 준비

관련 내용 : 모든 시대 ^{언제든 활용할 수 있는 놀이 수업}   **소요시간** : 10분

준비물 : 역사 스트림스 활동지

1. 교과서에 나오는 역사적 사실과 그 일이 일어난 연도를 순서대로 칠판이나 학습 게시판에 붙여 둡니다.

2. 스트림스 보드게임으로 점수를 계산하는 법을 연습하고 역사 스트림스 놀이를 하면 더 좋습니다.

진행 방법

1. 교과서 연표를 보고 우리나라 역사의 주요 사건들을 순서대로 나열합니다.

2. 쪽지에 주요 사건과 연도를 적은 후 통에 넣습니다.

3. 1명씩 순서대로 쪽지를 뽑아 더 빠른 순서대로 나열합니다.

4. 뽑은 카드에 적혀 있는 핵심 사건과 연도를 크게 2번 읽은 후 다음 카드를 뽑기 전에 반드시 역사 스트림스 활동지에 적습니다.

5. 연결된 카드가 많을수록 높은 점수를 받습니다. 연도가 같은 사건은 서로 연결된 것으로 인정합니다.

6. 스트림스 점수 계산법으로 계산해서 더 높은 점수를 얻은 사람이 승리합니다.

1.BC 2333년 고조선 건국
2.BC 57년 신라건국
3.BC 37년 고구려 건국
4.BC 18년 백제 건국
5.612년 고구려 살수대첩
6.660년 백제 멸망
7.668년 고구려 멸망
8.676년 신라 삼국통일
9.698년 발해 건국
10.751년 불국사, 석굴암 건립 시작
11.918년 고려 건국
12.958년 과거제도 실시
13.993년 서희 외교담판
14.1388년 위화도 회군

16.1392년 고려 멸망&조선 건국
17.1446년 훈민정음 반포
18.1485년 경국대전 완성
19.1592년 임진왜란
20.1796년 수원화성 완공
21.1866년 병인양요
22.1871년 신미양요
23.1876년 강화도조약
24.1882년 임오군란
25.1894년 동학농민운동, 갑오개혁
26.1895년 을미사변
27.1896년 아관파천
28.1905년 을사늑약

29.1907년 국채보상운동, 헤이그특사 파견
30.1909년 안중근, 이토히로부미 처단
31.1910년 국권 피탈
32.1919년 3.1운동, 대한민국임시정부 수립
33.1920년 청산리대첩
34.1929년 광주학생항일운동
35.1945년 8.15광복
36.1948년 대한민국 헌법 선포, 대한민국 정부 수립
37.1950년 6.25전쟁
38.1960년 4.19혁명
39.1980년 5.18민주화운동
40.1987년 6월민주항쟁

역사 스트림스(　　　　　)

역사적 사실을 순서대로 최대한 정확하게 나열해 보세요. 연결된 것이 많을수록 높은 점수를 받습니다.

연번	연도	역사적 사실	역사 스트림스 규칙
1			다음 카드를 뽑기 전에 반드시 기록합니다. 수정은 할 수 없습니다. 연속으로 이어진 경우가 점수를 받습니다.
2			
3			
4			
5			
6			* 점수 계산 법 * 1칸 : 0점 2칸 : 1점 3칸 : 3점 4칸 : 5점 5칸 : 7점 6칸 : 9점 7칸 : 11점 8칸 : 15점 9칸 : 20점 10칸 : 25점 11칸 : 30점 12칸 : 35점 13칸 : 40점 14칸 : 50점 15칸 : 60점 16칸 : 70점 17칸 : 85점 18칸 : 100점 19칸 : 150점 20칸 : 300점
7			
8			
9			
10			
11			
12			
13			
14			
15			
16			
17			
18			
19			더 높은 점수를 받은 사람이 승리합니다.
20			

Tip

- 역사 스트림스 놀이 카드를 직접 만들어 마무리 활동으로 하면 좋습니다.
- 역사를 공부하면서 연표를 함께 만들어 보는 것도 역사의 흐름을 익히는 데 도움이 됩니다.

4. 이념이 이성을 가리던 시대

개리에서 배웠으로!

곰선생의 고민

우리가 매일 보는 달력에는 우리나라의 현대사가 담겨 있습니다. 3·1 운동, 대한민국 임시정부 수립, 제주 4·3 항쟁, 4·19 혁명, 5·18 민주화운동, 6·10 민주항쟁, 6·25 전쟁. 저는 현대사를 수업할 때 달력을 많이 활용합니다. 현대사의 사건이 일어난 날에 계기교육을 하는 식이죠. 이번 6·25 전쟁 수업도 계기교육으로 진행했습니다.

활동 준비

관련 내용 : 대한민국   **소요시간** : 40분

준비물 :『한반도의 오늘과 통일』, 6·25 계기교육 학습지, 가위, 풀

1. 통일부 통일교육원에서 각 학교로 보급해 준『한반도의 오늘과 통일』(초등 5~6학년용) 도서를 모둠별로 2권씩 준비합니다. 통일교육원(https://www.uniedu.go.kr) 자료실에서 pdf 파일을 받을 수도 있습니다. pdf 파일의 경우 4~6쪽, 9~11쪽만 출력하면 됩니다.

2. 6·25 계기교육 학습지를 학생당 1장씩 준비합니다.

진행 방법

1. 『한반도의 오늘과 통일』 중 4~6쪽을 읽습니다.

2. 6·25 계기교육 학습지 속 핵심단어를 통해 광복에서 6·25 전쟁 전까지 연대표를 만듭니다.

3. 6·25 전쟁이 일어난 까닭에 대해 발표합니다.

- 민족이 이념으로 갈라져 분단되었습니다.
- 강대국들의 욕심 때문에 분단되었습니다.
- 북한이 무력을 이용해 통일하려 했기 때문입니다.

4. 6·25 계기교육 학습지의 6·25 전쟁 과정을 읽습니다. 이에 맞게 6·25 전쟁 과정을 나타낸 한반도 지도를 순서에 맞게 오려 붙입니다. 6·25 전쟁 과정은 북한 남침 →국군 낙동강 전선까지 후퇴→인천상륙작전 성공으로 UN연합군 압록강까지 진격→중국군 북한 측 가담으로 후퇴→현재 휴전선에서 전선 고착화입니다.

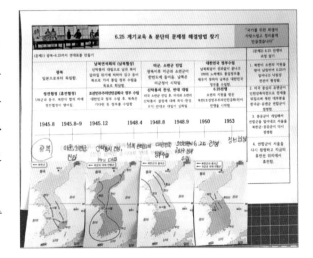

5. 『한반도 오늘과 통일』 중 9~11쪽을 읽습니다.

6. 6·25 계기교육 학습지에 우리에게 남겨진 과제와 이를 해결하기 위해 할 수 있는
노력을 적습니다.

- 남한과 북한의 긴장과 갈등은 지금도 계속되고 있다. → 남북정상회담을 기본
   으로 평화 협정을 맺어 군사적 긴장과 갈등을 줄여 나간다.

- 이산가족의 아픔을 달랠 길
   이 없다. → 남북협상을 통해
   이산가족 상봉을 정례화한다.

- 남북한 문화 차이가 심해진
   다. → 남한과 북한이 서로의
   문화 차이에 대한 교육을 강
   화한다.

Tip

저는 역사 수업에 있어 독해력을 중요하게 여깁니다. 글을 읽고 의미를 이해하고
새로운 내용을 추론하는 독해력은 비단 역사 수업에만 중요한 것은 아닙니다. 그
래서 이 수업 역시 『한반도의 오늘과 통일』을 활용하도록 디자인했습니다. 자료를
보면 『한반도의 오늘과 통일』을 사용하지 않아도 광복에서 6 · 25 전쟁까지 연대표
를 만들 수 있습니다. 그러나 시간이 허락한다면 『한반도의 오늘과 통일』을 활용하
기를 권합니다.

5. 민주주의를 위하여

곰선생의 고민

4·19 혁명, 5·18 민주화운동, 6·10 민주항쟁 등 민주화운동에 대한 수업도 계기교육으로 진행했습니다. 각 계기교육 수업마다 각 민주화운동의 사건 흐름을 찾는 것과 이에 대한 자신의 생각을 정리하는 것을 기본으로 하고, 그 특성에 따라 활동문항을 추가했습니다. 여기에서는 4·19 혁명, 5·18 민주화운동, 6·10 민주항쟁 계기교육을 한 번에 정리합니다.

활동 준비

관련 내용 : 대한민국　　**소요시간** : 각 40분 3차시

준비물 : 민주화 관련 계기교육 학습지

1. 4·19 혁명, 5·18 민주화운동, 6·10 민주항쟁의 기념일이 되면 학생 수만큼 민주화 관련 계기교육 학습지를 준비합니다.

2. 네이버 블로그 '곰선생의 수업 이야기'의 '2019 4·19 혁명, 2019 5·18 민주화운동 계기교육, 2018 6월 민주항쟁 계기교육'에서 자료를 내려받을 수 있습니다.

진행 방법

1. 민주화운동 관련 기념일에 맞는 민주화 관련 계기교육 학습지를 나눠 줍니다.

2. 민주화운동 관련 계기교육 학습지의 문제를 함께 해결합니다.

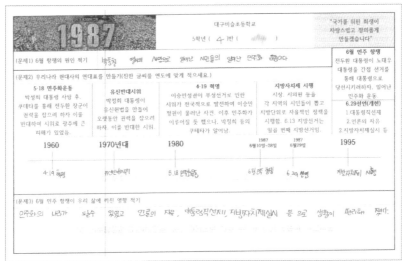

계기교육	4·19 혁명	5·18 민주화운동	6·10 민주항쟁
활동문항	4·19 혁명 과정 알기	민주화운동의 뜻 알기	6·10 민주항쟁 원인 알기
	대한민국 헌법을 통한 4·19 혁명 의미 알기	5·18 민주화운동 과정 알기	우리나라 민주화 과정 알기
	4·19 혁명 원인 알기	5·18 민주화운동에 대한 자신의 생각을 담은 글쓰기	6·10 민주항쟁을 통해 이루어낸 민주주의 성과 찾기
	4·19 혁명 참가자에 대한 감사편지 쓰기		

3. 계기교육을 통해 알게 된 점을 공책에 정리하도록 합니다.

- 4·19 혁명을 통해 시위로도 정권을 교체할 수 있음을 알았습니다.
- 4·19 혁명을 통해 깨끗한 선거와 자유로운 투표의 필요성을 알았습니다.
- 5·18 민주화운동을 통해 민주주의를 향한 사람들의 열망을 알았습니다.
- 6·10 민주항쟁을 통해 지방자치제와 대통령직선제, 언론의 자유를 얻었습니다.

Tip

- 계기교육은 수업 주제와 연결된 사건이 일어난 날 수업을 하기 때문에 사회적 분위기를 활용할 수 있습니다. 예를 들어 4월 19일이 되면 4·19 혁명 관련 콘텐츠들이 쏟아지거든요. 4·19 혁명 계기교육 수업을 구성하는 데 참고 자료로 활용하기 좋지요. 이런 이유로 저는 다른 주제도 계기교육으로 수업하곤 합니다.

  ① 4월 3일, 제주 4·3 항쟁 : 제주 4·3 항쟁의 원인과 과정을 살펴보고 제주 4·3 항쟁에 대한 학생들의 생각을 정리하는 수업입니다.

  ② 4월 11일, 대한민국임시정부 수립 : 대한민국임시정부가 수립되는 과정과 역사를 알아보고 대한민국 정부와 대한민국임시정부의 관계를 이해할 수 있도록 구성한 수업입니다.

  ③ 6월 5일, 현충일 : 대한민국 현대사를 통해 현충일에 기려야 할 인물에 대해 이야기 나누고 조기를 다는 방법을 익힙니다. 현충일에 하는 일과 연관 지어 학생

의 진로 탐색을 할 수도 있습니다.(위의 계기교육 학습 설명은 2020학년도에 들어 수

정한 것이고, 제시된 결과는 2019년 이전의 학습지이므로 차이가 있을 수 있습니다.)

6. 민주주의의 성장을 따라

재미에서 배움으로!

곰선생의 고민

계기교육은 사회적 분위기를 수업에 활용할 수 있다는 장점이 있지만, 배움 내용이 체계적으로 정리되기 어렵다는 단점도 있습니다. 따라서 앞선 수업에서 학생들은 4·19 혁명, 5·18 민주화운동, 6·10 민주항쟁을 분절적으로만 이해할 가능성이 높습니다. 따라서 각각의 계기교육 이후 전체 민주주의 발전 과정에 대한 수업을 구성하여 진행했습니다.

활동 준비

관련 내용 : 대한민국　　**소요시간** : 80분

준비물 : 민주화 사건 포스트잇, 민주화 사건 학습지, 교과서, 역사도서, 태블릿 PC

1. 민주화 사건 포스트잇을 만듭니다. 내용은 부마항쟁, 5·16 군사정변, 3·15 의거, 4·19 혁명, 10·26 사태, 2·28 민주운동, 12·12 군사정변, 3·15 부정선거, 5·18 민주화운동입니다. (6·10 민주항쟁이 빠진 이유와 보완 방법은 Tip에서 알려 드립니다.)

2. 민주화 사건 학습지를 1장씩 준비합니다. 민주화 사건 학습지는 민주화 사건 포스트잇과 같은 내용으로 구성합니다.

진행 방법

1. 민주화 사건 포스트잇을 칠판에 순서를 섞어 붙입니다. 민주화 사건 포스트잇 중 모둠별로 2가지씩 선택합니다. 학급에 맞게 선택 개수를 조절합니다.

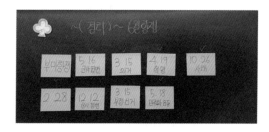

2. 모둠이 선택한 민주화 사건 포스트잇에 맞춰 민주화 사건 학습지를 나눠 줍니다.

3. 각 모둠은 교과서, 역사도서, 태블릿 PC를 이용해 자신들이 맡은 민주화 사건에 대해 조사하고 민주화 사건 학습지에 사건 내용을 원인과 결과로 정리하여 적습니다. 이때 사건의 연도는 적지 않도록 주의합니다.

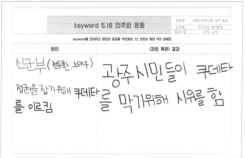

4. 한 명 남고 나가기 활동으로 각 모둠별로 조사한 내용을 공유합니다. 선생님은 활동을 마치고 사건의 원인과 결과를 통해 사건들의 순서를 정한다는 것을 미리 알려 줍니다.

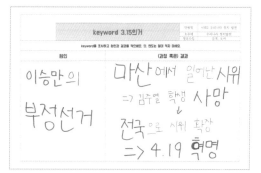

5. 각 모둠에서 2명씩 앞으로 나와 자신들이 조사한 민주화 사건 포스트잇을 들고 섭니다. 선생님은 민주화 사건 순서가 뒤섞이도록 학생들을 서게 합니다.

6. 모둠에 남아 있는 학생들은 한 명 남고 나가기 활동에서 배운 내용을 활용하여

민주화 사건의 순서를 정합니다. 이때 민주화 사건 포스트잇을 들고 있는 친구들을 움직여 최종 순서를 나타냅니다.

7. 민주화 사건의 순서를 선생님이 확인합니다. 순서가 맞으면 칠판에 민주화 사건 포스트잇을 붙입니다.

8. 학생들에게 민주화 사건을 모두 포함하여 우리나라 민주화 발전 과정을 공책에 정리하라고 합니다.

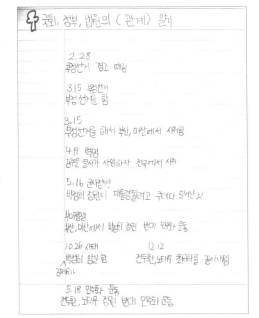

Tip

• 이 수업은 민주화 사건의 흐름을 짚어 보는 수업입니다. 당시에는 6·10 민주항쟁과 6·29 선언을 제외했지만, 온전한 수업을 위해 민주화 사건을 '부마항쟁, 5·16 군사정변, 3·15 의거, 4·19 혁명, 10·26 사태, 2·28 민주운동, 12·12 군사정변, 3·15 부정선거, 5·18 민주화운동, 6·10 민주항쟁, 6·29 선언'으로 확장하여 수업을 구성하기를 권합니다.

7. 현실 속 불합리함에 저항하고 참여하라

열정의 봉선생

물랑말랑 즐거운 역사 수업!

봉선생의 고민

현재 현대사를 가르칠 때 강조하는 큰 줄기 3가지는 '한국전쟁(6·25 전쟁), 민주화운동, 경제 발전'입니다. 그 가운데 학생들의 생활 주변에서 활동 주제를 찾을 수 있는 부분이 바로 '민주화운동'입니다. 학생들이 중점적으로 학습하는 '4·19 혁명, 5·18 민주화운동, 6월 민주항쟁'은 모두 사회의 불합리한 모습에 시민들이 저항하고 참여한 사례들입니다. 이에 착안하여 학생들이 자신의 생활 속에서 불합리한 부분은 없는지 찾아 자신의 의견을 밝히는 활동을 계획했습니다.

해마다 11월 11일이 되면 학교는 막대초코과자 쓰레기로 몸살을 앓습니다. 주변 친구들에게 막대초코과자를 주기 위해 용돈을 과하게 지출하는 학생들도 있고, 이를 받지 못해 상처를 받는 학생들도 있습니다. 학급회의를 해 보니 이런 상황에 문제의식을 가진 학생들이 꽤 많았습니다. 이에 어떻게 '우리의 생각'을 표현할 것인지 함께 고민했습니다.

활동 준비

관련 내용 : 대한민국   **소요시간** : 80분

준비물 : 이면지(A4), 테이프, 가위, 색연필, 사인펜

1. 학생들이 학급회의 안건으로 'ㅇㅇㅇ Day'에 대한 내용을 올릴 수 있게 유도하고 토의를 진행합니다.

2. '데이 마케팅'이 무엇인지 미리 조사해 봅니다.

3. 종이 현수막의 길이를 정하기 위해 미리 복도의 폭을 측정합니다.

진행 방법

1. 이면지를 테이프로 연결해 붙입니다.

2. 어떤 문구를 넣어 종이 현수막을 만들 것인지 모둠별로 토의를 진행합니다.

3. 모둠원이 함께 정한 문구를 종이에 적고 꾸밉니다.

4. 다른 학급 학생들이 볼 수 있게 현수막을 복도에 붙입니다.

Tip

• 학급회의를 진행할 때에는 '막대초코과자' 대신 어떤 것을 조리해 먹을 것인지도 정해 봅니다. 11월 11일에 실과 조리 실습으로 학급회의에서 정한 음식을 만들어 먹는 활동을 하면 더욱 좋습니다.

• 다른 학생들이 버린 막대초코과자 상자 등 쓰레기를 줍는 교내봉사 활동과 연계해 진행하길 권장합니다.

8. 한강의 기적을 말하다

재미에서 배움으로!

곰선생의 고민

우리나라는 전 세계에서 유례 없는 경제성장을 이뤄 냈습니다. 6·25 전쟁 이후 우리나라는 세계 여러 나라의 도움이 절실히 필요한 최빈국이었지만 70여년 만에 다른 나라를 돕는 입장이 되었지요. 물론 그 과정에서 여러 문제가 발생하기도 했지만 경제성장의 성과 자체를 부정할 순 없을 겁니다. 학생들에게 이러한 우리나라 경제성장의 경이로움을 알게 하고 싶었습니다. 말과 글로 설명해서는 급속한 경제성장에 대한 느낌이 확 와 닿지 않을 것 같았습니다. 그래서 우리나라 경제성장 지표를 그래프로 표현하여 급격한 경제성장에 대해 이야기 나누는 시간을 가졌습니다.

활동 준비

관련 내용 : 대한민국　　**소요시간** : 40분

준비물 : 우리나라 경제 지표, 우리나라 경제성장 그래프, 교과서, 스티커, 사인펜

1. 학생 수만큼 우리나라 경제 지표를 준비합니다.

2. 모둠 수만큼 우리나라 경제성장 그래프를 준비합니다. 스티커도 충분히 준비합니다.

3. 네이버 블로그 '곰선생의 수업 이야기'의 '2019 사회 우리나라 경제 성장'에서 자료를 내려받을 수 있습니다.

진행 방법

1. 우리나라 경제 지표를 살펴봅니다. 경제 지표에는 경제성장률, 실업자 수, 국내총생산, 1인당 국민소득이 있습니다.

2. 선생님은 각각의 경제 지표가 경제성장과 어떤 관계가 있는지 설명합니다.

- 국내총생산 : 우리나라에서 새롭게 생산된 부가가치나 생산물의 합을 말합니다. 높을수록 경제가 성장했다는 뜻입니다.
- 1인당 국민소득 : 우리나라 국민들의 소득 평균입니다. 역시 높을수록 경제가 성장했음을 의미합니다.
- 실업자 수 : 일자리가 없는 사람들의 수입니다. 경제가 침체되면 실업자 수가 늘기 때문에 실업자 수가 적을수록 경제가 성장했음을 의미합니다.
- 경제성장률 : 경제성장률은 전년과 비교해서 경제가 얼마나 성장했느냐를 보여 줍니다. 높을수록 경제가 성장한 것이지만 주의해야 할 점이 있습니다. 경제성장률은 +와 −가 있는데 +는 전년 대비 성장했음을, −는 전년 대비 침체되었음을 의미합니다. 어떤 해의 경제성장률이 +4%인데 다음 해에 +2%면 그래프 상으로는 내려갔지만 실제로는 경제가 성장한 것입니다.

3. 스티커와 사인펜을 이용해 우리나라의 경제성장 그래프를 완성합니다.

4. 우리나라의 경제성장 그래프를 함께 해석합니다.

우리나라 경제 지표

	경제성장률 (%)	실업자 수 (만명)	국내 총생산 (조원)	1인당 국민 총소득 (만원)
1955	6%	-	-	
1960	2%	-	-	
1965	15%	-	-	
1970	10%	-	3	9
1975	8%	-	10	30
1980	17%	-	40	100
1985	10%	-	90	210
1990	10%	30	190	450
1995	10%	40	410	900
1998	-6%	150	-	-
2000	10%	90	640	1340
2005	4%	70	920	1900
2010	3%	85	1270	2600
2015	3%	100	1430	2900
2017	-	116	-	-

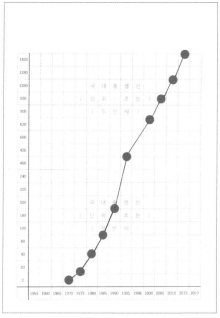

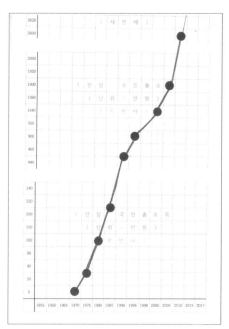

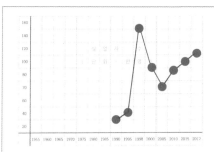

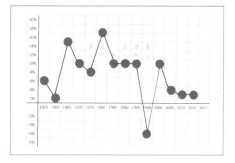

- 우리나라 경제는 급속도로 성장했습니다.

- 경제는 계속 성장하는데 실업자 수가 적어지지 않아 걱정입니다.

- 1998년에 어떤 일이 있었기에 실업자 수가 치솟고 경제성장률이 마이너스를 기록했는지 알고 싶습니다.

5. 1998년은 외환위기입니다. 외환위기에 대해서는 학생들이 직접 태블릿 PC나 교과서로 조사하는 것도 좋고, 선생님이 그냥 알려 줘도 좋습니다.

9. 분노는 행동하게 하지만 이성은 승리하게 한다

곰 잘했어요 곰선생

재미에서 배움으로!

곰선생의 고민

미래의 우리를 알기 위해서는 오늘의 우리를 알아야 하고 오늘의 우리를 알기 위해선 과거의 우리를 알아야 합니다. 과거는 오늘의, 오늘은 미래의 원인이 되기 때문입니다. 제가 마지막으로 소개할 역사 수업은 과거의 역사가 낳은 오늘의 문제인 독도에 대한 수업입니다. 매년 독도에 대한 망언을 일삼는 일본에 대항하여 학생들이 독도에 대한 올바른 이해와 태도를 가지기 바라는 마음으로 구성한 수업입니다.

활동 준비

관련 내용 : 독도   **소요시간** : 40분

준비물 : 독도 관련 망언 영상, 독도 기록 포스트잇, 포스트잇, 분류 기준 카드

1. 학생 수만큼 독도 기록 포스트잇을 준비합니다. 우리나라와 일본의 역사 기록에서 독도와 관련된 기록을 수합해 포스트잇으로 출력한 것입니다.
2. 학생당 1장씩 빈 포스트잇을 준비합니다.
3. 분류 기준 카드를 준비합니다. 2장의 카드에는 각각 '독도가 대한민국 땅이라는 근거'와 '독도가 일본 땅이라는 근거'라고 적혀 있습니다.
4. 네이버 블로그 '곰선생의 수업 이야기'의 '2019 6학년 창체 독도 수업'에서 자료를

내려받을 수 있습니다.

진행 방법

1. 일본의 독도 관련 망언 영상을 보여 주고 학생들의 생각을 빈 포스트잇에 적도록 합니다. 대부분 일본에 대한 분노 섞인 글입니다.

2. 독도 기록 포스트잇을 학생들에게 1장씩 나누어 줍니다. 학생마다 받은 포스트잇이 다릅니다.

3. 학생들이 연두색과 주황색의 차이를 물으면 나중에 알려 주겠다고 합니다. 사실 연두색 포스트잇은 우리나라의 독도 관련 기록이고, 주황색 포스트잇은 일본의 독도 관련 기록입니다.

4. 학생들에게 각자 맡은 독도 기록 포스트잇을 읽고 이것이 '독도가 대한민국 땅이라는 근거'인지 '독도가 일본 땅이라는 근거'인지 확인하도록 합니다.

5. 선생님이 분류 기준 카드 2장을 칠판에 붙입니다.

6. 학생들은 각자 가진 독도 기록 포스트잇을 해당하는 분류 기준 아래 붙입니다.

7. 학생들은 알게 된 점을 공책에 정리합니다.

- 우리나라와 일본의 독도에 대한 기록 중 대부분이 독도가 우리나라 땅이라고 되어 있습니다.
- 독도가 우리 땅이란 사실을 일본 기록으로도 확인할 수 있습니다.
- 독도가 일본 땅이란 기록 대부분은 일본이 우리나라를 침략한 시기의 기록들입니다. 일본은 우리나라의 영토 중 독도를 가장 먼저 빼앗았습니다.

8. 수업 초반 일본의 독도 망언에 대해 학생들이 쓴 글을 다시 보여 줍니다. 수업 초

반에 비해 지금의 태도가 어떻게 변화했는지 물어봅니다.

- 독도 문제에 화만 낼 것이 아니라 역사적 기록을 봐야 함을 알았습니다.
- 문제를 해결할 때는 분노보다는 이성적인 판단이 중요합니다.

Tip

- 영토 분쟁을 파악하고 해결할 때 가장 중요한 것은 '실효적 지배'입니다. 실효적 지
배는 분쟁 대상 영토에 대한 실질적인 통치권을 말합니다. 실효적 지배권을 가진
나라는 영토 분쟁에서 우위를 가질 수 있습니다.

이를 독도 문제에 적용해 보면 독도의 실효적 지배권은 우리나라가 가지고 있으므
로 일본이 아무리 망언을 쏟아 내도 국제법상 독도는 우리나라의 영토입니다. 그
렇다면 이번 수업의 의미에 대해 의문이 생깁니다. '독도에 대한 수업이 오히려 긁
어 부스럼을 만들지 않을까? 어차피 우리나라가 실효적 지배 중인데 독도가 우리
땅이란 수업을 할 필요가 있을까?'

만약 일본이 독도를 우리나라 땅으로 인정한다면 이 수업은 의미가 없습니다. 그
러나 일본이 지속적으로 억지 논리를 가지고 독도를 자기 땅으로 귀속시키려는 움

직임을 보이는 데다 국제법이 반드시 평등하고 논리적으로 적용되리라는 보장도 없습니다.

그리고 무엇보다도 일본의 학생들이 독도에 대한 자국의 억지 논리를 그럴싸하게 포장하여 인식하고 있는 반면, 우리나라 학생들은 앞서 수업 초반에 보여 준 태도와 같이 일본에 대한 불편한 심기만 드러낼 뿐 역사적 사실에 기반한 논리를 펴지 못합니다. 따라서 일본의 독도에 대한 논리를 깨뜨릴 수 있는 독도에 대한 역사적 기록에 기반한 수업이 꼭 필요합니다. 제가 개인적으로 이 수업을 구상한 것을 자랑스러워하는 까닭도 그 이유입니다.

참고문헌

나승빈

1. 『나쌤의 재미와 의미가 있는 수업』, 함행우 나쌤, 맘에드림, 2018
2. 『핵심 역량을 키우는 수업 놀이』, 함행우 나쌤, 맘에드림, 2017
3. 『토의·토론 수업 방법 84』, 정문성, 교육과학사, 2017

신봉석

1. 『초등 한국사 레시피』 1~2권, 열정의 봉선생, 즐거운학교, 2019
2. 「초등 말랑말랑 역사수업으로 여는 배움중심수업 직무연수」, 열정의 봉선생, 전라남도교육연수원, 2020

정한식

1. 조선왕조실록 :
   http://sillok.history.go.kr/main/main.do;jsessionid=301A969
   8986E046F913C91AC3F5BE246
2. 국토지리정보원 : https://www.ngii.go.kr/kor/main.do